俄罗斯
军事人员制度法规选编

桂 晓·编著

时事出版社
北京

图书在版编目（CIP）数据

俄罗斯军事人员制度法规选编／桂晓编著 . —北京：时事出版社，2024.5
ISBN 978-7-5195-0530-1

Ⅰ.①俄… Ⅱ.①桂… Ⅲ.①军人—军事制度—研究—俄罗斯 Ⅳ.①E512.23

中国国家版本馆 CIP 数据核字（2023）第 031980 号

出 版 发 行：时事出版社
地　　　　址：北京市海淀区彰化路 138 号西荣阁 B 座 G2 层
邮　　　　编：100097
发 行 热 线：（010）88869831　88869832
传　　　　真：（010）88869875
电 子 邮 箱：shishichubanshe@ sina.com
印　　　　刷：北京良义印刷科技有限公司

开本：787×1092　1/16　印张：22.75　字数：350 千字
2024 年 5 月第 1 版　2024 年 5 月第 1 次印刷
定价：118.00 元

（如有印装质量问题，请与本社发行部联系调换）

副 主 编：姜丽娜　陆文强　谢　峰
参编人员：高　云　陈来福　陈　戈　张晓燕
　　　　　冯志华　纪悦生　柳　林　张　博
　　　　　崔寿智

序 言

对军人服役进行立法规范是军队正规化建设的一项重要内容，立法的体系化程度也是衡量一国军队正规化建设水平的重要标准。俄罗斯作为世界军事大国在军人服役立法方面有着深厚的历史传承。冷战后，在社会转轨和军事转型的形势下，俄罗斯军人在征召、服役、保障和退役安置等环节面临新情况、新形势和新问题。俄罗斯军事立法部门对军人服役立法的重点进行了调整，对相关法律体系做了进一步完善，对立法内容进行了创新，使立法保障的范围更全面、内容更具体、条文更具操作性。系统整理和译介俄罗斯军人服役的法律法规，对推进我军相关立法和军事法治建设具有重要参考和借鉴意义。

本书选取冷战结束后俄罗斯军队重建以来军事立法部门颁布的核心军人服役法律法规。内容均取自于最新修订版本，涉及适龄公民的兵役登记，各类军人的征召、分类、任免、轮换、转岗、退役及工资津贴与住房保障，军事指挥机关及主管人员开展合同兵役制工作的办法，为军人和文职人员颁发国家奖励的实施办法等。所选法规系统全面、覆盖面广，真实反映了俄罗斯军人服役立法的具体情况。

该书由从事俄罗斯军事问题研究的专业人员组织翻译，由业内资深专家审校。译文权威准确，术语使用规范，语意表述贴切，编排体例得当。该书可供军队职能部门、军事科研和教学人员，以及部队指战员和地方相关人员使用参考。

由于翻译整理水平和时间有限，书中不免存在错误和遗漏之处，恳请读者不吝指正。

陈建民

2022 年 6 月 23 日

前　言

本书译介了十二部关于俄罗斯军事人员制度的现行法规，包括俄罗斯联邦军人服役基本法规、俄罗斯联邦军人工资及住房保障法规、俄罗斯联邦军人奖励法规三编。第一编俄罗斯联邦军人服役基本法规，包含六部关于军人任免、授衔、鉴定、轮换、退役等基本服役制度的法规，第二编俄罗斯联邦军人工资及住房保障法规，包含四部关于军人工资、津贴、公寓房与社会租赁房等待遇制度的法规，第三编俄罗斯联邦军人奖励法规，包含三部关于军人奖励制度的法规。

本书的特色：一是紧跟俄罗斯军事法律最新态势。2012年以后，我国鲜见关于俄罗斯军事法规的体系性翻译成果。也就是说，我国对2012年以后俄罗斯军事法规，尤其是军事人员法规的译介存在严重缺失。2012年以后，俄罗斯不仅废除了一些旧军事法规，出台了一些新军事法规，而且不断修订沿用的军事法规，例如，几乎每年都根据形势修订《俄罗斯联邦军人服役条例》的内容。本书聚焦2012年以后俄罗斯颁发且现行有效的法规，紧跟俄罗斯军事法律最新形势。二是聚焦分领域专项法规。既往我国对俄罗斯军事法规的译介主要关注宏大的上位法，如《俄罗斯联邦国防法》《俄罗斯联邦安全法》《兵役义务与服役法》，对于军事人员领域的法规关注较少，对军人入伍、任免、轮换、鉴定、住房保障、工资待遇等具体有关军人服役制度的法规更是鲜有关注。本书没有选择大家所熟悉的军事法规，而是选择大家不熟悉甚至未曾听说的俄罗斯军人服役专项法规。三是拓宽涵盖内容。本书从军人服役的各个环节搜集相关制度法规，不仅涵盖基本服役流程，而且涵盖住房、工资待遇、奖励等内容。四是重视演变历程。俄罗斯军事人员制度法规通常会持续频繁修订。为了展现法律文件的历史演变过程，本书详细标注了修订的时间、修订的条目及修订所依据的法令。

  本书选取的俄罗斯军事人员制度法规，时效性强、内容全面。本书既关注相关制度法规的历史演变过程，又确保其前沿有效；既聚焦内容的准确细致，又锁定法规的价值意义。在俄罗斯军事法规译介领域，本书将在一定程度上起到填补空白的作用，便于相关科研人员、院校教师及其他读者深入了解俄罗斯军事人员服役的情况，增进我国民众对俄罗斯军队的了解。

目 录

第一编　俄罗斯联邦军人服役基本法规 ………………………… （1）
　一、《俄罗斯联邦军人服役条例》 ………………………………… （3）
　二、《俄罗斯联邦武装力量军事指挥机关及主管人员开展
　　　合同兵役工作的办法》 ………………………………………… （91）
　三、《俄罗斯联邦合同制军人任免、退役和授衔法律文件的
　　　实施办法》 ……………………………………………………… （116）
　四、《俄罗斯联邦兵役登记条例》 ………………………………… （121）
　五、《俄罗斯联邦武装力量合同制军人鉴定的组织实施
　　　办法》 …………………………………………………………… （168）
　六、《俄罗斯联邦武装力量合同制军人按计划轮换组织
　　　实施办法》 ……………………………………………………… （178）

第二编　俄罗斯联邦军人工资及住房保障法规 ………………… （185）
　一、《俄罗斯联邦军人工资与专项津贴法》 ……………………… （187）
　二、《俄罗斯联邦武装力量军人工资保障与军人及军属
　　　专项津贴发放办法》 …………………………………………… （203）
　三、《俄罗斯联邦武装力量根据社会租赁合同为服合同
　　　兵役的俄罗斯联邦公民提供住房的指南》 …………………… （265）
　四、《俄罗斯联邦武装力量合同制军人公寓房分配指南》 ……… （290）

1

第三编　俄罗斯联邦军人奖励法规 ………………………………（303）
　　一、《俄罗斯联邦武装力量落实关于为武装力量军人和文职人员
　　　　颁发国家奖励的规范性法律文件要求的实施细则》 ……（305）
　　二、《俄罗斯联邦国防部奖章授予办法》及《俄罗斯联邦国防部
　　　　奖章条例》 ……………………………………………………（317）

后　记 ……………………………………………………………（354）

第一编 俄罗斯联邦军人服役基本法规

一、《俄罗斯联邦军人服役条例》[①]

(1999年9月16日第一千二百三十七号俄罗斯联邦总统令批准)

第一章 总则

第一条 服役总则

(一)本《条例》依据1998年3月28日第五十三号《兵役义务与服役法》规定了无外国国籍的俄罗斯联邦公民和平时期在俄罗斯联邦武装力量、俄罗斯联邦国民卫队、军事编队和机关、国家消防总局联邦消防局军事分队服役的程序,拥有外国国籍的俄罗斯联邦公民和外国公民在俄罗斯联邦武装力量和军事编队的服役合同的签署与终止,以及俄罗斯联邦法律规定的其他事项。[②]

(二)服役包括任职、授衔、鉴定、退役,以及依照《兵役义务

[①] 条例分别于下列时间修订:1999年10月15日、2000年4月10日、2000年6月26日、2003年4月17日、2006年6月12日、2007年3月8日、2007年7月9日、2007年8月20日、2007年9月11日、2008年1月16日、2008年3月24日、2008年10月21日、2009年1月10日、2009年4月28日、2009年7月5日、2010年7月1日、2011年1月14日、2011年3月21日、2011年9月30日、2012年1月9日、2012年7月12日、2012年11月13日、2013年2月11日、2013年3月25日、2014年2月20日、2014年7月1日、2014年10月3日、2015年1月2日、2015年3月25日、2015年4月30日、2015年6月16日、2015年10月20日、2016年1月2日、2016年12月7日、2016年12月18日、2017年1月2日、2017年5月16日、2017年7月5日、2017年10月8日、2017年12月27日、2018年7月3日、2018年8月9日、2019年1月26日、2019年2月1日、2019年2月21日、2019年12月31日、2020年2月21日、2020年4月27日、2020年6月29日、2020年7月1日、2020年9月2日、2020年9月17日、2020年10月6日、2020年12月21日、2021年3月5日、2021年5月26日、2021年11月1日、2021年12月31日。

[②] 2016年12月7日第六百五十七号俄罗斯联邦总统令批准修订。

与服役法》、其他联邦法律和本《条例》规定影响军人法律地位的其他事宜（情况）。

（三）在俄罗斯联邦服役的公民应当遵守《俄罗斯联邦宪法》、《兵役义务与服役法》、本《条例》、关于服役和军人地位的联邦法律和其他规范性法律文件，以及俄罗斯联邦签署的相关国际条约。

（四）在俄罗斯联邦军事检察机关与俄罗斯联邦侦查委员会军事侦查机关任职的军人，除遵守《兵役义务与服役法》和本《条例》外，还应遵守关于俄罗斯联邦军事检察机关和俄罗斯联邦侦查委员会军事侦查机关的俄罗斯联邦法律和其他规范性法律文件的特殊规定。[①]

（五）俄罗斯联邦特定类别公民入伍及服役的特殊性，由俄罗斯联邦法律和其他规范性法律文件规定。

第二条　服役

（一）服役方式：

1. 俄罗斯联邦公民以服义务兵役或合同兵役的方式担任士兵/水兵或军士/海军军士；

2. 外国公民以服合同兵役的方式担任士兵/水兵或军士/海军军士；

3. 以服合同兵役的方式担任准尉/海军准尉；

4. 以服合同兵役的方式担任军官。[②]

（二）在军事职业教育机构和高等军事教育机构（以下简称"军事院校"）学习且未曾服役的俄罗斯联邦公民（以下简称"公民"），在签署服役合同前享有义务兵役制军人的地位。[③]

（三）义务兵役制军人只有在服役四个月且经军事登记专业培训后，方可被纳入分队、部队或兵团执行武装冲突条件下的任务（参加战斗行动）。

[①] 2015年1月2日第三号俄罗斯联邦总统令批准修订。
[②] 2015年1月2日第三号俄罗斯联邦总统令批准修订。
[③] 2014年7月1日第四百八十三号俄罗斯联邦总统令批准修订。

根据国际法、俄罗斯联邦签署的国际条约与俄罗斯联邦法律的公认准则规范，外国公民参军后可参加战斗行动，在紧急状态、战时状态及武装冲突条件下执行任务，参加维护或恢复国际和平与安全的行动及境外国际反恐行动。①

第三条　服役的起止与期限

（一）服役起算时间：

1. 非预备役人员服义务兵役的起算时间为获列兵军衔之日；②

2. 失效；

3. 失效；

4. 公民（含外国公民）服合同兵役的起算时间为合同生效之日；③

5. 公民考入军事院校后，无论其是否曾服兵役，其此次服役起算时间均为被军事院校录取之日。

（二）服役期限：

1. 无军官军衔且2007年1月1日前开始服义务兵役者的服役期限为二十四个月，但本项第三目规定的军人除外；

2. 无军官军衔且2007年1月1日至12月31日（含）开始服义务兵役者的服役期限为十八个月，但本项第三目规定的军人除外；④

3. 已按国家承认的教育大纲完成高等教育、无军官军衔且2008年1月1日前开始服义务兵役者的服役期限为十二个月；⑤

4. 有军官军衔⑥且2008年1月1日前开始服义务兵役者的服役期限为二十四个月；

5. 2008年1月1日后开始服义务兵役者的服役期限为十二个月；

---

① 2017年10月8日第四百六十九号俄罗斯联邦总统令批准修订。
② 2014年2月20日第八十八号俄罗斯联邦总统令批准修订。
③ 2015年1月2日第三号俄罗斯联邦总统令批准修订。
④ 2007年3月8日第三百零三号俄罗斯联邦总统令批准修订。
⑤ 2014年7月1日第四百八十三号俄罗斯联邦总统令批准修订。
⑥ 译者注：通常指预备役军官军衔。

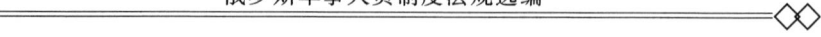

6. 服合同兵役的军人（以下简称"合同制军人"）的服役期限依照服役合同确定。服役期限从开始服役之日起算。①

（三）服役期满的计算：

1. 服义务兵役者，到义务兵役期最后一个月的对应日期服役期满；

2. 合同制军人，到合同期最后一年对应的月份和日期服役期满；如果服役合同期限为一年以内，则到合同期最后一个月对应的日期服役期满。

如果服役到期的月份没有对应日期，那么则到该月最后一天。

（四）军人因退役、牺牲（死亡）、被认定失踪/死亡而被军事单位［指俄罗斯联邦武装力量（其他军队、军事编队或机关）的军事指挥机关，部队、企业、组织机构，国家消防总局联邦消防局军事分队，俄罗斯联邦军事检察机关，俄罗斯联邦侦查委员会军事侦查机关，以及国家高等教育机构的军事训练中心］从人员名单中注销之日，则为服役期结束之日。

军人应在服役期满之日从部队人员名单中注销，提前退役军人的名单注销应不迟于服役期满之日，但《兵役义务与服役法》和本《条例》规定的特殊情况除外。

从部队人员名单中注销之日，是军人服役期结束之日（最后一天）。②

（五）下列时间不得计入服役时间：

1. 军人在纪律部队的羁押时间；

2. 被判有罪军人的关押时间；

3. 被纪律监禁的时间；③

4. 不论什么原因，擅自离开部队或服役地十昼夜以上的时间。④

---

① 俄罗斯联邦武装力量合同兵役期参见 2014 年 5 月 22 日第三百三十号俄罗斯联邦国防部长令、2000 年 8 月 23 日第六百二十一号俄罗斯联邦政府令。
② 2019 年 1 月 26 日第十八号俄罗斯联邦总统令批准修订。
③ 2015 年 1 月 2 日第三号俄罗斯联邦总统令批准修订。
④ 2015 年 1 月 2 日第三号俄罗斯联邦总统令批准修订。

（六）被判有罪军人在义务兵役期满后应从纪律部队释放。如果其在纪律部队期间拥有军事专长，熟知并严格遵守军事条令要求，忠实履行勤务，根据俄罗斯联邦国防部长的规定，其在纪律部队的羁押时间可计入服役时间。

如果从纪律部队释放的军人在纪律部队期间忠实履行勤务，根据提供兵役的俄罗斯联邦权力执行机关和俄罗斯联邦国家机关负责人制定的办法，军区（北方舰队）司令及平级或更高级别指挥员（首长）可将其在纪律部队的羁押时间计入服役时间。①

（七）军人服役时间包括其服役的所有时间，无论是服义务兵役的时间、服合同兵役的时间，还是再次入伍服役的时间。服役时间按历法计算。

在俄罗斯联邦法律和其他规范性法律文件有所规定的情况下，服役总时长可按优惠方法②计算。

（八）失效。

第二章　签署与终止服役合同的程序

第四条　签署与终止服役合同③

（一）公民（含外国公民）与俄罗斯联邦国防部、其他提供兵役的俄罗斯联邦权力执行机关或俄罗斯联邦国家机关签署按附件一标准格式制定的服役合同。服役合同可以是首份服役合同或新服役合同。④

（二）签署与终止服役合同及相关事宜，由《兵役义务与服役法》、

---

① 2020 年 12 月 21 日第八百零三号俄罗斯联邦总统令批准修订。

② 译者注：俄罗斯军人的军龄有两种计算方法：一是优惠计算法。这种方法适用于在核辐射、极端气候等特殊环境中服役的军人，按其在这种环境中实际服役时长的两倍计算。例如，一名军人在核辐射环境中服役 7 年，按此方法应计算为 14 年。二是日历计算法。这种方法按军人实际服役时长计算军龄。

③ 2007 年 9 月 11 日第一千一百七十二号俄罗斯联邦总统令批准修订。

④ 2016 年 12 月 18 日第六百七十五号俄罗斯联邦总统令批准修订。

关于服役办法和军人地位的俄罗斯联邦法律和其他规范性法律文件规定。①

（三）不能与下列公民（含外国公民）签署服役合同：被定罪和判刑的公民；被调查或预审或所涉刑事案件已移交法院的公民；犯罪前科未撤销或刑期未满的公民；被剥夺自由的公民。如果具有法律效力的判决剥夺公民在一段时期内担任军事职务的权利，那么不能在这段时期与其签署服役合同。②

（四）服役合同应明确公民（含外国公民）为自愿服役，明确服役期及合同条款。③

服役合同中还应注明：

1. 签署服役合同的公民（含外国公民）的军衔，姓、名和父称，出生日期；

2. 签署服役合同的俄罗斯联邦权力执行机关或俄罗斯联邦国家机关的名称，代表该机关签署服役合同的主管人员的职务、军衔、名字大写首字母与姓；④

3. 公民（含外国公民）服役的俄罗斯联邦武装力量、其他军队、军事编队和机关、国家消防总局联邦消防局军事分队的名称；

4. 公民（含外国公民）与俄罗斯联邦权力执行机关或俄罗斯联邦国家机关的主管人员签署服役合同的日期。⑤

在公民（含外国公民）和主管人员的签名之后应注明：

（1）主管人员宣布服役合同生效命令的颁发日期和编号；

（2）服役合同终止的日期和理由。

（五）服役合同条款包括：

1. 在服役合同规定期限内，军人应在俄罗斯联邦武装力量、其他

---

① 关于与军校现役学员签署合同的规定参见1993年4月22日第一百九十五号俄罗斯联邦内务机关令。

② 2016年12月18日第六百七十五号俄罗斯联邦总统令批准修订。

③ 2015年1月2日第三号俄罗斯联邦总统令批准修订。

④ 2016年12月18日第六百七十五号俄罗斯联邦总统令批准修订。

⑤ 2016年12月18日第六百七十五号俄罗斯联邦总统令批准修订。

军队、军事编队和机关、国家消防总局联邦消防局军事分队服役，忠诚履行俄罗斯联邦法律和其他规范性法律文件规定的军人普通职责、职务职责和专业职责；①

2. 在《兵役义务与服役法》规定的某些情况下，公民应足额赔偿其军事训练和专业培训所花费的联邦预算资金；

3. 军人有权维护自身及家人的权益，即关于军人地位和服役办法的俄罗斯联邦法律和其他规范性法律文件所规定的社会保障和补偿等方面的权益。②

（六）俄罗斯联邦国防部长，以及提供兵役的俄罗斯联邦权力执行机关或俄罗斯联邦国家机关负责人有权在标准服役合同中写明由俄罗斯联邦法律规定和服役特点决定的军人具体权利和义务。③

（七）服役合同一式两份，合同签署者应在每份合同上签字。合同签署者的签名还应加盖带徽章的部队印章。

服役合同生效后，第一份服役合同存入军人的个人档案，第二份服役合同交给军人本人。

（七·一）与在军事院校学习或刚考入军事院校的公民签署服役合同时，应阐明关于其军事训练和专业培训所花费的联邦预算的赔偿金计算办法，以及赔偿金计算所基于的开支组成。

（八）服役合同自本《条例》规定的主管人员签字之日起生效。同时，应发布关于服役合同生效的命令。

服役合同期限从服役合同生效之日（日历时间）起算。

（九）服役合同效力终止时间：

1. 军人因退役、牺牲（死亡）、被认定失踪或宣布死亡从部队人员名单中注销之日；

2. 与军人签署新服役合同之日；

3. 军人被任命为提供兵役的俄罗斯联邦权力执行机关或俄罗斯联

---

① 2015年1月2日第三号俄罗斯联邦总统令批准修订。
② 2015年1月2日第三号俄罗斯联邦总统令批准修订。
③ 2016年12月18日第六百七十五号俄罗斯联邦总统令批准修订。

邦国家机关负责人之日；①

4. 军人暂停服役之日；

5. 《兵役义务与服役法》规定的其他情况。

（十）保存在军人个人档案的第一份服役合同上应记录服役合同终止的日期和理由，旁边应有指挥员［此处及下文的指挥员指俄罗斯联邦武装力量（其他军队、军事编队和机关）的军事指挥机关、部队、企业、组织机构的指挥员/首长/领导，或国家消防总局联邦消防局军事分队、俄罗斯联邦军事检察机关、俄罗斯联邦侦查委员会军事侦查机关或国家高等教育机构军事训练中心的指挥员/首长/领导］的签名并加盖带有徽章的部队印章。根据军人意愿，也可在由军人保存的第二份服役合同上做相同记录。②

（十一）被任命为提供兵役的俄罗斯联邦权力执行机关或俄罗斯联邦国家机关负责人职务的军人，在不签订服役合同的情况下服役，且其原服役合同效力自任命之日起终止。被任命上述职务后，其继续保留合同制军人的地位；卸任上述职务后，其应签署新服役合同或退役。③

第五条　从公民（含外国公民）中选拔合同兵役制候选人的办法④

（一）有意愿在俄罗斯联邦武装力量担任合同制军官的非现役公民应向为其办理兵役登记的兵役局递交申请；未办理过兵役登记的非现役公民，应向居住地兵役局递交这一申请。

有意愿在俄罗斯联邦武装力量担任合同制士兵/水兵、军士/海军军士或准尉/海军准尉职务的非现役公民，以及有意愿在俄罗斯联邦武装力量担任合同制士兵/水兵或军士/海军军士职务的外国公民，应

---

① 2016年12月18日第六百七十五号俄罗斯联邦总统令批准修订。
② 2019年1月26日第十八号俄罗斯联邦总统令批准修订。
③ 2016年12月18日第六百七十五号俄罗斯联邦总统令批准修订。
④ 2015年1月2日第三号俄罗斯联邦总统令批准修订。

向合同兵役选拔站或部队递交申请。合同兵役选拔站的任务、职能及工作程序，由俄罗斯联邦国防部长规定。

有意愿在俄罗斯联邦国民卫队、执行民防任务的俄罗斯联邦权力执行机关救援队伍、俄罗斯联邦对外情报局、国家警卫机关、俄罗斯联邦军事检察机关、俄罗斯联邦侦查委员会军事侦查机关与俄罗斯联邦国家权力机关动员准备保障机构服合同兵役的非现役公民，应向为其办理兵役登记的兵役局或部队递交申请；未办理过兵役登记的非现役公民，应向居住地兵役局递交这一申请。有意愿在执行民防任务的俄罗斯联邦权力执行机关救援队伍服合同兵役的外国公民，应向居住地兵役局或部队递交申请。

有意愿在俄罗斯联邦安全局机关服合同兵役的非现役公民应向安全保障领域的俄罗斯联邦权力执行机关的地区机构递交申请。①

（二）申请应写明：

1. 公民（含外国公民）的姓、名、父称及出生日期；②

2. 住址；

3. 与公民签署服役合同的俄罗斯联邦权力执行机关或俄罗斯联邦国家机关的名称；③

4. 合同期限。

（三）递交申请时，公民（含外国公民）还应出示身份与国籍证明证件，并提交：

1. 已填写并签名的制式合同兵役制人员表；

2. 亲笔书写的个人履历；

3. 按规定程序核实无误的工作证复印件与（或）根据俄罗斯联邦法律制作的工作信息表复印件；④

4. 按规定程序核实无误的文化程度证书复印件；

---

① 2016年12月18日第六百七十五号俄罗斯联邦总统令批准修订。
② 2015年1月2日第三号俄罗斯联邦总统令批准修订。
③ 2016年12月18日第六百七十五号俄罗斯联邦总统令批准修订。
④ 2020年10月6日第六百一十六号俄罗斯联邦总统令批准修订。

5. 按规定程序核实无误的结婚证和子女出生证复印件；

6. 补充文件：

俄罗斯联邦国防部长（或部队所隶属的俄罗斯联邦权力执行机关和俄罗斯联邦国家机关负责人）明确公民（含外国公民）应向兵役局、合同兵役选拔站或部队提交的补充文件清单和内容、表格格式及关于个人履历内容的基本要求。①

（四）兵役局、合同兵役选拔站或部队负责登记与审核有意愿服合同兵役公民（含外国公民）递交的申请。

所递交申请进入审核程序的公民（含外国公民）视为合同兵役的候选人（以下简称"候选人"）。②

（五）兵役局局长、合同兵役选拔站主任或部队指挥员有理由退还下列有意愿服合同兵役人员的申请：

1. 无俄罗斯联邦国籍的公民（有意愿在俄罗斯联邦武装力量和队伍服合同兵役的人员除外）；

2. 合同签署当天年龄不符合《兵役义务与服役法》要求的公民；依照《兵役义务与服役法》无权签署服役合同的公民；

3. 被定罪和判刑的公民，正在接受调查、预审或刑事案件已移交法庭的公民；

4. 有未撤销判决或刑期未满的公民；

5. 被判处剥夺自由的公民；

6. 因服用毒品、未经医生允许的精神药物，或服用有潜在危险的新型兴奋剂而受到行政处罚且处罚期未结束的公民。③

（六）兵役局、合同兵役选拔站或部队负责为候选人办理个人档案和其他必要文件。

俄罗斯联邦国防部长规定兵役局或合同兵役选拔站办理文件的清单、格式和程序；俄罗斯联邦权力执行机关和俄罗斯联邦国家机关负

---

① 2018年8月9日第四百七十五号俄罗斯联邦总统令批准修订。
② 2015年10月20日第五百二十二号俄罗斯联邦总统令批准修订。
③ 2015年10月20日第五百二十二号俄罗斯联邦总统令批准修订。

责人规定下属部队办理文件的清单、格式和程序。①

（七）兵役局局长应在一个月内审查收到的申请并下达以下指令：

1. 要求候选人参加体检；

2. 组织候选人参加职业心理选拔测试；

3. 检验候选人的教育程度、职业技能和身体素质是否符合合同兵役制的要求；

4. 要求兵役局候选人选拔委员会或部队鉴定委员会审查候选人资格；

5. 必要时与俄罗斯联邦安全局机关协同办理关于候选人涉密许可事宜。②

（七·一）合同兵役选拔站主任应在一个月内审查收到的申请，经与兵役局局长协商后委派候选人参加体检并下达以下指令：

1. 组织候选人参加职业心理选拔测试；

2. 检验候选人的文化程度、职业技能和身体素质是否达到服合同兵役的要求；

3. 合同兵役选拔站—兵役局候选人选拔联合委员会（以下简称"合同兵役选拔站—兵役局联合委员会"）负责审查候选人资格。③

（八）依照俄罗斯联邦政府批准的《军人健康鉴定条例》组织候选人的体检。

根据体检结果，按等级做出候选人是否适合服役的结论：

1. 第一等级——适合服役；

2. 第二等级——基本适合服役；

3. 第三等级——不太适合服役；

4. 第四等级——暂时不适合服役；

5. 第五等级——不适合服役。

可招收"适合服役"或"基本适合服役"的公民（含外国公民）

---

① 2016 年 12 月 18 日第六百七十五号俄罗斯联邦总统令批准修订。
② 2015 年 10 月 20 日第五百二十二号俄罗斯联邦总统令批准修订。
③ 2015 年 10 月 20 日第五百二十二号俄罗斯联邦总统令批准修订。

服合同兵役。①

（九）职业心理选拔测试工作由职业心理选拔的专业人员负责实施。

职业心理选拔测试应评估公民（含外国公民）的智力水平、服役心理准备、思维敏捷性、协作能力和军人职业所需要的其他重要素质。

判断公民（含外国公民）的职业适用性是否匹配拟任职务。②

（十）兵役局与合同兵役选拔站职业心理选拔测试工作的组织、程序和方法，由俄罗斯联邦国防部长确定；部队职业心理选拔测试工作的组织、程序和方法，由部队所属的俄罗斯联邦权力执行机关和俄罗斯联邦国家机关负责人确定。

职业心理选拔测试结果记录在制式职业心理选拔测试卡上。③

（十一）根据职业心理选拔测试结果，明确候选人的职业适用性等级，即是否推荐其担任合同兵役制军人职务：

1. 优先推荐——第一等级；

2. 推荐——第二等级；

3. 有条件推荐——第三等级；

4. 不推荐——第四等级。

（十二）候选人的文化程度、职业技能和身体素质应达到服合同兵役的要求。

俄罗斯联邦国防部长负责明确俄罗斯联邦武装力量对合同兵役制候选人文化程度、职业技能和身体素质的要求；提供兵役的俄罗斯联邦权力执行机关和俄罗斯联邦国家机关负责人负责明确下辖部队对合同兵役制候选人文化程度、职业技能和身体素质的要求。

服合同兵役的外国公民应掌握俄语。④

---

① 2015年1月2日第三号俄罗斯联邦总统令批准修订。
② 2015年3月25日第一百六十一号俄罗斯联邦总统令批准修订。
③ 2016年12月18日第六百七十五号俄罗斯联邦总统令批准修订。
④ 2016年12月18日第六百七十五号俄罗斯联邦总统令批准修订。

（十三）必要时候选人应按规定程序办理涉密许可。

（十四）兵役局候选人选拔委员会、合同兵役选拔站—兵役局联合委员会或部队鉴定委员会负责确定兵役局挑选的候选人是否达到服合同兵役的要求。①

（十四·一）在合同兵役选拔站建立由合同兵役选拔站和兵役局人员联合构成的合同兵役选拔站—兵役局联合委员会。

根据俄罗斯联邦国防部长批准的合同兵役选拔站—兵役局联合委员会规章，明确联合委员会的成员构成和工作程序。②

（十五）除本条第五项规定的情况外，兵役局候选人选拔委员会还可根据下列情况认定候选人不符合服合同兵役的要求：

1. 体检结果等级为"不太适合服役""暂时不适合服役"或"不适合服役"；

2. 根据职业心理选拔测试结果，职业适用性为第四等级；

3. 文化程度、职业技能或身体素质达不到服合同兵役要求。

根据公民（含外国公民）的请求，兵役局候选人选拔委员会应在做出决定后三日内将决定复印件交给候选人。③

（十六）经兵役局候选人选拔委员会认定达到服合同兵役要求的候选人，在收到所在市（区）兵役局局长或合同兵役选拔站主任的相关命令后，应前往部队签署服役合同。

市（区）兵役局局长或合同兵役选拔站主任根据兵役局候选人选拔委员会提供的关于候选人军衔、文化程度、职业技能、身体素质、健康状况和选拔结果可适配的岗位情况，向部队派出候选人。④

（十七）前往部队签署服役合同的合同兵役制候选人免费享受去程军人运送票；如最终未签署服役合同，还免费享受返程军人运

---

① 2015年10月20日第五百二十二号俄罗斯联邦总统令批准修订。
② 2015年10月20日第五百二十二号俄罗斯联邦总统令批准第五条增加第十四·一项。
③ 2015年10月20日第五百二十二号俄罗斯联邦总统令批准修订。
④ 2017年7月5日第三百零九号俄罗斯联邦总统令批准修订。

送票。

兵役登记所在地的市（区）兵役局或合同兵役选拔站，应为候选人提供去程军人运送票。如果部队拒绝与候选人签署服役合同，则部队应向其提供返回俄罗斯联邦境内居住地的军人运送票。①

（十八）直接向部队提出服合同兵役申请的非现役公民（含外国公民），经资格审查后，应前往合同兵役选拔站参加选拔和办理手续。部队应给此类候选人每人提供一份由部队指挥员签字的致合同兵役选拔站主任的公函，并在其中写明所有必要信息。

直接向部队申请在俄罗斯联邦国民卫队、执行民防任务的俄罗斯联邦权力执行机关救援队伍、俄罗斯联邦对外情报局、国家警卫机关与俄罗斯联邦国家权力机关动员准备保障机构服合同兵役的非现役公民，可前往曾办理兵役登记的兵役局（未办理兵役登记者应前往居住地兵役局）参加选拔和办理手续；直接向部队申请在执行民防任务的俄罗斯联邦权力执行机关救援队伍服合同兵役的外国公民，可前往居住地兵役局参加选拔和办理手续。部队应给这些候选人每人提供一份由部队指挥员签字的致兵役局局长的公函，并在其中写明所有必要信息。

俄罗斯联邦国民卫队、执行民防任务的俄罗斯联邦权力执行机关救援队伍、俄罗斯联邦对外情报局、国家警卫机关与俄罗斯联邦国家权力机关动员准备保障机构下辖的部队，可独立开展从公民中选拔合同兵役人选的工作；执行民防任务的俄罗斯联邦权力执行机关救援队伍的部队，也可独立开展从外国公民中选拔合同兵役制人选的工作。

俄罗斯联邦对外情报局和俄罗斯联邦安全局负责从本系统预备役人员中选拔合同兵役制候选人。②

（十九）部队指挥员审查抵达部队签署服役合同的公民（含外国公民）的候选人资格。

为决定是否与候选人签署服役合同，必要时部队指挥员可要求候

---

① 2017年7月5日第三百零九号俄罗斯联邦总统令批准修订。
② 2016年12月7日第六百五十七号俄罗斯联邦总统令批准修订。

选人接受体检，参加职业心理选拔测试，接受关于文化程度、职业技能和身体素质的测试，接受部队鉴定委员会对其候选人资格的审查。

如果出现本条第五项和第十五项规定的情况，部队鉴定委员会应做出公民（含外国公民）不符合服合同兵役要求的决定。应公民（含外国公民）的请求，部队鉴定委员会应在做出决定后三日内将决定的复印件交给公民（含外国公民）。①

第六条　从现役军人中选拔候选人的办法

（一）有意愿转服合同兵役的义务兵役制军人应向上级递交报告。

（二）除报告外，义务兵役制军人还应提交：

1. 已填写并签名的制式合同兵役制人员表；
2. 亲手书写的个人履历；
3. 按规定程序核实无误的文化程度证书复印件；
4. 按规定程序核实无误的结婚证和子女出生证复印件；
5. 补充文件：

提供兵役的俄罗斯联邦权力执行机关和俄罗斯联邦国家机关负责人明确义务兵役制军人应提交的补充文件清单和内容、表格格式及关于个人履历内容的基本要求。②

（三）部队指挥员负责登记并审查义务兵役制军人提交的关于希望改服合同兵役的报告，并应在《俄罗斯联邦武装力量纪律条令》规定的军人报告审查期限内做出决定。

报告进入审查程序的军人视为合同兵役制候选人。

（四）审查报告后，部队指挥员应发出以下指令：

1. 要求候选人参加体检；
2. 组织候选人参加职业心理选拔测试；
3. 测试候选人的文化程度、职业技能和身体素质是否符合合同兵役制的要求；

---

① 2015 年 10 月 20 日第五百二十二号俄罗斯联邦总统令批准修订。
② 2018 年 8 月 9 日第四百七十五号俄罗斯联邦总统令批准修订。

4. 要求部队鉴定委员会审查候选人的资格。

上述措施根据《兵役义务与服役法》、俄罗斯联邦其他规范性法律文件和本《条例》规定的程序实施。

同时，如果出现本《条例》第五条第五项第二至六目规定的情况，可将报告退还军人。①

（五）必要时，候选人应按规定程序办理涉密许可。

（六）部队鉴定委员会应明确候选人是否符合服合同兵役的要求。

如果出现本《条例》第五条第五项第二至六目和第十五项规定的情况，部队鉴定委员会应做出候选人不符合服合同兵役要求的决定。如果军人需要，部队鉴定委员会应在做出决定后三日内将决定复印件交给候选人。②

第七条 主管人员在招收公民（含外国公民）服合同兵役方面的职责③

（一）主管人员在招收公民（含外国公民）服合同兵役方面的职责④：

1. 兵役局局长的职责：

审查公民（含外国公民）服合同兵役的申请；

组织办理必要手续；安排候选人接受体检及其他必要检查，以明确候选人是否达到服合同兵役的要求；

组织候选人参加职业心理选拔测试；

必要时与俄罗斯联邦安全局机关协同办理关于候选人涉密许可事宜；

向俄罗斯联邦内务机关发函要求提供用于填写候选人兵役登记文件的信息；

---

① 2015年10月20日第五百二十二号俄罗斯联邦总统令批准修订。
② 2015年10月20日第五百二十二号俄罗斯联邦总统令批准修订。
③ 2015年1月2日第三号俄罗斯联邦总统令批准修订。
④ 2015年10月20日第五百二十二号俄罗斯联邦总统令批准修订。

组织兵役局候选人选拔委员会开展工作，批准该委员会的决议；

派出候选人前往部队签署服役合同。

2. 合同兵役选拔站主任的职责：

审查公民（含外国公民）服合同兵役的申请；

组织办理必要文件；

经与兵役局局长协商后安排候选人接受体检和其他必要的检查，以明确候选人是否符合服合同兵役的要求；

组织候选人参加职业心理选拔测试；

组织合同兵役选拔站－兵役局联合委员会开展工作，批准该联合委员会的决议；

向俄罗斯联邦内务机关发函要求提供用于填写候选人兵役登记文件的信息；

派出候选人前往部队签署服役合同。

3. 武装力量部队指挥员的职责：

审查公民（含外国公民）服合同兵役的申请；

根据对申请的审查结果，派出公民（含外国公民）前往合同兵役选拔站，按俄罗斯联邦国防部长规定的程序参加合同兵役制人员选拔；

按层级提交关于部队中是否有空缺职务的信息；

与候选人签署服役合同。

4. 俄罗斯联邦国民卫队、执行民防任务的俄罗斯联邦权力执行机关救援队伍、俄罗斯联邦对外情报局、国家警卫机关与俄罗斯联邦国家权力机关动员准备保障机构的下属部队指挥员俄罗斯，俄罗斯联邦侦查委员会军事侦查机关负责人与军事检察长的职责：

审查公民（含外国公民）服合同兵役的申请；

组织办理必要的文件；

安排候选人接受体检及其他必要检查，以明确候选人是否达到服合同兵役的要求；

按层级提交关于部队中是否有空缺职务的信息；

组织候选人选拔工作；

组织部队鉴定委员会开展关于明确候选人是否符合服合同兵役要求的工作；

与候选人签署服役合同；

做出拒绝与候选人签署服役合同并安排其返回俄罗斯联邦境内居住地的决定。①

（二）俄罗斯联邦武装力量、其他军队、军事编队和机关的干部机关和兵员补充部门，在各自职权范围内做出关于是否有空缺职务的结论。②

（三）关于选拔和接收公民服合同兵役的所有问题，由俄罗斯联邦武装力量总参谋部负责与提供兵役的俄罗斯联邦权力执行机关和俄罗斯联邦国家机关协商处理。③

第八条　首份合同的签署程序④

（一）可与下列未服过合同兵役者签署首份服役合同：

1. 十八至四十岁的公民：

预备役人员；

毕业于按高等教育大纲组织教学的国立、市立或私立（相关培养专业和培养方向划分得到国家认可的）高等教育机构的非预备役男性公民；

毕业于按中等职业教育大纲组织教学的国立、市立或私立（相关培养专业和职业划分得到国家承认的）中等职业教育机构，并希望在俄罗斯联邦武装力量、俄罗斯联邦国民卫队、执行民防任务的俄罗斯联邦权力执行机关救援队伍、俄罗斯联邦对外情报局、国家警卫机关服合同兵役的非预备役男性公民；

非预备役女性公民；

---

① 2016年12月18日第六百七十五号俄罗斯联邦总统令批准修订。
② 2015年10月20日第五百二十二号俄罗斯联邦总统令批准修订。
③ 2016年12月18日第六百七十五号俄罗斯联邦总统令批准修订。
④ 2008年3月24日第三百九十五号俄罗斯联邦总统令批准修订。

符合俄罗斯联邦总统颁布的规范性法令规定的其他公民。①

2. 服义务兵役前完成高等教育的义务兵役制军人；已服役三个月以上的义务兵役制军人；②

服义务兵役前完成中等职业教育，并希望在俄罗斯联邦武装力量、俄罗斯联邦国民卫队、执行民防任务的俄罗斯联邦权力执行机关救援队伍、俄罗斯联邦对外情报局、国家警卫机关与俄罗斯联邦国家权力机关动员准备保障机构服合同兵役的义务兵役制军人。③

3. 被军事院校录取的已服义务兵役或在服义务兵役的公民。

4. 正在军事院校学习并享有义务兵役制军人地位的公民。

5. 失效。

6. 毕业于国家高等教育机构并在该机构的军事训练中心按军事训练大纲完成培训的公民。④

7. 十八至三十岁的外国公民。⑤

（二）在军事院校学习并享有义务兵役制军人地位的军人，年满十八岁后，应在第一学年结束后到第二学年结束前签署首份服役合同。拒绝依照《兵役义务与服役法》和本《条例》签署服役合同的上述军人，应从军事院校除名。

（三）在服义务兵役或已服义务兵役的公民，应在被军事院校录取时签署服役合同。

第二段失效。

拒绝签署服役合同的上述公民，军事院校不予录取。

（三·一）在国家高等教育机构军事训练中心按军事训练大纲完成培训的公民，如果已与俄罗斯联邦国防部签署从国家高等教育机构毕业后入伍服役的协议，应在毕业命令发布的次日签署服役合同。⑥

---

① 2017 年 10 月 8 日第四百六十九号俄罗斯联邦总统令批准修订。
② 2014 年 2 月 20 日第八十八号俄罗斯联邦总统令批准修订。
③ 2014 年 2 月 20 日第八十八号俄罗斯联邦总统令批准修订。
④ 2019 年 1 月 26 日第十八号俄罗斯联邦总统令批准修订。
⑤ 2015 年 1 月 2 日第三号俄罗斯联邦总统令批准修订。
⑥ 2019 年 1 月 26 日第十八号俄罗斯联邦总统令批准修订。

（四）如有应由女军人担任的空缺职务，可招收女性公民服合同兵役。

提供兵役的俄罗斯联邦权力执行机关和俄罗斯联邦国家机关负责人负责确定应由女军人担任的职务清单，但不包括应由高级女军官担任的职务清单。①

（五）首份服役合同的期限：②

1. 拟担任编制军衔为士兵/水兵或军士/海军军士职务的义务兵役制军人或其他公民签署的首份服役合同期限为二年或三年（由公民选择）；

2. 拟担任编制军衔为士兵/水兵或军士/海军军士职务的外国公民签署的首份服役合同期限为五年；

3. 拟担任编制军衔为准尉/海军准尉或军官职务的义务兵役制军人或其他公民签署的首份服役合同期限为五年，但本项第五目涉及的公民除外；

4. 按高等教育大纲在军事院校学习的军人签署的首份服役合同期限为其接受高等教育的剩余时间加上完成高等教育后的五年；

按中等职业教育大纲在军事院校学习的军人签署的首份服役合同期限为其接受中等职业教育的剩余时间加上完成中等职业教育后的三年，但如果其毕业后获准尉/海军准尉或军官军衔，首份服役合同期限则为其接受中等职业教育时间加上完成中等职业教育后五年；③

5. 毕业于国家高等教育机构并在其军事训练中心按军事训练大纲完成培训者，如果入伍担任编制为军官军衔的职务，其签署的首份服役合同期限为三年或五年。④

（六）义务兵役制军人签署的首份合同兵役合同期限可以较短，只要其已服义务兵役时长与首份合同的服役期限相加能达到本条第五

---

① 2016年12月18日第六百七十五号俄罗斯联邦总统令批准修订。
② 2015年1月2日第三号俄罗斯联邦总统令批准修订。
③ 2021年12月31日第七百五十七号俄罗斯联邦总统令批准修订。
④ 2019年1月26日第十八号俄罗斯联邦总统令批准修订。

项第一目和第三目规定的二年、三年或五年即可。①

（六·一）愿意以服合同兵役的形式执行紧急情况下的任务（消除自然灾害后果、执行紧急状态任务、恢复宪法秩序或其他紧急情况下的任务），参加国际维和行动、境外国际反恐行动或巡航的义务兵役制军人，在义务兵役期满前的一个月内可签署为期一年的合同兵役服役合同。②

（七）愿意以服合同兵役的形式参与执行紧急情况下的任务（消除自然灾害后果、执行紧急状态任务、恢复宪法秩序或其他紧急情况下的任务），参加国际维和行动、境外国际反恐行动或巡航的预备役人员可签署为期一年的合同兵役服役合同。③

（七·一）依照本条第六·一项和第七项规定签署服役合同的军人，不用接受考察。④

（八）代表俄罗斯联邦国防部（提供兵役的俄罗斯联邦权力执行机关或俄罗斯联邦国家机关）签署首份服役合同的主管人员：⑤

1. 提供兵役的俄罗斯联邦权力执行机关或俄罗斯联邦国家机关负责人，根据俄罗斯联邦总统的决定与担任编制军衔为将官职务者签署首份服役合同；

2. 部队指挥员（含）以上级别的主管人员，根据提供兵役的俄罗斯联邦权力执行机关负责人的决定，与该负责人所任命职务的人员签署首份服役合同；

3. 部队指挥员（含）以上级别的主管人员，根据有职务任命权的主管人员的决定与担任编制军衔为准尉/海军准尉至上校/海军上校（含）职务者（不含本项第二目所指人员）签署首份服役合同；

4. 部队指挥员负责与担任编制军衔为士兵/水兵或军士/海军军士

---

① 2015年1月2日第三号俄罗斯联邦总统令批准修订。
② 2017年10月8日第四百六十九号俄罗斯联邦总统令批准修订。
③ 2017年10月8日第四百六十九号俄罗斯联邦总统令批准修订。
④ 2017年10月8日第四百六十九号俄罗斯联邦总统令批准修订。
⑤ 2016年12月18日第六百七十五号俄罗斯联邦总统令批准修订。

职务者签署首份服役合同；

5. 军事院校校长负责与考入该校或在该校学习的学员签署首份服役合同；

6. 失效；

7. 毕业于国家高等教育机构并在其军事训练中心按军事训练大纲完成培训者的首份服役合同，由俄罗斯联邦权力执行机关负责人指定人员签署；①

8. 提供兵役的俄罗斯联邦国家机关负责人指定人员与到该机关任职的人员签署首份服役合同。

在俄罗斯联邦国防部（提供兵役的俄罗斯联邦权力执行机关或俄罗斯联邦国家机关）下属军事院校学习的无军官军衔的军人，毕业后拟被派往另一个提供兵役的俄罗斯联邦权力执行机关或俄罗斯联邦国家机关服役的，应在学习所在地签署服役合同；服役合同应注明其从军事院校毕业后在指定俄罗斯联邦权力执行机关或俄罗斯联邦国家机关服役期间应承担的义务。

（九）本条第八项所指主管人员与服役人员签署首份服役合同的时间：

1. 与服合同兵役的公民（含外国公民）在其入伍之日签署首份服役合同；②

2. 与正在军事院校学习的学员在其年满十八岁后且第一学年结束之后到第二学年结束之前签署首份服役合同；

3. 与已服义务兵役或在服义务兵役且考入军事院校的公民在其被军事院校录取之日签署首份服役合同；

4. 失效；

5. 与在国家高等教育机构军事训练中心按军事训练大纲完成培训的公民在该高等教育机构发布其毕业命令的第二天签署服役合同。③

---

① 2019 年 1 月 26 日第十八号俄罗斯联邦总统令批准修订。
② 2015 年 1 月 2 日第三号俄罗斯联邦总统令批准修订。
③ 2019 年 1 月 26 日第十八号俄罗斯联邦总统令批准修订。

（十）拒绝与候选人签署首份服役合同的原因：①

1. 俄罗斯联邦武装力量、其他军队、军事编队和机关、俄罗斯联邦军事检察机关和俄罗斯联邦侦查委员会军事侦查机关无法提供与候选人专长或军事登记专业相匹配的空缺职务；②

2. 鉴定委员会做出与其他候选人签署服役合同的决定，并得到部队指挥员（首长）的批准；

3. 兵役局候选人选拔委员会做出候选人不符合服合同兵役要求的决定；

如果存在本《条例》第五条第五项和第十五项所述情况，不得与公民（含外国公民）签署首份服役合同。③

（十一）关于拒绝签署首份合同的决定应形成书面文件，由有关指挥员（首长）签名并加盖部队带有徽章的印章。如果被拒绝签署服役合同的公民（含外国公民）需要，应将决定送交其手中并要求其出具收据。

决定中应说明拒绝签署服役合同的理由，以及兵役局候选人选拔委员会做出相关决定的日期和文件编号。④

（十二）外国公民的首份服役合同到期后，应根据《兵役义务与服役法》和本《条例》规定的原因和程序退役。⑤

第九条　签署新服役合同的办法

（一）愿意继续服合同兵役的军人在下列情况下应签署新服役合同：

1. 原服役合同到期；

2. 被军事院校、硕士研究生班或军事博士研究生班录取；

---

① 2015 年 10 月 20 日第五百二十二号俄罗斯联邦总统令批准修订。
② 2016 年 12 月 18 日第六百七十五号俄罗斯联邦总统令批准修订。
③ 2015 年 10 月 20 日第五百二十二号俄罗斯联邦总统令批准修订。
④ 2015 年 10 月 20 日第五百二十二号俄罗斯联邦总统令批准修订。
⑤ 2015 年 1 月 2 日第三号俄罗斯联邦总统令批准修订。

3. 被军事院校、硕士研究生班或军事博士研究生班从学员名单中删除；

4. 从俄罗斯联邦武装力量调到提供兵役的俄罗斯联邦权力执行机关/俄罗斯联邦国家机关，或从提供兵役的俄罗斯联邦权力执行机关/俄罗斯联邦国家机关调到俄罗斯联邦武装力量，或从一个提供兵役的俄罗斯联邦权力执行机关/俄罗斯联邦国家机关调到另一个提供兵役的俄罗斯联邦权力执行机关/俄罗斯联邦国家机关。①

（二）下列军人若愿意继续服役应签署新服役合同：

1. 被免除提供兵役的俄罗斯联邦权力执行机关或俄罗斯联邦国家机关负责人职务的军人；②

2. 曾服合同兵役且暂停服役理由失效的军人。

（三）根据相关主管人员的决定，可以按照《兵役义务与服役法》和本《条例》规定的程序，与已达最高服役年龄但愿意继续服役的军人签署新服役合同。

（四）曾服合同兵役且未达到最高服役年龄的预备役人员，如果符合服合同兵役的要求且不存在本《条例》第八条第十项所述情况，可签署新服役合同；如果其被军事院校录取，也可签署新服役合同。

可按本《条例》第十条规定的程序，与达到最高服役年龄且有将军军衔的合同制军人签署新服役合同。③

（五）与下列人员签署新服役合同④：

1. 除本《条例》的本项第二目与第十条所指合同制军人外，与拥有准尉/海军准尉或军官军衔的合同制军人签署三年、五年、十年或不设期限的新服役合同（直至达到最高服役年龄）；⑤

除本《条例》的本项第二目与第十条所指合同制军人外，与拥有

---

① 2016年12月18日第六百七十五号俄罗斯联邦总统令批准修订。
② 2016年12月18日第六百七十五号俄罗斯联邦总统令批准修订。
③ 2020年2月21日第一百四十七号俄罗斯联邦总统令批准修订。
④ 2007年9月11日第一千一百七十二号俄罗斯联邦总统令批准修订。
⑤ 2015年1月2日第三号俄罗斯联邦总统令、2020年9月2日第五百四十二号俄罗斯联邦总统令先后批准修订。

军士（含）以下军衔的合同制军人签署一年、三年、五年、十年或不设期限的新服役合同（直至达到最高服役年龄）；①

2. 与进入提供兵役的俄罗斯联邦权力执行机关或俄罗斯联邦国家机关下辖的高等军事教育机构或科研机构按高等军事教育大纲学习或准备申请科学博士学位论文答辩的军人，签署的新服役合同期限为在校时间加毕业后五年，或科学博士学位论文答辩申请准备时间加毕业后五年；

与进入军事院校按中级职业教育大纲学习的军人签署的新服役合同期限为其在学时间加获得中等职业教育学历后三年；如果其毕业后获军官或准尉/海军准尉军衔，签署的新服役合同期限则为在学时间加获得中等职业教育学历后五年；②

3. 与愿意以服合同兵役的形式参与执行紧急情况下的任务（消除自然灾害后果、执行紧急状态任务、恢复宪法秩序或其他紧急情况下的任务），参加国际维和行动、境外国际反恐行动或巡航的曾服合同兵役的预备役人员可签署为期一年的新服役合同。③

（六）以下主管人员代表俄罗斯联邦国防部与服役人员签署新服役合同④：

1. 与无需任命军事职务的军人签署新服役合同：

直接隶属于提供兵役的俄罗斯联邦权力执行机关或俄罗斯联邦国家机关负责人的现役军人，由所属负责人与其签署新服役合同；

担任其他军事职务的现役军人，由部队指挥员（含）以上级别的直接领导与其签署新服役合同；

在提供兵役的俄罗斯联邦国家机关担任军事职务的现役军人，由俄罗斯联邦国家机关负责人授权的主管人员与其签署新服役合同。

---

① 2015年1月2日第三号俄罗斯联邦总统令、2020年9月2日第五百四十二号俄罗斯联邦总统令先后批准修订。

② 2015年1月2日第三号俄罗斯联邦总统令、2021年12月31日第七百五十七号俄罗斯联邦总统令批准修订。

③ 2017年10月8日第四百六十九号俄罗斯联邦总统令批准修订。

④ 2016年12月18日第六百七十五号俄罗斯联邦总统令批准修订。

2. 与需要任命军事职务的军人（公民）签署新服役合同：

被任命担任编制为将官军衔职务的人员，由提供兵役的俄罗斯联邦权力执行机关或俄罗斯联邦国家机关负责人，根据俄罗斯联邦总统的决定，与其签署新服役合同；

被提供兵役的俄罗斯联邦权力执行机关负责人任命职务的人员，由部队指挥员（含）以上级别主管人员根据该负责人的决定，与其签署新服役合同；

被任命担任编制军衔为准尉/海军准尉至上校/海军上校（含）职务的人员（上一自然段所述人员除外），由部队指挥员（含）以上级别主管人员根据拥有这些职务任免权者的决定，与其签署新服役合同；

被任命担任编制军衔为士兵与军士的人员，由部队指挥员与其签署新服役合同；

被任命在提供兵役的俄罗斯联邦国家机关任职的人员，由相应俄罗斯联邦国家机关负责人指定人员与其签署新服役合同。

3. 考入军事院校、硕士研究生班、军事博士研究生班的军人（考入军事院校的公民），由军事院校校长与其签署新服役合同。

4. 在一个提供兵役的俄罗斯联邦权力执行机关或俄罗斯联邦国家机关服役的合同制军人，如考入另一个俄罗斯联邦权力执行机关或俄罗斯联邦国家机关的军事院校学习，由该军人正在服役的俄罗斯联邦权力执行机关或俄罗斯联邦国家机关负责人指定人员与其签署新服役合同。[①]

（七）本条第六项所述主管人员与服役人员签署新服役合同的时间：

1. 原合同到期的军人，在其原合同到期的次日与其签署新服役合同；

2. 考入军事院校、硕士研究生班、博士研究生班的合同制军人，在其被军事院校、硕士研究生班、军事博士研究生录取之日与其签署

[①] 2018年8月9日第四百七十五号俄罗斯联邦总统令批准修订。

新服役合同；

3. 被军事院校、硕士研究生班、军事博士研究生班注销名单的合同制军人，在其列入新服役单位全体人员名单的次日与其签署新服役合同；

4. 从俄罗斯联邦武装力量调到提供兵役的俄罗斯联邦权力执行机关/俄罗斯联邦国家机关的军人，或从提供兵役的俄罗斯联邦权力执行机关/俄罗斯联邦国家机关调到俄罗斯联邦武装力量的军人，或从一个提供兵役的俄罗斯联邦权力执行机关/俄罗斯联邦国家机关调入另一个提供兵役的俄罗斯联邦权力执行机关/俄罗斯联邦国家机关的军人，在其入职时与其签署新服役合同；①

5. 与暂停服役的理由终止且愿意继续服役的军人，在暂停服役的理由终止之日与其签署新服役合同。

（八）有权与军人签署新服役合同的指挥员（首长），应在现行服役合同到期前至少提前三个月做出是否与军人签署新服役合同的决定。

（九）服役合同期限即将到期且愿意签署新服役合同的军人，应在现行服役合同到期前至少提前四个月，向有权与其签署新服役合同的主管人员递交报告。

军人的报告应按规定程序登记。相关干部机关或部队的兵员补充机关负责监督其是否及时递交报告。②

（十）不得拒绝与未满最高服役年龄的军人签署新服役合同，但根据《兵役义务与服役法》及本《条例》第四条第三项规定的理由应提前退役的军人除外。

（十一）未按本条第九项规定期限向上级递交关于申请签署新服役合同报告的合同制军人，应做退役处理。③

（十二）因客观原因（参加船舶远航、休孕产假和育儿假、被俘、

---

① 2016 年 12 月 18 日第六百七十五号俄罗斯联邦总统令批准修订。
② 2017 年 1 月 2 日第五号俄罗斯联邦总统令批准修订。
③ 2017 年 1 月 2 日第五号俄罗斯联邦总统令批准修订。

被扣为人质、被扣押及其他情况）无法签署新服役合同但在现行合同到期后愿意继续服役的军人，应继续服合同兵役。

在客观原因失效后，其应在到达部队后一个月内签署新服役合同或退役。

（十三）考入军事院校、硕士研究生班或军事博士研究生班的合同制军人，在被军事院校、硕士研究生班或军事博士研究生班录取时应签署新服役合同。

如果某院校隶属于或正转隶一个提供兵役的俄罗斯联邦权力执行机关/俄罗斯联邦国家机关，而该院校的部门（系、教研室和其他部门）却隶属于另一个提供兵役的俄罗斯联邦权力执行机关/俄罗斯联邦国家机关，那么军人应与所在部门（系、教研室和其他部门）隶属的俄罗斯联邦权力执行机关或俄罗斯联邦国家机关签署新服役合同。

在一个提供兵役的俄罗斯联邦权力执行机关/俄罗斯联邦国家机关服役的合同制军人，如果考入另一个俄罗斯联邦权力执行机关/俄罗斯联邦国家机关的军事院校学习，不得将其从服役的俄罗斯联邦权力执行机关或俄罗斯联邦国家机关全体人员名单中删除。[①]

（十四）从军事院校、硕士研究生班、军事博士研究生班名单中删除的合同制男军人（不含将服义务兵役者）或拥有军官与准尉/海军准尉军衔的合同制女军人，如果希望继续服役，应在抵达新服役地之日递交申请签署新服役合同的报告。

（十五）被免除提供兵役的俄罗斯联邦权力执行机关或俄罗斯联邦国家机关负责人职务的军人，如果希望继续服役，应在免职后一个月内签署新服役合同。[②]

（十六）暂停服役的理由终止且愿意继续服役的军人，应在暂停服役的理由终止之日签署新服役合同。

[①] 2018年8月9日第四百七十五号俄罗斯联邦总统令批准修订。
[②] 2016年12月18日第六百七十五号俄罗斯联邦总统令批准修订。

第十条　与满最高服役年龄者签署新服役合同的办法①

（一）满最高服役年龄且拥有将官军衔的合同制军人，如果愿意继续服役，可在满以下年龄之前签署一年、三年、五年或短期的合同：②

1. 拥有俄罗斯联邦元帅、大将/海军元帅、上将/海军上将的合同制军人在年满七十岁前；

2. 拥有其他将官军衔的合同制军人在年满六十五岁前。

（二）各军衔的最高服役年龄为：③

1. 俄罗斯联邦元帅、大将/海军元帅、上将/海军上将为六十五岁；

2. 中将/海军中将、少将/海军少将为六十岁；

3. 上校/海军上校为五十五岁；

4. 拥有其他军衔的军人为五十岁；

5. 女军人为四十五岁。

（二·一）对于在某些机关服役的军人，《兵役义务与服役法》可规定不同于本条第二项的最高服役年龄。④

（三）满最高服役年龄的军人，如果愿意签署新服役合同，应至少在现服役合同到期前提前六个月向有权决定是否与其签署服役合同的主管人员递交报告。

（四）是否与满最高服役年龄的军人签署服役合同及合同期限，由下列人员决定：

1. 将官及担任编制为将官军衔职务的军官，由俄罗斯联邦总统决定；

2. 上校/海军上校及担任编制为上校/海军上校军衔职务的军官，

---

① 2020 年 2 月 21 日第一百四十七号俄罗斯联邦总统令批准修订。
② 2020 年 2 月 21 日第一百四十七号俄罗斯联邦总统令批准修订。
③ 2015 年 1 月 2 日第三号俄罗斯联邦总统令批准修订。
④ 2019 年 2 月 1 日第三十五号俄罗斯联邦总统令批准修订。

由提供兵役的俄罗斯联邦权力执行机关或俄罗斯联邦国家机关负责人决定;①

3. 中校/海军中校（含）以下军人，由拥有其现职务任免权者做出决定。

（五）在相应主管人员做出关于与满最高服役年龄的军人签署服役合同的决定并规定好合同期限后，被授权的指挥员（首长）应与该军人签署服役合同。

（六）做出与满最高服役年龄的军人签署服役合同的决定前，应考虑其业务素质及身体状况。

必要时，可安排该军人前往军人医疗委员会接受体检。

军人医疗委员会应至少在该军人服役期满前四个月将体检结果提交给有权决定是否与该军人签署服役合同的主管人员。

（七）提供兵役的俄罗斯联邦权力执行机关或俄罗斯联邦国家机关负责人，有权确定可与哪些类别的满最高服役年龄的合同制军人签署新服役合同。②

（八）担任提供兵役的俄罗斯联邦权力执行机关或俄罗斯联邦国家机关负责人职务的军人，如果满最高服役年龄且愿意继续服役，可经俄罗斯联邦总统批准延长服役期限至七十岁。③

（九）满最高服役年龄且拥有将军军衔的合同制军人，如果愿意签署新服役合同，应向提供兵役的俄罗斯联邦权力执行机关或俄罗斯联邦国家机关负责人递交报告。

俄罗斯联邦总统决定是否与满最高服役年龄且拥有将军军衔的合同制军人签署服役合同并明确合同期限。④

---

① 2016年12月18日第六百七十五号俄罗斯联邦总统令批准修订。
② 2016年12月18日第六百七十五号俄罗斯联邦总统令批准修订。
③ 2016年12月18日第六百七十五号俄罗斯联邦总统令批准修订。
④ 2020年2月21日第一百四十七号俄罗斯联邦总统令批准修订。

第三章　任命职务、临时代理军事职务、列入指挥员（首长）掌握及解除职务的办法

第十一条　任命职务的办法

（一）俄罗斯联邦总统任命军官担任编制为将官军衔的职务。

（二）提供兵役的俄罗斯联邦权力执行机关负责人任命军人担任下列编制为上校/海军上校军衔的职务：

1. 团长，与部队平级的其他单位（军械库、试验中心、储存供应基地）的指挥员，旅长；

2. 副旅长、副师长、副军长，与旅、师或军级平级的兵团副指挥员，集团军及与其平级军团的副指挥员；

3. 俄罗斯联邦武装力量的军区（军队集群、空防区）、舰队（部队集群）、空降兵与军种司令部的副司令、司令助理、兵种主任、勤务主任、正副（方向局）局长、后勤参谋长和部门长；俄罗斯联邦国防部（提供兵役的俄罗斯联邦权力执行机关）独立方向局（勤务局、部门）的正副局长（部门长）；

4. 军、集团军及与其平级军团的副参谋长、兵种主任、勤务主任、干部部门负责人；

5. 兵役局局长；

6. 科研机构的主任、副主任、主任助理、部门长、勤务主任和管理机关负责人；①

7. 军事学院和军事大学的副校长、副校长助理、部门长、勤务主任、正副系主任、正副教研室主任；

8. 军事学院（军事大学）分校与军事学校的正副院（校）长、院（校）长助理、部门长、勤务主任和教研室主任；

9. 俄罗斯联邦国防部（提供兵役的俄罗斯联邦权力执行机关）

---

① 2014年7月1日第四百八十三号俄罗斯联邦总统令批准修订。

医疗机构的正副主任、主任助理、部门长、勤务主任、所长和实验室主任；

10. 失效①；

11. 任职于俄罗斯联邦武装力量或国防部的总局、中央局和其他局且直属于提供兵役的俄罗斯联邦权力执行机关负责人的军人；直属于提供兵役的俄罗斯联邦权力执行机关负责人的其他军人。

（三）关于本条第一项和第二项规定之外军事职务的任命权，由提供兵役的俄罗斯联邦权力执行机关或俄罗斯联邦国家机关负责人确定。②

俄罗斯联邦安全局、俄罗斯联邦对外情报局、国家警卫机关、俄罗斯联邦军事检察机关和俄罗斯联邦侦查委员会军事侦查机关的主管人员在任命军人担任职务（应由将官担任的职务除外）方面的权力，由相应俄罗斯联邦权力执行机关或俄罗斯联邦国家机关负责人确定。

有权发布人事命令的主管人员名单，由提供兵役的俄罗斯联邦权力执行机关或俄罗斯联邦国家机关负责人确定。

（四）主管人员有权任命或解除直接下属军人的职务。

上级主管人员有权行使下级主管人员拥有的军事职务任命权。

（五）应任命符合要求的军人担任有关职务。同时，应综合考虑其专业素质、心理素质、健康状况水平及本《条例》规定的其他因素。

（六）应根据军人的通用性或单一性的军事登记专业及服役经验为其任命职务。

当需要任命军人担任不同军事登记专业的职务时，通常应在任命前重新对其进行相关培训。

（七）拥有军官或准尉/海军准尉军衔的军人，被军事院校、硕士研究生班、军事博士研究生班录取后，应解除原职并担任学员职务，或担任专门为在军事院校、硕士研究生班、军事博士研究生班学习的

---

① 2008年6月26日第一千零一号俄罗斯联邦总统令批准失效。

② 2016年12月18日第六百七十五号俄罗斯联邦总统令批准修订。

军人设置的应由军官或准尉/海军准尉担任的职务。

无军官军衔或准尉/海军准尉军衔的军人，被军事院校录取后，应解除原职并担任学员职务，或担任专门为在军事院校学习的军人设置的应由士兵/水兵或军士/海军军士担任的职务。

被军事院校录取的公民，根据拥有的军衔担任学员职务或专门为在军事院校学习的军人设置的其他职务。

（八）未被军事院校、硕士研究生班、军事博士研究生班录取的军人应返回原部队任原职。

义务兵役制军人可根据提供兵役的俄罗斯联邦权力执行机关或俄罗斯联邦国家机关负责人规定的程序，前往其他部队继续服役；如有退役理由的，可退出现役。①

（九）应任命从军事院校、硕士研究生班及军事博士研究生班毕业的军人担任军事职务清单中对文化程度有相应要求的职务。

如不能任命其担任上述职务，可任命其担任不低于原职的其他职务。

毕业于高级军事院校的军官，通常由提供兵役的俄罗斯联邦权力执行机关或俄罗斯联邦国家机关负责人以命令形式任命职务（特殊情况下可列入指挥员/首长掌握待任）。但由俄罗斯联邦总统以命令形式任命将官职务。②

（十）职务任命应遵守的要求：③

1. 应任命相应级别的军人担任应由士兵/水兵、军士/海军军士、准尉/海军准尉和军官担任的职务。如果无法任命相应级别的军人担任上述职务，则可按提供兵役的俄罗斯联邦权力执行机关或俄罗斯联邦国家机关负责人规定的办法，任命低级别军人担任这些职务；④

2. 当出现本条第十七项第一目规定的情况时，可任命军人担任本

---

① 2016年12月18日第六百七十五号俄罗斯联邦总统令批准修订。
② 2016年12月18日第六百七十五号俄罗斯联邦总统令批准修订。
③ 2009年4月28日第四百六十九号俄罗斯联邦总统令批准修订。
④ 2016年12月18日第六百七十五号俄罗斯联邦总统令批准修订。

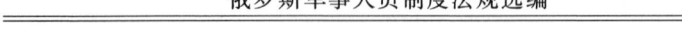

应由下级军人担任的职务，前提是没有合适的下级军人可担任该职务；

3. 应任命女军人担任由职务清单规定的相关职务；

4. 高等军事教育机构、科研机构和实验场中应由军官担任的教授、教员和科学工作者空缺职位，应通过竞争选拔人员。上述空缺职位的竞争选拔程序和条件，由提供兵役的俄罗斯联邦权力执行机关或俄罗斯联邦国家机关负责人确定；①

5. 应在《兵役义务与服役法》和本《条例》规定的期限内尽快为列入指挥员（首长）掌握的军人任命职务；

6. 经军人医疗委员会认定健康状况为适合服役或基本适合服役，但不适合按选定军事登记专业服役的军人，经本人（义务兵役制军人除外）同意后，可任命其担任其身体状况能胜任的其他职务或令其退出现役；

7. 如果军人被禁止接触国家秘密或被暂停接触国家秘密，可按规定程序任命其担任不涉密的职务或令其退役；②

8. 相互为近亲关系（父母、夫妻、子女、亲兄弟、亲姐妹，以及配偶的亲兄弟、亲姐妹、父母和子女）的军人之间如果构成上下级关系或监督与被监督关系，则不得在同一部队服役；

9. 主管人员在被授予的权力范围内以发布（战斗部队）人事命令的方式，任命军人（将官除外）职务；

10. 无军官军衔和准尉/海军准尉军衔的军人，如果签署服役合同后被派去学习（复训），在去学习（复训）前应被任命担任编制为士兵/水兵或军士/海军军士军衔的空缺职务；

11. 义务兵役制的士兵/水兵与军士/海军军士职务的任免特点，由提供兵役的俄罗斯联邦权力执行机关负责人确定。

（十一）军人职务的任命包括首任、晋职、平调或降职任命。

（十二）晋职是指担任编制军衔或职务工资高于原职的职务。

---

① 2016 年 12 月 18 日第六百七十五号俄罗斯联邦总统令批准修订。
② 2021 年 11 月 1 日第六百一十七号俄罗斯联邦总统令批准修订。

（十三）军人晋职的依据：

1. 按规定晋职（应经合同制军人本人同意）；

2. 根据职位竞争结果晋职（限合同制军人）。

在履职时表现出优秀专业素质和组织能力的军人，或因编制体制调整担任低级职务的军人，经部队鉴定委员会推荐晋职后，享有优先晋职权。

（十三·一）拥有任命权的主管人员依照机关负责人确定的程序可任命在相应机关服役的军人担任高一级空缺职务（不含应由将官担任的职务）；①

（十四）平调是指担任编制军衔及职务工资均与原职务相同的新职务。

（十五）军人平调的依据：

1. 职务需要；

2. 编制体制调整；

3. 优化用人；

4. 个人（限合同制军人）因家庭情况提出请求；

5. 经军人医疗委员会鉴定的健康原因（经合同制军人本人同意）；

6. 职位竞争结果（限合同制军人）。

（十六）降职是指担任编制军衔或职务工资低于原职的新职务。

（十七）军人降职的依据：

1. 因编制体制调整，无法任命军人担任高级职务或平级职务（经合同制军人本人同意）；

1.1 因职务需要，经将官本人同意后任命其担任高等军事教育机构领导或教授职务，或者俄罗斯联邦主体兵役局局长职务；②

2. 个人（限合同制军人）因家庭情况提出请求；

3. 经军人医疗委员会鉴定的健康原因（经合同制军人本人同

---

① 2019年2月1日第三十五号俄罗斯联邦总统令批准修订。

② 2021年3月5日第一百二十八号俄罗斯联邦总统令批准增加。

意）；

4. 本人请求（限合同制军人）；

5. 军人受"降职"或"降一级军衔并降职"纪律处分；准尉/海军准尉或军官因履职不力受警告处分后一年内未能对照军人履职标准改正行为，处分未起到教育作用。

（十八）因纪律处分被降职的军人，只有在纪律处分撤销后才能晋职。

（十八·一）如果军人因被起诉而免职并列入指挥员（首长）掌握待任，在该案件以恢复军人名誉的方式结案或法院对军人作出无罪判决后，应按规定程序恢复该军人的原职；如果原职无空缺，则应平调任职，或经本人同意晋职或降职任命。①

（十九）根据医学鉴定的结果，经本人同意后，可任命孕期女军人担任比较轻松的新职务，同时保留原职务的工资、月津贴和其他津贴。②

（二十）需要抚养未满一岁半婴幼儿的女军人如果无法履行职责，可担任其他职务直至幼儿满一岁半，同时保留原职务的工资、月补贴和其他补贴。

（二十一）提供兵役的俄罗斯联邦权力执行机关或俄罗斯联邦国家机关负责人明确关于军人职务任免和列入指挥员（首长）掌握文件的格式、内容与拟制呈报程序。③

（二十二）受到限制服役的惩罚或被监禁的军人不得晋职。

（二十三）被判处限制服役的军人如果根据违法性质和其他情况无法继续担任领导职务，可根据相关主管人员的决定在原部队担任其他职务，或按法院的判决通知前往其他部队或地区任职。

（二十四）军人在非军事职务中的服役情况由俄罗斯联邦法律和

---

① 2017年1月2日第五号俄罗斯联邦总统令批准修订。
② 2015年1月2日第三号俄罗斯联邦总统令批准修订。
③ 2016年12月18日第六百七十五号俄罗斯联邦总统令批准修订。

俄罗斯联邦总统批准的规范性法律文件规定。①

第十二条　指定军人临时代理职务职责的办法

（一）因工作需要可指定军人临时代理平级或高级职务的职责：

1. 经本人同意，指定军人临时代理空缺（无人担任）职务的职责；

2. 指定军人临时代理非空缺职务职责，适用于担任这个职务的军人临时不在位或暂时停职的情况。

在这种情况下，应免除该军人履行的现职务职责，但不应解除其现职。

（二）军人连续临时代理职务职责的时限：

1. 临时代理空缺职务职责的时间不应超过六个月；

2. 临时代理非空缺职务职责的时间不应超过四个月。

在女军人休育儿假期间，可指定其他军人（经军人本人同意）代理其非空缺职务的职责。

（二·一）在特殊任务（清除自然灾害后果、执行紧急状态措施、恢复宪法秩序和其他紧急情况）期间，经军人本人同意，可指定其代理空缺职务的职责，期限为一年。②

（三）由拥有相应职务任命权的主管人员免除军人现职务职责并指定其临时代理空缺职务职责。

同时，由提供兵役的俄罗斯联邦权力执行机关和俄罗斯联邦国家机关负责人指定军人临时代理应由将官担任的空缺职务职责。

提供兵役的俄罗斯联邦权力执行机关和俄罗斯联邦国家机关负责人在指定军人临时代理应由将官担任的空缺职务职责后七日内应向俄罗斯联邦总统呈报此事。③

---

① 2008年1月16日第五十号俄罗斯联邦总统令批准修订。
② 2019年2月1日第三十五号俄罗斯联邦总统令批准修订。
③ 2016年12月18日第六百七十五号俄罗斯联邦总统令、2020年6月29日第四百二十九号俄罗斯联邦总统令批准修订。

（四）部队指挥员及平级或上级指挥员（首长）如果临时不在位，可指定一名副职临时代理自己岗位的职责。

其他军人如果临时不在位，由部队指挥员、平级领导或部队指挥员的上级领导（含直接上级领导）指定他人临时代理该非空缺职务。

指定俄罗斯联邦军事检察机关和俄罗斯联邦侦查委员会军事侦查机关的军人临时代理非空缺职务职责的办法，分别由俄罗斯联邦总检察长和俄罗斯联邦侦查委员会主席确定。①

（五）指定下列人员临时代理空缺职务和非空缺职务的职责：

1. 可指定士兵/水兵与军士/海军军士临时代理编制军衔为士兵/水兵、军士/海军军士及准尉/海军准尉的职务职责；

2. 可指定准尉/海军准尉临时代理编制军衔为准尉/海军准尉和尉官的职务职责；

3. 可指定尉官临时代理编制军衔为尉官和校官的职务职责；

4. 可指定校官临时代理编制军衔为校官和将官的职务职责；

5. 可指定将官临时代理编制军衔为将官的职务职责。

第十三条　列入指挥员（首长）掌握的办法②

（一）为解决合同制军人继续服役的问题，通常由拥有该军人现职务任命权的主管人员将其列入拥有其人事命令发布权的直接上级指挥员（首长）掌握待任。

（二）允许在下列情况和期限内，将合同制军人列入指挥员（首长）掌握：

1. 被免职的合同制军人，列入掌握期不超过三个月；

2. 因编制体制调整被免职的合同制军人，列入掌握期不超过六个月；

---

① 2016 年 12 月 18 日第六百七十五号俄罗斯联邦总统令批准修订。

② 译者注：军人列入指挥员（首长）掌握是指该军人不担任军事职务但也未退役，由其所属指挥员（首长）直接领导管理。这常出现于军人面临刑事诉讼、单位编制缩减、军人住院治疗等情况。

3. 被起诉的合同制军人，在案件作出判决前由指挥员掌握；

4. 身体状况不适合服役且正在住院接受治疗的合同制军人，在住院治疗（或办理退役手续所需的免职期）结束前由指挥员掌握，但不应超过《军人健康鉴定条例》规定的期限；

5. 从俄罗斯联邦武装力量调入提供兵役的俄罗斯联邦权力执行机关/俄罗斯联邦国家机关，或从提供兵役的俄罗斯联邦权力执行机关/俄罗斯联邦国家机关调入俄罗斯联邦武装力量，或从一个提供兵役的俄罗斯联邦权力执行机关/俄罗斯联邦国家机关调入另一个提供兵役的俄罗斯联邦权力执行机关/俄罗斯联邦国家机关的军人，列入掌握期不超过三个月；[①]

6. 失踪超过一个月的合同制军人，在其返回部队前（如果未作出关于该军人是否继续服役的其他决定），或者法院认定其失踪/宣告其牺牲的裁决生效之日（含）前，列入指挥员掌握；

7. 被俘、被扣为人质或被监禁的合同制军人，在其获释前列入指挥员掌握；

8. 如果女军人所任军事职务因部队撤编缩编被裁减，享受孕产假或育儿假的女军人在休假结束前列入指挥员掌握；

9. 在《兵役义务与服役法》和本《条例》规定的某些情况下，不能及时将退役军人从部队全体人员名单中删除时，应将其列入指挥员掌握，直至其从全体人员名单中删除为止。

（三）被采取强制措施监禁的军人，从被监禁之日起列入指挥员（首长）掌握。

第十四条　免职的程序

（一）因军人就任新职、调动、退役及俄罗斯联邦法律规定的其他情形，可免去军人现任职务。

（二）免去军人现任职务的权力，由拥有该职务任命权的主管人员行使。

[①] 2016年12月18日第六百七十五号俄罗斯联邦总统令批准修订。

第四章　军人调动与暂停服役的办法

第十五条　调动到新服役地的办法

（一）在下列情况下，可在俄罗斯联邦武装力量（或其他军队、军事编队和机关、国家消防总局联邦消防局军事部门）范围内，将军人从一个部队调到另一个部队（含驻扎在其他地区的部队）：

1. 因工作需要；

2. 因职务晋升；

3. 根据军人医疗委员会提供的健康状况结果；

4. 根据个人因家庭原因提出的请求（限合同制军人）；

5. 因个人诉求；

6. 因编制体制调整；

7. 因按计划轮换（限合同制军人）；

8. 因被军事院校、硕士研究生班、军事博士研究生班录取；

9. 因被军事院校、硕士研究生班、军事博士研究生班从学员名单中删除；

10. 因不良行为接受限制服役惩罚不能留任领导职务。

（二）根据工作需要，合同制军人可调往新服役地点担任平级职务。

可不经军人本人同意将其调往新服役地点担任平级职务，但下列情况除外：

1. 根据军人医疗委员会的鉴定结果，军人的健康状况不适合前往拟调往地区服役；

2. 根据军人医疗委员会的鉴定结果，军人家庭成员（妻子/丈夫、未满十八岁的子女、在校学习未满二十三岁的子女、残疾子女，以及由军人赡养并与其共同居住的其他人员）的健康状况不适合在军人拟调往地区居住；

3. 根据居住地俄罗斯联邦社会医疗鉴定机构的鉴定结果，不享受国家全面保障的独居父亲、母亲、亲兄弟、亲姐妹、祖父、祖母或养父母需要长期照料（帮助、监护），并且军人必须承担长期照料之责。①

（三）经本人同意，合同制军人可按程序到新服役地点晋升任职。

（四）可不经本人同意将义务兵役制军人调往新服役地点。

（五）在下述情况下，合同制军人可因家庭原因调往新服役地点：

1. 根据军人医疗委员会的鉴定结果，军人家庭成员（妻子/丈夫、未满十八岁的子女、在校学习未满二十三岁的子女、残疾子女，以及由军人赡养并与其共同居住的其他人员）的健康状况不宜在当地居住；

2. 根据居住地联邦社会医疗鉴定机构的鉴定结果，不享受国家全面保障的独居父亲、母亲、亲兄弟、亲姐妹、祖父、祖母或养父母需要长期照料（帮助、监护），并且军人必须承担长期照料之责。②

（六）如果合同制军人调往新服役地，而其妻子（丈夫）也服合同兵役的话，那么将军人调往新服役地的同时应将其妻子（丈夫）也调往该地区。

如果不能在同一个居民点（驻防区）范围内安排军人夫妇的职务，且军人夫妇中另一方拒绝退役，那么不得将军人调往新服役地。

（七）调往新服役地的军人应在工作职务交接后赴任，并且应在接到调令或书面通知后一个月内就任，但如遇军人休假、出差和治病的情况除外。

（八）因违纪、成绩差、厌学或拒签服役合同被军事院校开除的未满十八岁男军人，如果未服完规定的义务兵役期且无权退役、免征或缓征，应继续服义务兵役。

（九）对于本条第八项所述军人，下列时间计入其义务兵役服役时长：

1. 进入军事院校前服义务兵役时间；

---

① 2015 年 1 月 2 日第三号俄罗斯联邦总统令批准修订。
② 2015 年 1 月 2 日第三号俄罗斯联邦总统令批准修订。

2. 进入军事院校前服合同兵役的时间按下列方式计算：两天合同兵役相当于一天义务兵役；①

3. 在军事院校学习期间服役时间按下列方式计算：两个月服役时间相当于一个月义务兵役。

上述军人服役总时间按其实际服役时间计算。

（十）服合同兵役的男军人及拥有军官军衔和准尉/海军准尉军衔的女军人，被从军事院校、硕士研究生班、军事博士研究生班学员名单中删除后，愿意继续服役和签署新服役合同的，可前往新服役地签署新服役合同。

服合同兵役的男军人及拥有军官军衔和准尉/海军准尉军衔的女军人，不愿意签署新服役合同的，应退出现役，但本条第八项所列军人除外。

（十一）在监禁期的有罪军人不能调往新服役地。

第十六条　按计划轮换的调动

（一）在极北地区与同类地区、气候或生态环境恶劣地区及境外部队（以下简称"有规定服役年限的地区"）服役的合同制军人应当按计划轮换。

由俄罗斯联邦政府确定上述地区的清单和对应的服役期限。

（二）军人计划轮换的组织实施办法，由提供兵役的俄罗斯联邦权力执行机关和俄罗斯联邦国家机关负责人决定。②

（三）应在有规定服役年限地区服役的军人服满规定年限前，组织其按计划轮换。

上述军人无权选择新服役地点。根据相关负责人的决定，军人可在新服役地点担任平级职务或更高级职务。

（四）如工作需要且本人同意，军人可在有规定服役年限的地区

---

① 2015年1月2日第三号俄罗斯联邦总统令批准修订。
② 2016年12月18日第六百七十五号俄罗斯联邦总统令批准修订。

继续服役。后续服役时长应征得军人同意且不能少于一年。①

（五）在本人同意的情况下，军人可从规定服役时间较短的地区调往规定服役时间较长的地区。

（六）计划轮换时，按下列办法将军人调往有规定服役年限的地区：在经本人同意情况下晋升任职；在不经本人同意情况下平调任职，但本《条例》第十五条第二项规定的情况除外。

上述军人的计划轮换应至少在其服役期限（合同期限）到期的一年前实施；不经本人同意的计划轮换应至少在其满最高服役年限的三年前实施。

（七）不经本人同意，三年之内不得再次派军人前往有规定服役年限的地区服役。

第十七条　从俄罗斯联邦武装力量（提供兵役的俄罗斯联邦权力执行机关或俄罗斯联邦国家机关）调往提供兵役的俄罗斯联邦权力执行机关或俄罗斯联邦国家机关（俄罗斯联邦武装力量）的办法

（一）军人可进行如下调动并继续服役：

1. 从俄罗斯联邦武装力量调往提供兵役的俄罗斯联邦权力执行机关或俄罗斯联邦国家机关；②

2. 从提供兵役的俄罗斯联邦权力执行机关或俄罗斯联邦国家机关调往俄罗斯联邦武装力量；③

3. 从一个提供兵役的俄罗斯联邦权力执行机关或俄罗斯联邦国家机关调往另一个提供兵役的俄罗斯联邦权力执行机关或俄罗斯联邦国家机关。④

（二）俄罗斯联邦武装力量的军人调往提供兵役的俄罗斯联邦权力执行机关或俄罗斯联邦国家机关（俄罗斯联邦武装力量），应征得

---

① 2012 年 7 月 12 日第九百八十号俄罗斯联邦总统令批准修订。
② 2016 年 12 月 18 日第六百七十五号俄罗斯联邦总统令批准修订。
③ 2016 年 12 月 18 日第六百七十五号俄罗斯联邦总统令批准修订。
④ 2016 年 12 月 18 日第六百七十五号俄罗斯联邦总统令批准修订。

俄罗斯联邦权力执行机关或俄罗斯联邦国家机关负责人或所授权主管人员的同意。

为单个合同制军人办理上述调动时，应征得本人同意或由本人提出申请。①

（三）俄罗斯联邦武装力量的军人调往提供兵役的俄罗斯联邦权力执行机关或俄罗斯联邦国家机关（俄罗斯联邦武装力量），应根据如下命令办理：

1. 军官和准尉/海军准尉的调动，由军人服役所在的俄罗斯联邦权力执行机关或俄罗斯联邦国家机关负责人下达命令；

2. 军士/海军军士与士兵/水兵的调动，由相应俄罗斯联邦权力执行机关或俄罗斯联邦国家机关负责人授权的主管人员下达命令（指令）。②

（四）从俄罗斯联邦武装力量调往提供兵役的俄罗斯联邦权力执行机关或俄罗斯联邦国家机关（俄罗斯联邦武装力量）的军人，应从原单位名册中注销并由新单位纳编。

在被新单位纳编前，军人被视为仍在原单位服役。③

（五）从俄罗斯联邦武装力量调往提供兵役的俄罗斯联邦权力执行机关或俄罗斯联邦国家机关（俄罗斯联邦武装力量）的军人，原服役合同自新服役合同签署之日起失效。

新单位应在军人纳编之日与其签署新服役合同。④

第十八条　暂停服役的办法 ⑤

（一）当选为俄罗斯联邦议会国家杜马议员、俄罗斯联邦主体立法（代表）机关议员、市（区）代表机关议员和市（区）长且需长

---

① 2016年12月18日第六百七十五号俄罗斯联邦总统令批准修订。
② 2016年12月18日第六百七十五号俄罗斯联邦总统令批准修订。
③ 2016年12月18日第六百七十五号俄罗斯联邦总统令批准修订。
④ 2016年12月18日第六百七十五号俄罗斯联邦总统令批准修订。
⑤ 2008年1月16日第五十号俄罗斯联邦总统令批准修订。

期履行职权的合同制军人，履行俄罗斯联邦主体首脑（俄罗斯联邦主体最高国家权力执行机关负责人）权力或临时代理俄罗斯联邦主体首脑（俄罗斯联邦主体最高国家权力执行机关负责人）的合同制军人，以及履行联邦议会上议院议员权力的合同制军人，有权根据《兵役义务与服役法》第五十一条第三项第四目和第五目，选择退役或暂停服役。①

同意暂停服役的上述军人应按规定程序办理免职，从当选（委任）之日起开始暂停服役。

（二）前往国际组织、国家国防安全保障组织或国家高等教育机构的军事训练中心（以下简称"教育机构"）担任非军事职务的合同制军人，应暂停服役。但如果俄罗斯联邦法律有特别规定，则合同制军人就任相关非军事职务可不必暂停服役。

根据俄罗斯所参与国际条约的规定，可派遣合同制军人前往国际组织担任非军事职务。

在暂停服役条件下，派遣军人就任国际组织、国家国防安全保障组织、教育机构的非军事职务，应征得本人同意、满足被调往单位领导提出的需求并根据提供兵役的俄罗斯联邦权力执行机关和俄罗斯联邦国家机关负责人的决定办理。同时，应免去被派遣军人的原职。②

（三）拥有军官军衔且担任军官职务十年及以上的合同制军人可不被派往本条第二项所述组织。如果俄罗斯联邦总统签署的规范性法律文件有相关规定，担任军官职务不足十年的军人也可不被派往本条第二项所述组织。③

（四）依照《兵役义务与服役法》第四十五条第一项和第二项的规定，暂停服役是指暂停军人所签服役合同条款（《兵役义务与服役法》第三十二条第三项所列条款）的效力。依照《兵役义务与服役

---

① 2020年9月17日第五百六十二号俄罗斯联邦总统令批准自2020年7月4日开始修订。

② 2019年1月26日第十八号俄罗斯联邦总统令批准修订。

③ 2014年7月1日第四百八十三号俄罗斯联邦总统令批准修订。

法》第三十七条的规定，暂停服役的军人不视为正在履行兵役义务。

暂停服役的时间在核定退休金时应计入总工龄。暂停服役期间，停止发放根据俄罗斯联邦法律规定本应向合同制军人发放的津贴和其他补贴，也不授予高一级军衔。①

（五）被派任非军事职务的合同制军人从部队全体人员名单中删除之日，为其暂停服役的起算时间。

（六）被派任非军事职务的合同制军人在本条第二项所列组织中工作的最后一天，为其暂停服役结束的时间。②

（七）根据本《条例》规定，暂停服役且未满最高服役年龄的军人，在服役合同到期后有权签署新的服役合同。

（八）提供兵役的俄罗斯联邦权力执行机关或俄罗斯联邦国家机关可建议因担任非军事职务暂停服役的合同制军人继续服役。如果军人本人不同意，则可退役。③

（八·一）暂停服役的合同制军人有权继续服役。④

（八·二）俄罗斯联邦武装力量、提供兵役的俄罗斯联邦权力执行机关或俄罗斯联邦国家机关可建议因任非军事职务而暂停服役的合同制军人继续服役。如果军人本人不同意，则可退役。暂停服役的合同制军人的退役事宜依照《兵役义务与服役法》第五十一条第一项第十目的规定办理。⑤

（九）暂停服役的军人如果继续服役，可担任原职。如果本人不同意担任原职，可任命其担任其他职务。

（九·一）根据《兵役义务与服役法》第四十五条第一项规定，暂停服役的军人如果继续服役，其暂停服役时间应计入服役时间。在计算其军衔时间、津贴数额、补充假天数、退休金，以及关于军人地

---

① 2015年1月2日第三号俄罗斯联邦总统令批准修订。
② 2014年7月1日第四百八十三号俄罗斯联邦总统令批准修订。
③ 2016年12月18日第六百七十五号俄罗斯联邦总统令批准修订。
④ 2015年1月2日第三号俄罗斯联邦总统令批准修订。
⑤ 2016年12月18日第六百七十五号俄罗斯联邦总统令批准修订。

位和服役办法的俄罗斯联邦法律和其他规范性法律文件规定其应获得的社会保障和补偿时，其暂停服役时间均应计入服役时间。①

（十）暂停服役军人的退役事宜依照《兵役义务与服役法》第五十一条（不含该条第二项第七目、第三项第四目和第五目）与本《条例》的规定办理。

（十一）暂停服役的军人，不计入俄罗斯联邦武装力量、其他军队、军事编队和机关的总人数。②

第十九条　不暂停服役就任非军事职务的办法与服役特点③

（一）如果俄罗斯联邦法律和俄罗斯联邦总统签署的规范性法律文件有特别规定，就任非军事职务的合同制军人可不暂停服役。

（二）在不暂停服役的条件下派遣军人就任非军事职务，应征得其本人同意、满足被调往单位领导提出的需求，以及根据提供兵役的俄罗斯联邦权力执行机关和俄罗斯联邦国家机关负责人的决定办理。同时，应免除被派遣军人的原职。④

（三）拥有军官军衔且担任军官职务十年及以上的合同制军人，可不暂停服役担任非军事职务。如果俄罗斯联邦总统签署的规范性法律文件有相关规定，担任军官职务不足十年的军人也可不暂停服役担任非军事职务。

（四）由接受单位的领导下令办理关于军人不暂停服役担任非军事职务的任命和调动事宜。上述军人的任命和调动情况，由相关组织以书面形式通知派出军人的提供兵役的俄罗斯联邦权力执行机关或俄罗斯联邦国家机关。⑤

（五）未办理暂停服役就任非军事职务的军人在新单位被解职后，

---

① 2015年1月2日第三号俄罗斯联邦总统令批准修订。
② 2015年1月2日第三号俄罗斯联邦总统令批准修订。
③ 2008年1月16日第五十号俄罗斯联邦总统令批准修订。
④ 2016年12月18日第六百七十五号俄罗斯联邦总统令批准修订。
⑤ 2016年12月18日第六百七十五号俄罗斯联邦总统令批准修订。

可根据相关单位领导的命令返回原俄罗斯联邦权力执行机关或俄罗斯联邦国家机关,以继续服役。不同意继续服役的上述军人,应从解职前的非军事职务退出现役。①

(六)根据《兵役义务与服役法》和本《条例》的规定办理与不暂停服役担任非军事职务的军人签署新服役合同的事宜。提供兵役的俄罗斯联邦权力执行机关或俄罗斯联邦国家机关负责人指定的主管人员,代表相应的俄罗斯联邦权力执行机关或俄罗斯联邦国家机关与军人签署新服役合同。

与不暂停服役担任非军事职务且满最高服役年龄的军人签署新服役合同时,应考虑非军事职务所属单位领导的意见。②

(七)在征得本人同意后,可在提供非军事职务的单位直接办理关于不暂停服役担任非军事职务的军人的退役事宜。

上述军人从俄罗斯联邦武装力量、其他军队、军事编队和机关人员名单中删除之日,视为服役结束之日。

(八)由俄罗斯联邦总统确定不暂停服役的将官可担任的非军事职务清单,以及不暂停服役的上校与平级军官可担任的非军事职务清单。

提供兵役的俄罗斯联邦权力执行机关和俄罗斯联邦国家机关负责人根据相关组织的呈报建议,确定不暂停服役的上校以下军官可担任的非军事职务清单。③

(九)通常根据非军事职务所属单位的提名,办理不暂停服役担任该非军事职务军人的授衔、退役、授予"服役老战士"称号及授予提供兵役的俄罗斯联邦权力执行机关和俄罗斯联邦国家机关奖章的事宜。④

(十)不暂停服役担任非军事职务军人的休假事宜,依照1998年5月27日第七十六号《军人地位法》和本《条例》的规定执行。⑤

---

① 2016年12月18日第六百七十五号俄罗斯联邦总统令批准修订。
② 2016年12月18日第六百七十五号俄罗斯联邦总统令批准修订。
③ 2016年12月18日第六百七十五号俄罗斯联邦总统令批准修订。
④ 2016年12月18日第六百七十五号俄罗斯联邦总统令批准修订。
⑤ 2015年1月2日第三号俄罗斯联邦总统令批准修订。

第五章　授予军衔和恢复军衔的办法

第二十条　军衔

（一）《兵役义务与服役法》第四十六条规定的军人组成与军衔等级如下：

军人组成	军衔	
	陆军军衔	海军军衔
士兵/水兵、军士/海军军士	列兵 上等兵 下士 中士 上士 大士	水兵 上等水兵 海军下士 海军中士 海军上士 海军大士
准尉/海军准尉	准尉 高级准尉	海军准尉 海军高级准尉
下级军官	少尉 中尉 上尉 大尉	海军少尉 海军中尉 海军上尉 海军大尉
中级军官	少校 中校 上校	海军少校 海军中校 海军上校
高级军官	少将 中将 上将 大将	海军少将 海军中将 海军上将 海军元帅
	俄罗斯联邦元帅	

（二）在近卫部队和近卫舰艇上服役军人的军衔前冠以"近卫"。

拥有法学学位或卫生勤务专业的军人与预备役人员的军衔前分别冠以"司法"和"卫生勤务"。

预备役或退役公民的军衔前分别冠以"预备役"和"退役"。①

（三）军衔等级和军人组成根据《兵役义务与服役法》第四十六条规定的顺序排列：军衔从"列兵/水兵"开始由低向高排序；军人组成从"士兵/水兵、军士/海军军士"开始由低向高排序。

相互对应的陆军军衔和海军军衔属于同级军衔。

（四）军衔授予军人个人。

军衔可分为首次授予的军衔与晋升的军衔。

（五）提供兵役的俄罗斯联邦权力执行机关或俄罗斯联邦国家机关负责人明确授衔（将官军衔除外）的呈请文件、命令及其他相关文件的格式内容，以及拟定和呈报程序。②

第二十一条　首次授衔的办法

（一）首次授予军衔的对象：

1. 为"军官"首次授予少尉、中尉军衔；

2. 为"准尉/海军准尉"首次授予准尉/海军准尉军衔；

3. 为"士兵/水兵、军士/海军军士"首次授予列兵/水兵、中士/海军中士军衔。③

（二）中尉军衔授予对象：④

1. 无军官军衔且在高等或中等军事院校全日制学习的公民，或者拥有少尉军衔（不论拥有少尉军衔多长时间）且在高等或中等军事院校全日制学习的军人，在毕业时均获授中尉军衔；⑤

---

① 2009年1月10日第三十号俄罗斯联邦总统令批准修订。
② 2016年12月18日第六百七十五号俄罗斯联邦总统令批准修订。
③ 2015年6月16日第三百零六号俄罗斯联邦总统令批准修订。
④ 2009年7月5日第七百四十三号俄罗斯联邦总统令批准修订。
⑤ 2019年2月1日第三十五号俄罗斯联邦总统令批准修订。

1.1 毕业于国家高等教育机构并在该机构的军事训练中心按军事训练大纲完成培训的公民，在毕业命令发布的次日获授中尉军衔；①

2. 毕业于国家高等教育机构并在该机构的军事训练中心按预备役军官军事训练大纲顺利完成学业的公民，在编入预备役时获授中尉军衔；②

3. 受过与军事登记专业相近专业的高等教育且无军官军衔的公民（军人），如签署服役合同且担任编制为军官军衔的职务，在任职时获授中尉军衔；③

4. 受过与军事登记专业相近专业的高等教育且无军官军衔的合同制军人，如果担任编制为军官军衔的职务，在任职时获授中尉军衔；④

5. 受过高等教育且无军官军衔的预备役人员，在军事集训结束并通过考核后获授中尉军衔；⑤

6. 在俄罗斯联邦对外情报局、俄罗斯联邦安全局、国家警卫机关或俄罗斯联邦总统专项规划总局服役的无军官军衔的合同制军人，根据上述机构领导人规定的程序，在作为学习组成员按教学大纲完成培训时或在入伍（入伍后一年内接受培训的条件下）时获授中尉军衔。⑥

（三）少尉军衔授予对象：⑦

1. 受过中等普通教育的军人，在完成尉官培训课程时获授少尉军衔；⑧

2. 完成与军事登记专业相近专业的中等职业教育且无军官军衔的公民（军人），如果签署服役合同且担任编制为军官军衔的职务，在任职时获授少尉军衔；

---

① 2019年1月26日第十八号俄罗斯联邦总统令批准修订。
② 2019年1月26日第十八号俄罗斯联邦总统令批准修订。
③ 2014年7月1日第四百八十三号俄罗斯联邦总统令批准修订。
④ 2014年7月1日第四百八十三号俄罗斯联邦总统令批准修订。
⑤ 2014年7月1日第四百八十三号俄罗斯联邦总统令批准修订。
⑥ 2018年7月3日第三百九十九号俄罗斯联邦总统令批准修订。
⑦ 2009年7月5日第七百四十三号俄罗斯联邦总统令批准修订。
⑧ 2014年7月1日第四百八十三号俄罗斯联邦总统令批准修订。

3. 完成与军事登记专业相近专业的中等职业教育且无军官军衔的合同制军人，如果担任编制为军官军衔的职务，在任职时获授少尉军衔；

4. 完成中等职业教育且无军官军衔的预备役人员，在军事集训结束并通过考核后获授少尉军衔；

5. 在俄罗斯联邦对外情报局、俄罗斯联邦安全局、国家警卫机关或俄罗斯联邦总统专项规划总局服役的无军官军衔的合同制军人，根据上述机构领导人规定的程序，在作为学习组成员按教学大纲完成培训时或在入伍（入伍后一年内接受培训的条件下）时获授少尉军衔。①

（四）准尉/海军准尉军衔授予对象：②

1. 从按准尉/海军准尉军事登记专业培养军人的军事院校毕业并完成中等普通教育的军人，在毕业时获授准尉/海军准尉军衔；③

2. 完成与军事登记专业相近专业的高等或中等职业教育且无准尉/海军准尉军衔的公民（军人），如果签署服役合同且担任编制为准尉/海军准尉军衔的职务，在任职时获授准尉/海军准尉军衔；

3. 完成与军事登记专业相近专业的高等或中等职业教育且无准尉/海军准尉军衔的合同制军人，如果担任编制为准尉/海军准尉军衔的职务，在任职时获授准尉/海军准尉军衔；

4. 在俄罗斯联邦对外情报局、俄罗斯联邦安全局、国家警卫机关或俄罗斯联邦总统专项规划总局服役的无准尉/海军准尉军衔的合同制军人，根据上述机构领导人规定的程序，在作为学习组成员按教学大纲完成培训时或在入伍（入伍后一年内接受培训的条件下）时获授准尉/海军准尉军衔。④

（四·一）中士/海军中士军衔授予对象：⑤

---

① 2018 年 7 月 3 日第三百九十九号俄罗斯联邦总统令批准修订。
② 2009 年 7 月 5 日第七百四十三号俄罗斯联邦总统令批准修订。
③ 2014 年 7 月 1 日第四百八十三号俄罗斯联邦总统令批准修订。
④ 2018 年 7 月 3 日第三百九十九号俄罗斯联邦总统令批准修订。
⑤ 2017 年 12 月 27 日第六百三十七号俄罗斯联邦总统令批准修订。

1. 毕业于国家高等教育机构并在该机构的军事训练中心按预备役军士军事训练大纲顺利完成培训的公民，在编入预备役时获授中士/海军中士军衔；①

2. 毕业于国家高等教育机构并在高等军事教育机构按预备役军士军事训练大纲顺利完成培训的公民，在编入预备役时获授中士/海军中士军衔。

（五）列兵军衔授予对象：

1. 入伍服义务兵役的无军衔公民在离开兵役局（准备前往服役地）时获授列兵军衔；②

2. 被列入预备役的无军衔公民在编入预备役时获授列兵军衔；

3. 入伍服合同兵役的无军衔公民在列入部队全体人员名单时获授列兵军衔；

4. 考入军事院校的无军衔公民在军事院校录取时获授列兵军衔；

5. 毕业于国家高等教育机构并在该机构的军事训练中心按预备役士兵军事训练大纲顺利完成培训的公民，在编入预备役时获授列兵军衔；③

6. 毕业于国家高等教育机构并在高等军事教育机构按预备役士兵军事训练大纲顺利完成培训的公民，在编入预备役时获授列兵军衔。④

（六）水兵军衔授予对象：

1. 入伍服义务兵役的公民在列入编制有水兵军衔部队的全体人员名单时获授水兵军衔；

2. 入伍服合同兵役的无军衔公民在列入编制有水兵军衔部队的全体人员名单时获授水兵军衔；

3. 考入军事院校的无军衔公民在被编制有水兵军衔的军事院校录取时获授水兵军衔；

---

① 2019 年 1 月 26 日第十八号俄罗斯联邦总统令批准修订。
② 2015 年 1 月 2 日第三号俄罗斯联邦总统令批准修订。
③ 2019 年 1 月 26 日第十八号俄罗斯联邦总统令批准修订。
④ 2017 年 12 月 27 日第六百三十七号俄罗斯联邦总统令批准修订。

4. 毕业于国家高等教育机构并在该机构的军事训练中心按预备役水兵军事训练大纲顺利完成培训的公民，在编入预备役时获授水兵军衔；①

5. 毕业于国家高等教育机构并在高等军事教育机构按预备役水兵军事训练大纲顺利完成培训的公民，在编入预备役时获授水兵军衔。②

（七）正在或曾在俄罗斯联邦内务机关、其他护法机关、俄罗斯联邦检察机关、俄罗斯联邦侦查委员会或国家消防总局俄罗斯联邦消防局工作并拥有专业衔级（检察官衔级）的公民，入伍服役时可按照提供兵役的俄罗斯联邦权力执行机关或俄罗斯联邦国家机关负责人确定的重新评定（评定）办法，获授与原专业衔级（检察官衔级）对等的军衔。③

第二十二条　晋升军衔的程序

（一）如果军人所任职务的编制军衔等于或高于其现有军衔，那么其在现有军衔服役期满之日应晋升一级军衔。

（一·一）不能晋升军衔的军人：④

1. 列入指挥员（首长）掌握的军人不能晋升军衔；

2. 作为刑事案件被告或被起诉的军人在刑事追究终止前不能晋升军衔；

3. 接受严重违纪行为审查的军人在接受纪律处分前不能晋升军衔；

4. 正在接受关于收支、财产和债务情况报告的真实性完整性调查，以及职业行为规范遵守情况调查的军人，在接受惩处前不能晋升军衔；

5. 根据《兵役义务与服役法》第五十一条第一项第五至八目、

---

① 2019年1月26日第十八号俄罗斯联邦总统令批准修订。
② 2017年12月27日第六百三十七号俄罗斯联邦总统令批准修订。
③ 2016年12月18日第六百七十五号俄罗斯联邦总统令批准修订。
④ 2017年1月2日第五号俄罗斯联邦总统令批准修订。

第十一目、第十二目与第二项第三至六·二目、第八至十一目规定的内容，应提前退役的军人不能晋升军衔；

6. 处于下列处分期的军人不能晋升军衔：

因履职不力受警告、降职、降衔、降职且降衔纪律处分期间；

因严重违纪行为受纪律处分期间；

7. 被限制服役或拘禁的军人在刑事处罚结束前不能晋升军衔；

8. 在判决撤销或解除前不能晋升军衔；

9. 入伍服合同兵役的公民在考察期结束前不能晋升军衔；

10. 暂停服役的军人不能晋升军衔。

（一·二）根据《俄罗斯联邦刑事诉讼法典》规定的程序有权恢复名誉的军人，本条第一·一项第六目所述纪律处分被撤销的军人（不含纪律处分被指挥员/首长撤销后又受到本条第一·一项第六目所述其他纪律处分者），以及在本条第一·一项第三目或第四目所述审查或调查结束后未被追责的军人，应获授军衔。现军衔时间从其上一个军衔服役期满之日起算。①

（一·三）本条第一·一项第六目所述纪律处分被撤销或判决被撤销/解除的军人，从纪律处分被撤销或判决被撤销/解除之日起获授军衔。②

（一·四）受到限制服役或拘禁的刑事处罚时间及依照《兵役义务与服役法》不计入服役期的时间（合同兵役考察期），不计入现军衔的服役时长。③

（二）军衔的服役期：④

列兵/水兵——五个月；

下士/海军下士——一年；

中士/海军中士——二年；

---

① 2017年1月2日第五号俄罗斯联邦总统令批准修订。
② 2017年1月2日第五号俄罗斯联邦总统令批准修订。
③ 2017年1月2日第五号俄罗斯联邦总统令批准修订。
④ 2007年3月19日第三百六十四号俄罗斯联邦总统令批准修订。

上士/海军上士——三年；

准尉/海军准尉——三年；

少尉——二年；

中尉——三年；

上尉——三年；

大尉/海军大尉——四年；

少校/海军少校——四年；

中校/海军中校——五年。

（三）现军衔满两年且担任编制为将官军衔军事职务（职务）满一年的军人，可获授将官军衔。

对上将/海军上将和大将/海军元帅军衔的服役期限不做规定。

（四）毕业于五年制（及更长时间）军事院校的合同制军人的中尉军衔服役期为两年。①

（五）军人现军衔的服役期从获授军衔之日起算。

（六）现军衔的服役期包括服现役时间。

现军衔服役期还包括以下时间：

1. 被无故追究刑事责任或被违规退役后恢复服役的军人的服役中断时间；

2. 暂停服役时间；

3. 服预备役时间。

（七）如果军人的现军衔服役期已满，当任命其担任将军军事职务（职务）且该职务的编制军衔等于或高于其现军衔，应同时为其晋升一级军衔；如果不能同时为其晋升一级军衔，那么日后晋升军衔时新军衔仍然从任命该职务之日起算。

同时，授予将官军衔时应考虑本条第三项的要求。

（八）在军事院校、硕士研究生班、军事博士研究生班全日制学习且成绩优异的军官，无论其在考入该校（班）之前担任何种军事职务（职务），在现军衔服役期满之日均可在中校/海军中校（含）以

---

① 2007年3月19日第三百六十四号俄罗斯联邦总统令批准修订。

下范围内晋升一级军衔。

（九）进入军事院校、硕士研究生班、军事博士研究生班前担任编制为上校/海军上校或将官军衔军事职务（职务）的军人，可根据这一军事职务（职务），在其现军衔服役期满之日在上校/海军上校（含）以下范围内为其晋升一级军衔。

（十）有特殊个人贡献的军人可提前晋升军衔，但不得超过其所任军事职务（职务）的编制军衔。

（十一）有特殊个人贡献且现军衔服役期满的军人可晋升比现任职务编制军衔高一个等级的军衔，但不得超过少校/海军少校军衔；如果该军人拥有学位和（或）职称且在军事职业教育机构或高等军事教育机构从事教育工作，或在军事职业教育机构、高等军事教育机构或科研机构从事科研工作，所晋升比现任职务编制军衔高一个等级的军衔则不得超过上校/海军上校军衔。[①]

（十一·一）不暂停服役在国家高等教育机构的军事训练中心担任非军事职务的军人可在现军衔服役期满之日晋升一级军衔，前提是其所任职务在该军事训练中心编制表中对应的军衔等于或高于所晋升军衔。如果该军人拥有学位和（或）职称且在国家高等教育机构的军事训练中心担任教授职务，则可在现军衔服役期满之日晋升比现任职务编制军衔高一个等级的军衔，但不得超过上校/海军上校军衔。[②]

（十二）担任编制为列兵/水兵军衔职务且有特殊个人贡献的军人，可为其授予上等兵/上等水兵军衔，以资奖励。

（十三）担任编制为下士/海军下士及以上军衔职务且现军衔服役期满的列兵/水兵，以及在教导部队按军士/海军军士培训大纲顺利完成学业的军人，可获授下士/海军下士军衔。

（十四）失效。

（十五）失效。

[①] 2015年4月30日第二百一十八号俄罗斯联邦总统令批准修订。
[②] 2021年5月26日第三百二十四号俄罗斯联邦总统令批准增加。

第二十三条　主管人员授予军衔的权力

（一）军衔的授予权限：①

1. 俄罗斯联邦总统根据提供兵役的俄罗斯联邦权力执行机关或俄罗斯联邦国家机关负责人的提名授予将官军衔；②

2. 提供兵役的俄罗斯联邦权力执行机关或俄罗斯联邦国家机关负责人授予上校/海军上校军衔；③

3. 提供兵役的俄罗斯联邦权力执行机关负责人指定人员授予其他军衔。

兵役局局长有权为入伍服义务兵役的公民授予列兵军衔，为预备役人员授予从列兵/水兵至高级准尉/海军高级准尉（含）范围内的军衔。

俄罗斯联邦安全局主管人员在授予军衔（不含将官军衔）方面的权限由俄罗斯联邦安全局局长明确。

（一·一）俄罗斯联邦军事检察机关和俄罗斯联邦侦查委员会的军事侦查机关主管人员在授予军衔方面的权力依据《俄罗斯联邦检察院法》和2010年12月28日第四百零三号《俄罗斯联邦侦查委员会法》确定。④

（二）主管人员有权给直接下属军人授衔。

上级主管人员有权为下级指挥员（领导）授衔。

（三）军官的首次授衔、提前晋衔、晋升比现任职务编制军衔高一级的军衔，以及在军事院校、硕士研究生班、军事博士研究生班全日制学习且成绩优异的军人晋升上校/海军上校（含）以下军衔，均由提供兵役的俄罗斯联邦权力执行机关或俄罗斯联邦国家机关负责人负责。

---

① 2015年6月16日第三百零六号俄罗斯联邦总统令批准修订。
② 2016年12月18日第六百七十五号俄罗斯联邦总统令批准修订。
③ 2016年12月18日第六百七十五号俄罗斯联邦总统令批准修订。
④ 2016年12月18日第六百七十五号俄罗斯联邦总统令批准修订。

毕业于国家高等教育机构并在该机构的军事训练中心或高等军事教育机构按相应军事训练大纲顺利完成学业的公民，在列入预备役时由兵役局局长首次授予列兵/水兵或中士/海军中士军衔。[①]

（四）有相应权限的主管人员负责为准尉/海军准尉及军士/海军军士提前晋衔或晋升比现职务编制军衔高一级的军衔。其中，准尉/海军准尉不能晋升高于高级准尉/海军高级准尉的军衔，军士/海军军士不能晋升高于大士/海军大士的军衔。

第二十四条 预备役人员的军衔服役期、主管人员的授衔权力和授衔办法[②]

（一）预备役人员可首次授衔和晋升军衔，但军衔不能高于上校/海军上校军衔。

（二）如果预备役人员已在部队登记或可能将在部队登记，以在动员时入伍编入（或可能编入）专门编队担任职务，并且该职务的编制军衔战时等于或高于其现军衔，可为其授衔；此外，其现军衔服役期满时可为其晋升一级军衔。预备役人员完成军事集训并通过相关考核或经鉴定后，也可为其授衔。

（三）预备役军衔的服役期限：

1. 预备役列兵/水兵——五个月；
2. 预备役下士/海军下士——一年；
3. 预备役中士/海军中士——二年；
4. 预备役上士/海军上士——三年；
5. 预备役准尉/海军准尉——三年；
6. 预备役少尉——二年；
7. 预备役中尉——三年；
8. 预备役上尉——三年；
9. 预备役大尉/海军大尉——四年；

---

① 2019年1月26日第十八号俄罗斯联邦总统令批准修订。
② 2009年1月10日第三十号俄罗斯联邦总统令批准修订。

10. 预备役少校/海军少校——五年；

11. 预备役中校/海军中校——六年。

（四）根据俄罗斯联邦国防部长（俄罗斯联邦对外情报局局长、俄罗斯联邦安全局局长）的决定，拥有岗位所需高级职业素养和丰富工作经验的预备役军官，其军衔的服役期限可缩短。

（五）俄罗斯联邦国防部长经鉴定程序可为下列拥有与军事登记专业相近专业工作经验的俄罗斯联邦武装力量预备役人员首次授予军衔：

1. 为受过高等教育的预备役人员首次授予预备役中尉军衔；[①]

2. 为受过中等职业教育的预备役人员首次授予预备役少尉军衔。

（六）为俄罗斯联邦武装力量预备役人员晋升军衔的权限：

1. 兵役局局长为预备役士兵/水兵与中士/海军中士晋升预备役大士或海军大士（含）以下军衔；

兵役局局长为准尉/海军准尉晋升预备役高级准尉/海军高级准尉（含）以下军衔；[②]

2. 俄罗斯联邦国防部长为预备役军官晋升预备役上校/海军上校（含）以下军衔。

（七）俄罗斯联邦武装力量预备役人员可晋升的军衔：

1. 俄罗斯联邦武装力量预备役人员经鉴定合格后可晋升上尉（含上尉）以下军衔；

2. 参加按拟晋升军衔级别组织的岗位军事集训并通过考核的预备役人员，或拥有与军事登记专业相近专业工作经验（曾服役且担任相关军官职务）并经鉴定合格的预备役人员，可晋升从大尉/海军大尉至上校/海军上校（含）军衔。

（八）关于俄罗斯联邦武装力量预备役人员授衔的鉴定程序，由俄罗斯联邦国防部长确定。

（九）兵役局局长为失去军衔的公民办理兵役登记时，应授予其

[①] 2014年7月1日第四百八十三号俄罗斯联邦总统令批准修订。

[②] 2015年1月2日第三号俄罗斯联邦总统令批准修订。

列兵军衔。

（十）俄罗斯联邦对外情报局和俄罗斯联邦安全局预备役人员的军衔晋升应通过鉴定程序，并考虑未来其在军事职务上任职的潜力。

主管人员为上述预备役人员授衔的权力、程序和鉴定程序，分别由相应的俄罗斯联邦对外情报局局长和俄罗斯联邦安全局局长确定。

第二十五条　恢复军衔的办法

（一）失效。[①]

（二）失效。[②]

（三）被剥夺军衔的公民在关于恢复其名誉或不再剥夺其军衔的法院判决书产生法律效力后，可恢复原军衔。恢复时间从被剥夺军衔之日起算。

因军人被剥夺军衔而下达令其退役命令的部队主管人员，失去军衔成为预备役人员（退休人员）时的兵役登记地（居住地或暂住地）的兵役局局长，在收到本项第一段所述法院判决书副本时，应按照既定程序在军事登记文件中登记恢复其原军衔，采取措施恢复其原军衔应享受的权利和优待，并在部队（兵役局）登记法院判决书副本之日起一个月内以书面形式向该军人通知此事。

被恢复名誉或不再被剥夺军衔的公民在恢复原军衔后，应根据俄罗斯联邦法律和其他规范性法律文件的规定享有原军衔对应的权利和优待。

第六章　军人鉴定办法和鉴定委员会

第二十六条　军人鉴定办法

（一）对合同制军人实施鉴定的目的是全面客观地评价合同制军人，确定其是否适合所任职务，明确关于其下一步任用的意见；对预

[①] 2020年9月2日第五百四十二号俄罗斯联邦总统令批准失效。
[②] 2020年9月2日第五百四十二号俄罗斯联邦总统令批准失效。

备役人员实施鉴定的目的是确定预备役人员的任用。①

（二）军人鉴定的主要任务：

1. 确定军人是否适合所任职务和明确关于其下一步任用的意见；

2. 选拔拟任命职务的军人；明确是否应与满最高服役年龄的军人签署新服役合同；选拔送学候选人；

3. 建立晋升和送学的候选人储备力量；

4. 确定军校毕业生的任用；

5. 呈请授予军人俄罗斯联邦国家奖章；呈请为军人提前晋衔或授予比其所任职务编制军衔高一级的军衔；

6. 评估可能促使军人提前退役的原因。

（三）鉴定的组织实施办法由实施鉴定的相应俄罗斯联邦权力执行机关或俄罗斯联邦国家机关负责人确定。②

（四）合同制军人应在服役期满前至少提前四个月接受鉴定，且服役期间每五年至少鉴定一次；在军事院校、硕士研究生班、军事博士研究生班毕业时应接受鉴定。

（五）必要时，提供兵役的俄罗斯联邦权力执行机关或俄罗斯联邦国家机关负责人有权确定对所有合同制军人或某些类别军人进行鉴定的时间和办法。③

（六）被鉴定军人的直接上级负责拟制鉴定表。

在晋职、送学、呈请授予军人俄罗斯联邦国家奖章，呈请为军人提前授衔或授予比其所任职务编制军衔高一级军衔时，不拟制鉴定表。在这些情况下，鉴定委员会应审查指挥员（首长）的呈文（授奖表）或送学决定。鉴定委员会的结论应纳入呈文（授奖表）。

军人应知晓已批准鉴定表中的鉴定内容。

（七）被鉴定军人的指挥员（首长）根据鉴定程序应履行的职责：

1. 全面了解和评估被鉴定军人的业务素质和个人品质；

---

① 2015年1月2日第三号俄罗斯联邦总统令批准修订。
② 2016年12月18日第六百七十五号俄罗斯联邦总统令批准修订。
③ 2016年12月18日第六百七十五号俄罗斯联邦总统令批准修订。

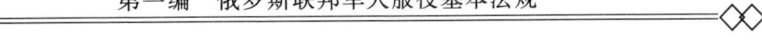

2. 根据对军人的全面了解，确定军人鉴定结论的内容；

3. 逐级向审批机关提交所有鉴定表。

（八）指挥员（首长）在了解和评价被鉴定军人的业务素质和个人品质时的职责：

1. 分析和评价被鉴定军人所任职务的具体指标、下属部队（分队）的状况或分管工作的状况；

2. 单独与被鉴定军人就服役情况、提高职业素养与工作方式方法等问题进行谈话；

3. 向被鉴定军人提出关于改正缺点、提升职业修养和履职尽责的必要建议。

（九）指挥员（首长）对鉴定的客观性和鉴定结论与鉴定建议的可靠性负责。

直接领导应要求并帮助下属改正缺点，确保落实鉴定结论，不无故拖延优秀军人的晋职或入学。

（十）在向军人宣布鉴定结果之日起一个月内，军人可就鉴定结论和鉴定程序向上级指挥员（首长）或法院提起申诉。

如果认定军人的申诉理由充足，应修改或重新拟制鉴定表。

第二十七条　鉴定委员会

（一）为开展鉴定及解决服役的其他问题，在部队（独立营与平级及以上级别部队）建立鉴定委员会。

鉴定委员会向所在部队的指挥员报告工作。

（二）鉴定委员会的组成由部队指挥员以命令形式宣布。

鉴定委员会的构成包括：

1. 鉴定委员会主席——部队第一副指挥员（副指挥员）或参谋长；

1.1 鉴定委员会副主席——部队（适用于武装力量及其他军队）分管军事政治工作的副指挥员；[①]

2. 鉴定委员会成员——部队副指挥员（一名或多名），各分队指挥

---

① 2020 年 7 月 1 日第四百四十号俄罗斯联邦总统令批准增加。

员（领导），部队干部、司法、人员补充和军事政治（教育）工作机关代表；①

3. 鉴定委员会秘书——由一名部队军官担任；

4. 依照俄罗斯联邦总统令应参与审核军人服役事宜的其他人员。②

（三）鉴定委员会会议负责审查：

1. 军人鉴定结论；

2. 合同兵役的候选人；

3. 拟任命职务的人选，以及签署新服役合同（包括与满最高服役年龄的军人签署服役合同）的合理性。

4. 送学候选人；

5. 呈请授予军人和文职人员俄罗斯联邦国家奖章的报告；

6. 呈请为军人提前晋衔或授予比所任职务编制军衔高一级军衔的报告；

7. 根据指挥员决定或本人要求呈请军人提前退役的报告；

8. 根据《兵役义务与服役法》、本《条例》和其他规范性法律文件，需要鉴定委员会作出结论才能解决的其他问题；

9. 在俄罗斯联邦法律、俄罗斯联邦总统令或部队指挥员决策指定的某些情形中与军人服役相关的其他问题。③

（四）鉴定委员会就审查的所有问题作出书面结论，供部队指挥员作决定。

（五）必要时，可邀请被鉴定军人、其所属分队的指挥员（首长）和其他主管人员参加部队鉴定委员会的会议。

（六）俄罗斯联邦国防部建立中央鉴定委员会。

中央鉴定委员会的工作程序、组成和任务，由提供兵役的俄罗斯联邦权力执行机关或俄罗斯联邦国家机关负责人确定。④

---

① 2020年7月1日第四百四十号俄罗斯联邦总统令批准修订。
② 2010年7月1日第八百二十一号俄罗斯联邦总统令批准修订。
③ 2010年7月1日第八百二十一号俄罗斯联邦总统令批准修订。
④ 2016年12月18日第六百七十五号俄罗斯联邦总统令批准修订。

第七章　准予军人休假的办法

第二十八条　军人休假的种类

（一）军人的假期：

1. 合同制军人享受基本年假；①
2. 正在军事院校学习的军人享受寒暑假；
3. 服义务兵役和合同兵役的军人享受补充假；
4. 女军人享受孕产假；
5. 合同制女军人享受育儿假。

（二）军人还享受俄罗斯联邦法律规定的其他假期。

第二十九条　基本年假准予办法

（一）根据部队指挥员的命令，准予合同制军人每年一次基本年假。

根据个人请求，军人可分几次休基本年假，且每次休假时长不能少于十五天。

（二）合同制军人基本年假的时长：

1. 按优惠方法计算军龄不足十年的军人——三十天；
2. 按优惠方法计算军龄十至十四年的军人——三十五天；
3. 按优惠方法计算军龄十五至十九年的军人——四十天；
4. 按优惠方法计算军龄二十年及以上的军人——四十五天。

（三）合同制军人入伍当年和退役当年基本年假时长计算办法：首先用其基本年假时长除以 12；对于当年入伍的军人，再用得到的数乘以从开始服役日到 12 月 31 日的服役整月数；对于当年退役的军人，则用得到的数乘以从 1 月 1 日至预计从部队全体人员名单中删除（退役）之日的服役整月数。

不足一天或一个月的按一天和一个月计算。如果军人未能按时退役

---

① 2014 年 2 月 20 日第八十八号俄罗斯联邦总统令批准修订。

（从部队全体人员名单中删除），当年基本假期以实际退役日期为截止日计算，并补足假期。

在服役合同到期前提前退役的军人，如果其未能按休假计划休完假期，那么当年基本假期也以实际退役日期为截止日计算。

（四）合同制军人基本年假时长增加（补充）的标准：

1. 失效；

2. 为在下列地区服役的军人增加基本年假：

为在极北地区且生态条件恶劣地区服役的军人增加十五天基本年假；

为在与极北地区条件类似地方服役的军人增加十天基本年假；

为在气候条件恶劣地区服役的军人增加五天基本年假。

3. 为担任对生命和健康有严重危险军事职务（职务）的军人增加十五天基本年假。由提供兵役的俄罗斯联邦权力执行机关或俄罗斯联邦国家机关负责人确定上述军事职务（职务）的清单，以及为担任这些军事职务（职务）的军人增加（补充）基本年假的额外条件。[1]

（五）如果同时具备多个增加基本年假的理由，增加的时间可累计计算，但基本年假的总时长不能超过六十天。

（六）如果本人愿意，军人可在休基本年假之前采取按单天补休的方式抵消本《条例》规定应增加的全部或部分基本年假时长。

根据附件二规定的办法在工作日志上单独登记准予军人增加基本年假的时长。

（七）包括增加时长在内的基本年假总时长不得超过六十天，不包括往返休假地所需时间。

（八）失效。

（九）军人从军事院校毕业后准予休基本年假。

（十）军人基本年假应增加往返休假地所需时间。可增加的往返休假地时间的单程应在一天以上，增加的总往返时间不应超过十五天。如果军人分若干次休基本年假，那么往返休假地时间只算一次。

---

[1] 2016年12月18日第六百七十五号俄罗斯联邦总统令、2021年12月31日第七百五十七号俄罗斯联邦总统令批准修订。

(十一）在军人轮流休假及确保部队战斗力的前提下，根据休假计划准予军人在一年的任何时候休假。

提供兵役的俄罗斯联邦权力执行机关负责人的休假事宜，根据俄罗斯联邦总统批准的计划执行。

（十二）下列军人可根据个人愿望在任意方便的时间休基本年假：

1. 伟大卫国战争老战士；

2. 1995年1月12日第五号《老战士法》规定的参加过战斗行动的老战士；[①]

3. 依照俄罗斯联邦《遭受切尔诺贝利核电站事故辐射伤害的公民社会保障法》，拥有这种权利的军人和同类人员；

4. 抚养未满十六岁残疾子女的军人；

5. 抚养未满十四岁子女的单身军人；

6. 荣获"俄罗斯荣誉献血者"奖章的军人；

7. 有三个或三个以上未满十六岁子女的军人。

应个人请求并经部队指挥员同意，军人可以不间断连休基本年假和补充假。

（十三）合同制军人可根据个人愿望在妻子休孕产假期间休基本年假。

（十四）因病或其他特殊情况，合同制军人未休本（日历）年度基本年假和/或本《条例》第三十一条第十五项第二目和第四目规定的补充假时，准许其将基本假和/或补充假移到下一年度，并另加往返休假地所需时间。移到下一年度的基本假和/或补充假应一次休完。如果《军人地位法》第二十条第一·一项所指军人及其一名家属上一日历年未享受《军人地位法》第二十条第一·一项和第二项第三段规定的免费乘坐交通权利，那么无论他们在本日历年是否已享受此种权利，在使用上一日历年的基本年假时均可享受该权利。

如果因正当理由未休完补充假的义务兵役制军人拟退役，那么退役前应先安排其休完补充假，并在其假期结束之日才能将其从部队全体人

[①] 2015年6月16日第三百零六号俄罗斯联邦总统令批准修订。

员名单中删除。假期结束之日也是其服役期结束之日。①

（十五）在俄罗斯联邦境外、独联体国家境内服役的军人可将两年之内的基本年假合并一起休。同时，除往返休假地时间外，每年总休假时间不应超过六十天。

在境外服役期间军人未享受的休假，允许其在回到俄罗斯联邦后一年内补休。

（十六）准予军人休假应考虑，使军人在服役期满之日前休完所有假期。如在服役期满之日前，军人无法休完基本年假和补充假，那么在军人退役时应准许其将基本年假和补充假连续休完。这时，应在军人最后一次假期结束并办完公务移交后，才将其从部队全体人员名单中删除。

（十七）按合同服役的军人夫妇可根据意愿同时休基本年假。

（十八）在休基本年假或补充假（不含个人事假）间生病的军人按患病天数相应延长其基本假和补充假。这时，部队指挥员应根据医疗机构出具的证明延长军人假期。

（十九）当军人的近亲（配偶、父母、子女、亲兄弟、亲姐妹、配偶的父母、军人赡养或抚养的其他人）病重或死亡（遇难），或者军人家庭或近亲遭遇火灾和其他自然灾害时，如军人正在休假（个人事假除外），休假所在地的卫戍司令（兵役局局长）有权根据军人的请求准予其十天以内个人事假，外加往返休假地所需时间。并且，卫戍司令（兵役局局长）应立即将准予军人个人事假的事宜通知该军人服役单位的部队指挥员。在这种情况下，军人休假时间按个人事假相应延长。②

第三十条　寒暑假准予办法

（一）在军事院校（不含技校）全日制学习的军人，在院校停课放假期间享受寒暑假：

1. 寒假十五天；

---

① 2020 年 6 月 29 日第四百二十九号俄罗斯联邦总统令批准修订。
② 2017 年 5 月 16 日第二百一十号俄罗斯联邦总统令批准修订。

2. 暑假三十天。

暑假是基本年假，寒假是补充假。

（二）不另给往返休假地所需时间。根据《军人地位法》第二十条第一项和第一·一项，军人每年享有一次免费乘坐交通工具往返休假地的权利。①

第三十一条　准予补充假的办法

（一）准予合同制军人用于准备和参加入学考试及其他考试的学习假：

1. 准予合同制军人用于准备和参加军事院校、硕士研究生班、军事博士研究生班入学考试及考入后学习期间准备和参加其他考试的学习假。

2. 准予合同制军人用于准备和参加职业教育机构/高等教育机构的在职教育（函授、函授与面授相结合）入学考试和在考入后学习期间准备和参加其他考试的学习假。②

（二）根据俄罗斯联邦法律和俄罗斯联邦政府的规范性法律文件确定用于准备和参加军事院校、职业教育机构和高等教育机构入学考试及考入后学习期间准备和参加其他考试的学习假时长。③

（三）准备和参加硕士研究生班、军事博士研究生班入学考试的学习假时长：

1. 准予参加入学考试的军人三十天学习假；

2. 按剩余每门考试准予十天学习假的标准，准予仅部分通过副博士考试的军人学习假。

被硕士研究生班、军事博士研究生班免试录取的军人，不准予备考的学习假。

军事院校校长或科研机构负责人签发的关于准许军人参加入学考试

---

① 2015年1月2日第三号俄罗斯联邦总统令批准修订。
② 2014年7月1日第四百八十三号俄罗斯联邦总统令批准修订。
③ 2014年7月1日第四百八十三号俄罗斯联邦总统令批准修订。

的通知，是其休学习假的依据。①

（四）学习假应另加往返军事院校（科研机构）所需时间。②

（五）在硕士研究生班、军事博士研究生班函授学习期间：

1. 学员享受每周一天（不含节假日）的自由时间用于备考；第四学年的学员如有意愿可享受每周两天自由时间用于备考。部队指挥员以命令的形式准予该学习假，并向学习地发送命令摘要。

2. 参加副博士考试和准备学位论文的学员享受每年三十天学习假，不含从服役地到教育或科研机构所在地往返时间。③

（六）拟申请科学副博士或科学博士学位的合同制军人如果能将业务工作与科研工作有效结合，那么其所在部队指挥员可依据其拟申请学位的教育机构或科研机构学术委员会的建议，按照提供兵役的俄罗斯联邦权力执行机关或俄罗斯联邦国家机关负责人确定的程序准予其创作假：

1. 准予科学博士学位申请人六个月以内的创作假；

2. 准予科学副博士学位申请人三个月以内的创作假。④

（七）根据军人医疗委员会的结论，依照《军人健康鉴定条例》准予军人病假：

可准予军人三十至六十天病假。

义务兵役制军人的病假时间最多可再延长六十天。

合同制军人的病假时间最多可再延长三十天。

（八）军人在医疗机构不间断治疗与休病假的时间总共不应超过四个月，但俄罗斯联邦法律规定需要更长治疗时间的情况除外。

军人医疗委员会在军人不间断治疗与休病假结束后应对其进行检查，以确定其是否适合服役。

如果合同制军人在不间断治疗结束后将回到部队继续服役，那么可

---

① 2014 年 7 月 1 日第四百八十三号俄罗斯联邦总统令批准修订。
② 2014 年 7 月 1 日第四百八十三号俄罗斯联邦总统令批准修订。
③ 2014 年 7 月 1 日第四百八十三号俄罗斯联邦总统令批准修订。
④ 2016 年 12 月 18 日第六百七十五号俄罗斯联邦总统令批准修订。

延长其不间断治疗时间。不间断治疗时间的延长办法，由提供兵役的俄罗斯联邦权力执行机关或俄罗斯联邦国家机关负责人确定。①

（九）在保卫祖国、执行紧急状态和武装冲突条件下的任务或履行其他兵役义务（职责）时受伤（内伤、外伤）的军人，在境外战乱地区服役期间患病的军人，以及在境外从事侦察或反间谍工作期间患病的军人，不论住院治疗时间多长，在结束住院治疗后均应接受检查，以确定其是否适合继续服役。

（十）失效。

（十·一）军人在完成对军人健康有损害的任务后，如出现需要身体与心理康复指征时，应接受身体与心理康复治疗，并为此应获不超过三十天的康复假。

依照以军人医疗委员会结论为基础的健康检查结果和医疗部门（疗养选拔委员会）的决定，根据提供兵役的俄罗斯联邦权力执行机关或俄罗斯联邦国家机关负责人确定的程序，准予康复假。②

（十一）准予军人十天以内事假的情形：

1. 军人的近亲（配偶、父亲、母亲、儿子、女儿、亲兄弟、亲姐妹、配偶的父母或军人的抚养对象）病重或死亡（遇难）；

2. 军人家庭或近亲遭遇火灾和其他自然灾害；

3. 遇有军人必须回家的其他特殊情况，根据部队指挥员的决定准予事假。

准予事假的理由应有文字材料证明。

依照本目准予军人的事假，应另加乘坐陆路（水路、空中）交通工具往返休假地所需时间（按天计）。

（十二）军龄满二十年及以上的军人，在达到最高服役年龄前三年中的任何一年，或因健康状况、编制体制调整而退役的当年，除基本年假外，可根据个人愿望享受三十天的事假。

达到最高服役年龄后继续服役且以前未休过此种事假的军人，也可

---

① 2016年12月18日第六百七十五号俄罗斯联邦总统令批准修订。
② 2016年12月18日第六百七十五号俄罗斯联邦总统令批准修订。

享受此种事假。该假在整个服役期限间只准予一次，且记入军人个人档案。

（十三）依照《苏联英雄、俄罗斯联邦英雄与三级别荣誉勋章获得者地位法》，荣获苏联英雄称号、俄罗斯联邦英雄称号与三个级别荣誉勋章的军人可享受不带薪的补充假。

（十四）根据俄罗斯联邦法律，在武装冲突（战乱）地区服役的军人享受补充假。

（十五）补充假（不计入基本年假）：

1. 本条规定的各种假（学习假、创作假、病假、事假）；

2. 根据《老战士法》，参加过战斗行动的老战士应享有的休假；[①]

3. 失效；

4. 《遭受切尔诺贝利核电站事故辐射伤害的公民社会保障法》为军人规定的休假；

5. 太空飞行后的休假。

（十六）军人在退役当年与入伍服役当年（日历年）享受补充假。

（十七）军人根据俄罗斯联邦选举法注册为由直接选举产生职位的候选人（候选人代理人）或国家权力机关（议会）/地方自治机关成员候选人（候选人代理人）后，可根据个人意愿享受不带薪休假。如果其注册为候选人，休假时间从注册为候选人之日起至最终选举结果正式发布（公布）之日，若提前退出选举，休假时间截至退出之日；如果其为候选人代理人，休假时间则为相关权利履行期。军人在享受不带薪休假前必须移交公务。[②]

（十八）根据合同制军人的请示报告及部队指挥员的命令，准予合同制军人本条规定的补充假。[③]

（十九）在保证部队战斗力的前提下军人可根据休假计划自主挑选

---

① 2015年4月30日第二百一十八号俄罗斯联邦总统令批准修订。
② 2018年8月9日第四百七十五号俄罗斯联邦总统令批准修订。
③ 2018年8月9日第四百七十五号俄罗斯联邦总统令批准修订。

时间休本条第十二项与第十五项第二及第四目所述补充假。①

第三十二条　准予孕产假及育儿假的办法

（一）根据《兵役义务与服役法》、本《条例》和俄罗斯联邦其他规范性法律文件规定的程序，准予女军人孕产假与育儿假。同时，俄罗斯联邦法律和其他规范性法律文件规定的补充性社会保障与补偿政策也适用于女军人。②

（二）作为自幼（十八岁前）残疾子女或不满十八岁残疾子女的父母（监护人、保护人），如果双方均是合同制军人或其中一人是合同制军人，那么每月可享受四天用于照顾残疾子女的补休。这四天补休可由双方中的一人休，也可由双方分享。

（三）女军人的孕产假包括七十个日历日（多胎为八十四个日历日）的产前孕期假与七十个日历日（难产为八十六个日历日，双胞胎或多胞胎为一百一十个日历日）的产假。

孕产假合并计算，不管其产前实际休假多少天，产后应全部休完。

（四）女军人可根据本人意愿在孕产假前或孕产假后享受当年的基本年假；在育儿假结束当年，女军人根据日历年年底前剩余时间为参照按比例享受基本年假。

育儿假结束当年的基本年假，以育儿假结束之日至日历年年底的履职时间为参照按比例计算。计算方式：用军人基本年假时间除以12，用得数乘以履职的月数。履职不满一个月但超过十天的，按一个月计算。

（五）女军人可根据个人意愿在孩子三岁前享受育儿假。

育儿假期间，女军人的服役岗位和军事职务应保留。

（六）领养一个（或多个）孩子的女军人可享受孕产假，时间从领养之日起持续七十天（领养两个及以上孩子的，为一百一十天）；这类女军人也可根据个人意愿在孩子三岁前享受育儿假。

---

① 2018 年 8 月 9 日第四百七十五号俄罗斯联邦总统令批准修订。
② 2015 年 1 月 2 日第三号俄罗斯联邦总统令批准修订。

（七）如果合同制男军人遇到妻子分娩死亡或者面临独自抚养一个或多个无母亲照顾（母亲死亡或牺牲、母亲被剥夺家长权利、母亲长期住院和其他无母亲照顾的情况）的不满十四岁子女/不满十六岁残疾子女的情况，经个人提出请求后，可一次性享受不超过三个月的补充假。

第三十三条　召回休假军人的办法

（一）在工作极端需要时，根据军团司令及与其平级或更高级别首长（或提供兵役的俄罗斯联邦权力执行机关或俄罗斯联邦国家机关负责人）授权的主管人员的决定，可召回正在休假的军人。这一主管人员应是该军人的上级领导。①

（二）应以向部队发布命令的方式召回休假的军人。如果被召回军人剩余未休假时间为十天及以上，其有权享受俄罗斯联邦《军人地位法》第二十条第一·一项规定的免费乘坐交通工具往返休假地的权利，以及往返休假地的路途时间，但部队至休假地的距离不得超过部队至被召回时所在地点的距离。

根据军人的意愿，未休完的假期可并入下一年度的假期。②

第八章　退役办法

第三十四条　军人退役和从部队全体人员名单中删除的办法 ③

（一）根据《兵役义务与服役法》办理军人退役事宜：

1. 军人退役后应转入预备役，但本项第二目第二至第五行所指军人，以及被军事院校开除且未满十八岁的男军人除外；退役时达预备役最高服役年龄或因健康状况被认定不适合服役的军人，应退休。④

---

① 2016 年 12 月 18 日第六百七十五号俄罗斯联邦总统令批准修订。
② 2015 年 1 月 2 日第三号俄罗斯联邦总统令批准修订。
③ 2008 年 1 月 16 日第五十号俄罗斯联邦总统令批准修订。
④ 2015 年 1 月 2 日第三号俄罗斯联邦总统令批准修订。

2. 退出现役时无需进行兵役登记的军人：

退出现役后退休者；

被军事院校开除且无军事登记专业的女军人；

退役时永久住址选择在俄罗斯联邦境外者；

被法院判处剥夺自由且判决产生法律效力的军人；

外国公民。①

（二）军人具备《兵役义务与服役法》第五十一条规定的情形之一的，应根据本条规定从所任职务上退役，且不列入指挥员（首长）掌握。

这种情况下，军人退役分为服役期满退役与提前退役。

（三）应退役的军人：

1. 达到最高服役年龄的军人，包括按照《兵役义务与服役法》第四十九条第三项规定延长的服役期限到期或在延长服役期内不愿继续服役的军人。②

2. 服义务兵役期限或合同兵役期限到期且无其他退役原因的军人。③

3. 军人医疗委员会认定健康状况为不适合服役的军人。④

4. 军人医疗委员会认定不太适合服役且现职务编制为大士/海军大士（含）以下军衔的合同制军人，以及军人医疗委员会认定不太适合服役的义务兵役制军人。⑤

5. 被剥夺军衔的军人。⑥

5.1 失去有权决定其是否退役的主管人员信任的军人；

失去信任的原因包括：

军人未采取预防和（或）调解利益冲突（军人为当事者之一）的

---

① 2014 年 7 月 1 日第四百八十三号俄罗斯联邦总统令批准修订。

② 符合《兵役义务与服役法》第五十一条第一项第一目。

③ 符合《兵役义务与服役法》第五十一条第一项第二目。

④ 符合《兵役义务与服役法》第五十一条第一项第三目。

⑤ 符合《兵役义务与服役法》第五十一条第一项第四目。

⑥ 符合《兵役义务与服役法》第五十一条第一项第五目。

措施；

军人未提供关于本人、配偶及未成年子女的个人收支、财产和债务的情况报告，或提供的报告明显不可信或不完整；

军人有偿参与商业组织的管理机关的活动，《兵役义务与服役法》规定的情况除外；

军人从事经营活动；

军人成为外国非营利性非政府组织的管理机关、监督委员会或观察委员会及其他机关的成员，或外国非营利性非政府组织在俄罗斯联邦境内分支机构的成员，且俄罗斯联邦参与的国际条约或俄罗斯联邦法律对此无特别许可；①

军人、其配偶或未成年子女违反2013年5月7日第七十九号《关于禁止特定类别人员在俄罗斯联邦境外的外国银行开设账户/存款、储存现金和贵重物品、持有和（或）使用外国金融产品》关于禁止在俄罗斯联邦境外的外国银行开设账户/存款、储存现金和贵重物品、持有和（或）使用外国金融产品的规定。②

5.2 失去有权决定其是否退役的主管人员信任的指挥员（首长）；已知下属军人的个人关切正在或可能导致利益冲突，但未采取预防和调解利益冲突措施的指挥员（首长）。③

6. 被法院判处剥夺自由且判决产生法律效力的军人。④

6.1 因故意犯罪被法院判处有条件剥夺自由且判决产生法律效力的合同制军人。⑤

7. 被军事院校（硕士研究生班、军事博士研究生班）除名且无其

---

① 符合《兵役义务与服役法》第五十一条第一项第五·一目。
② 2019年2月1日第三十五号俄罗斯联邦总统令批准修订。
③ 2012年11月13日第一千五百二十五号俄罗斯联邦总统令批准修订；符合《兵役义务与服役法》第五十一条第一项第五·二目。
④ 符合《兵役义务与服役法》第五十一条第一项第六目。
⑤ 2015年1月2日第三号俄罗斯联邦总统令批准修订；符合《兵役义务与服役法》第五十一条第一项第六·一目。

他退役原因的军人;①

具体包括:

未满十八岁的男军人;

无军官军衔或准尉/海军准尉军衔的女军人;

不愿签署新服役合同的合同制男军人(应派去服义务兵役的军人除外)和不愿签署新服役合同的女军官或女准尉/海军准尉。②

8. 法院判处在一定期限内剥夺其任职权力且判决产生法律效力的军人。③

9. 当选为俄罗斯联邦议会国家杜马议员、俄罗斯联邦主体立法(代表)机关议员、市(区)代表机关议员和市(区)长且需长期履行职权的义务兵役制军人。④

10. 暂停服役期间终止服役的军人。⑤

11. 丧失俄罗斯联邦国籍且在机关⑥服合同兵役的军人,丧失俄罗斯联邦国籍,在俄罗斯联邦武装力量、其他军队、军事编队和机关服合同兵役且现职务编制为准尉/海军准尉或军官军衔的军人,以及丧失俄罗斯联邦国籍的义务兵役制军人。⑦

12. 取得外国国籍且在机关⑧服合同兵役的公民。⑨

(四)可提前退役的合同制军人:

1. 因编制体制调整且无其他原因可提前退役的合同制军人:⑩

---

① 符合《兵役义务与服役法》第五十一条第一项第七目。
② 2014年7月1日第四百八十三号俄罗斯联邦总统令批准修订。
③ 符合《兵役义务与服役法》第五十一条第一项第八目。
④ 符合《兵役义务与服役法》第五十一条第一项第九目。
⑤ 符合《兵役义务与服役法》第五十一条第一项第十目。
⑥ 译者注:机关指俄罗斯联邦权力执行机关和俄罗斯联邦国家机关。
⑦ 2015年1月2日第三号俄罗斯联邦总统令批准修订;符合《兵役义务与服役法》第五十一条第一项第十一目。
⑧ 译者注:机关指俄罗斯联邦权力执行机关和俄罗斯联邦国家机关。
⑨ 2015年1月2日第三号俄罗斯联邦总统令批准修订;符合《兵役义务与服役法》第五十一条第一项第十二目。
⑩ 符合《兵役义务与服役法》第五十一条第二项第一目。

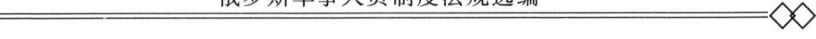

所任军事职务（职务）被裁减、无法平调任其他军事职务（职务）且本人又不同意就任高于或低于原职的其他军事职务（职务）的合同制军人；

《兵役义务与服役法》第四十二条第四项和本《条例》规定的列入指挥员（首长）掌握期限到期、无法平调任其他军事职务（职务）且本人又不同意就任高于或低于原职的其他军事职务（职务）的合同制军人；

当所任军事职务（职务）编制规定的军衔降低和（或）职务工资降低，不愿在该军事职务（职务）上继续服役，无法平调任其他军事职务（职务）且本人又不同意就任高于或低于原职的其他军事职务（职务）的合同制军人；

军人医疗委员会认定不适合按现有军事登记专业服役（不符合专业要求），适合或基本适合按其他军事登记专业服役，但本人不同意就任其他军事职务（职务）的合同制军人；

虽然所任军事职务（职务）未被裁减，但部队、机关或机构中与其所任职务相同军事登记专业的军事职务（职务）数量被裁减或应由与其相同军人成分充任的军事职务（职务）数量被裁减，且本人同意提前退役（限军龄达到领取退休金资格者）的合同制军人；

被起诉后案件以恢复名誉的方式结案或法院做出无罪判决，但原职无法恢复也无法平调任其他军事职务（职务），本人又不同意就任高于或低于原职的其他军事职务（职务）的合同制军人。①

2. 调入俄罗斯联邦内务机关、俄罗斯联邦国民卫队、国家消防总局联邦消防局、俄罗斯联邦刑事执行机关、俄罗斯联邦强制执行机关或俄罗斯联邦海关机关担任普通职务（初级职务）或领导职务的合同制军人。②

---

① 2017 年 1 月 2 日第五号俄罗斯联邦总统令批准修订。
② 2019 年 12 月 31 日第六百四十号俄罗斯联邦总统令批准修订；符合《兵役义务与服役法》第五十一条第二项第二目。

3. 未履行服役合同条款的合同制军人。①

4. 担任涉密军事职务（职务）、在被禁止或被暂停接触国家秘密后无法调任其他军事职务（职务）的合同制军人。②

5. 因过失犯罪被法院判处有条件剥夺自由且判决生效的军人。③

6. 未通过考核的合同制军人；④

6.1 依照《兵役义务与服役法》和其他俄罗斯联邦规范性法律文件规定的程序，被认定违反《军人地位法》第十条第七项和第二十七·一条规定的服役禁令、限令和职责，且无《兵役义务与服役法》第五十一条第一项第五·一目、五·二目及第二项第六·二目规定退役理由的合同制军人。⑤

6.2 违反《兵役义务与服役法》关于在俄罗斯联邦安全局机关、国家警卫机关和俄罗斯联邦国民卫队服役的要求、职责、禁令和限令的合同制军人。⑥

7. 转改为国家公务员的合同制军人。⑦

8. 个人希望提前退役，且经鉴定委员会认定有正当退役理由的合同制军人。⑧

9. 丧失俄罗斯联邦国籍且在俄罗斯联邦武装力量、其他军队、军事编队和机关担任职务编制为大士/海军大士（含）以下军衔的合同制

---

① 符合《兵役义务与服役法》第五十一条第二项第三目。

② 2019年2月1日第三十五号俄罗斯联邦总统令与2021年11月1日第六百一十七号俄罗斯联邦总统令批准修订；符合《兵役义务与服役法》第五十一条第二项第四目。

③ 2015年1月2日第三号俄罗斯联邦总统令批准修订；符合《兵役义务与服役法》第五十一条第二项第五目。

④ 符合《兵役义务与服役法》第五十一条第二项第六目。

⑤ 2015年1月2日第三号俄罗斯联邦总统令批准修订；符合《兵役义务与服役法》第五十一条第二项第六·一目。

⑥ 2020年4月27日第二百八十九号俄罗斯联邦总统令批准修订；符合《兵役义务与服役法》第五十一条第二项第六·二目。

⑦ 符合《兵役义务与服役法》第五十一条第二项第七目。

⑧ 符合《兵役义务与服役法》第五十一条第六项。

军人。①

10. 在俄罗斯联邦武装力量、其他军队、军事编队和机关、俄罗斯联邦军事检察机关和联邦侦查委员会军事侦查机关服合同兵役且取得外国国籍的公民。②

（四·一）依照《兵役义务与服役法》第三十八条第三项第一目、第三目、第四目与第四项签署服役合同的军人和非预备役公民，应依据本条第三项第六·一目、第四项第三目、第五目、第六目规定理由退役的，如用服合同兵役的时间抵扣服义务兵役时间后，仍不满义务兵役期限的，应继续服义务兵役。计算方法是，两天合同兵役相当于一天义务兵役。但如果存在《兵役义务与服役法》第五十一条第四项规定的情形，上述人员有权拒绝服义务兵役，提前退役。③

（五）有权提前退役的合同制军人：

1. 严重和（或）全面违反服役合同条款的合同制军人；④

2. 军人医疗委员会认定不太适合服役的合同制军人，不包括本条第三项第四目所指人员；⑤

3. 因家庭原因有权提前退役的合同制军人，包括：⑥

医学指征显示家庭成员不宜在其服役地区居住，且其无法调往适合家庭成员居住的其他服役地的合同制军人；

因配偶服役地变动全家必须搬迁到新服役地的合同制军人；

根据居住地国家社会医疗鉴定机构出具的结果，父母、配偶、亲兄弟、亲姐妹、爷爷、奶奶、外公、外婆或养父母因健康问题需要人经常照料（帮助、监护）且依据法律无其他赡养者的合同制军人；

---

① 2015年1月2日第三号俄罗斯联邦总统令批准修订；符合《兵役义务与服役法》第五十一条第二项第八目。

② 2016年12月18日第六百七十五号俄罗斯联邦总统令批准修订；符合《兵役义务与服役法》第五十一条第二项第九目。

③ 2017年10月8日第四百六十九号俄罗斯联邦总统令批准修订。

④ 符合《兵役义务与服役法》第五十一条第三项第一目。

⑤ 符合《兵役义务与服役法》第五十一条第三项第二目。

⑥ 符合《兵役义务与服役法》第五十一条第三项第三目。

需单独抚养不满十八岁的无父/母子女的合同制军人；

是未成年亲弟妹的监护人或必须履行对其监护义务且根据法律无其他抚养者的合同制军人；

4. 被赋予俄罗斯联邦主体首脑（俄罗斯联邦主体最高国家权力执行机关负责人）的权力或被指定临时代理俄罗斯联邦主体首脑职务的合同制军人，以及被赋予俄罗斯联邦议员全权的合同制军人；①

5. 当选为俄罗斯联邦议会国家杜马议员、俄罗斯联邦主体立法（代表）机关议员、市（区）代表机关议员和市（区）长且需长期履行职权的合同制军人；②

（五·一）因本条第五项第一目、第四目、第五目规定情形正在退役和已退役军人，享有《军人地位法》为因编制体制调整而退役军人规定的权利和社会保障。

（六）无军官军衔的义务兵役制军人，当遇《兵役义务与服役法》第二十三条第二项第二目和第二十四条第一项第二目、第二·一目至第五目规定情形时，有权提前退役。

（七）失效。

（八）退役事宜的办理权限：

1. 将官的退役根据俄罗斯联邦总统令办理；

2. 上校/海军上校，以及因调入俄罗斯联邦内务机关、俄罗斯联邦国民卫队、国家消防总局联邦消防局、俄罗斯联邦刑事执行机关、俄罗斯联邦强制执行机关或俄罗斯联邦海关机关而退役的军人，由提供兵役的俄罗斯联邦权力执行机关和俄罗斯联邦国家机关负责人办理其退役事宜；③

3. 其他军人的退役事宜由有权任命其职务的各级主管人员办理。

---

① 2020年9月17日第五百六十二号俄罗斯联邦总统令批准修订；符合《兵役义务与服役法》第五十一条第三项第四目。

② 符合《兵役义务与服役法》第五十一条第三项第五目。

③ 2019年12月31日第六百四十号俄罗斯联邦总统令批准修订；符合《兵役义务与服役法》第五十一条第二项第二目。

尉官的提前退役事宜，由俄罗斯联邦武装力量军种司令、军区司令（北方舰队司令）及与其平级或更高级别领导办理。①

（九）拥有令军人退役权力的主管人员只能对下属行使这一权力。

（十）俄罗斯联邦安全局机关、俄罗斯联邦军事检察机关和俄罗斯联邦侦查委员会军事侦查机关的主管人员在军人（将官除外）退役工作方面的权限，分别由俄罗斯联邦安全局局长、俄罗斯联邦总检察长和俄罗斯联邦侦查委员会主席规定。②

（十一）如果合同制军人有若干退役理由，可根据本人选定的理由退役，但不包括以下情形：军人因《兵役义务与服役法》第五十一条第一项第五目、第五·一目、第五·二目和六目、第六·一目、第八目与第二项第三目、第四目（军人在刑事案件中被告犯有过失或故意危害国家罪、军人的此类定罪未被撤销、此类刑事案件在刑事责任追诉期未满前被以有罪定论终止、军人拒绝核查措施/故意提交虚假调查资料、军人违反服役合同中关于保护国家秘密的规定、核查结果认定军人行为危害了国家安全）规定的理由退役；以及军人因《兵役义务与服役法》第五十一条第二项第五目、第六·一目、第六·二目、第十目与第十一目规定的理由退役。③

（十二）当军人本人同意退役或无法获任新职务时，无须军人本人提交退役申请报告即可令其退役。

根据其他理由解除军人现役时，需要军人本人的报告作为依据，必要时还需要其他文字材料。

（十三）按《兵役义务与服役法》第五十一条第二项第三目规定理由退役时，根据鉴定委员会关于军人的鉴定结论办理，但按纪律惩处程序办理退役的情况除外。

按《兵役义务与服役法》第五十一条第三项第一目规定理由办理

---

① 2020 年 12 月 21 日第八百零三号俄罗斯联邦总统令批准修订。
② 2016 年 12 月 18 日第六百七十五号俄罗斯联邦总统令批准修订。
③ 2019 年 2 月 1 日第三十五号俄罗斯联邦总统令和 2021 年 11 月 1 日第六百一十七号俄罗斯联邦总统令批准修订。

退役时，可以由鉴定委员会出具结论。

按《兵役义务与服役法》第五十一条第六项规定理由退役时，根据鉴定委员会出具的结论办理。

呈报军人退役和办理相关文件的程序，由提供兵役的俄罗斯联邦权力执行机关或俄罗斯联邦国家机关负责人规定。①

（十四）合同制军人退役前的呈报工作：

1. 核实军人服役情况的材料；必要时以文件形式明确军人的服役期，包括按历法计算的服役期与按优惠算法计算的服役期，并根据俄罗斯联邦法律计算出军龄。之后，应向军人宣布军龄。如果军人对军龄有异议，指挥员（首长）必须认真研究并在呈报军人退役前作决定。

2. 由部队指挥员与即将退役的军人进行个别谈话。谈话内容应记录在谈话登记表中。谈话登记表应由即将退役的军人与负责谈话的主管人员签字并存入军人个人档案。

（十五）部队应在收到军人医疗委员会关于军人不适合服役且需要解职及退役的结论之日起一个月内（不含军人休假时间），将其从部队全体人员名单中删除。

（十六）军人在从部队全体人员名单中删除之日，应已按标准如数领到津贴、给养和物品。在与军人办理完所有必要结算之前，未经本人同意，不得将其从部队全体人员名单中删除。

（十七）军龄十年及以上且有住房需求的军人，在未按住房法规定标准获得住房或住房补助（用于购买或建造住房）的情况下，未经本人同意，不能以达到最高服役年龄、健康状况或编制体制调整为由令其退役，但俄罗斯联邦《军人地位法》第二十三条第一项第三段所指情形除外。上述军人如果愿意在退役地之外的地区获得住房，可办理退役并根据俄罗斯联邦法律享受住房保障。

参加军人住房保障公积金和抵押贷款系统的军人，退役时有权根据

---

① 2016年12月18日第六百七十五号俄罗斯联邦总统令和2021年12月31日第七百五十七号俄罗斯联邦总统令批准修订。

俄罗斯联邦法律和其他规范性法律文件规定的程序和条件兑现住房。①

（十八）未满最高服役年龄的合同制军人在军龄未达到可领取退休金要求前，未经本人同意不得令其退役，但根据《兵役义务与服役法》规定的理由应提前退役的情况除外。

（十九）义务兵役制军人及在服义务兵役期限间改服合同兵役的军人（含在军事院校学习的军人），在义务兵役期限到期前不能提前退役，但《兵役义务与服役法》第五十一条第一项第三至七目和第四项规定的情形除外。在计算这些军人的服役期限时，应根据《兵役义务与服役法》和本《条例》规定的办法，将其义务兵役期限和合同兵役期限合并计算。②

（二十）被军事院校除名军人根据《兵役义务与服役法》第五十一条第一项第七目规定的理由退役的事宜，由相关军事院校校长或其他有权令其退役的主管人员办理。

（二十一）按历法计算，忠实服役二十年及以上的军官和准尉/海军准尉，以及不限服役时长、对俄罗斯联邦有特殊贡献的军官和准尉/海军准尉，在退役时，可根据负责退役事务主管人员的命令获得（退役后）着军装和佩戴识别标志的权利。但因《兵役义务与服役法》第五十一条第一项第五目、六目和第二项第三至五目规定理由退役的人员除外。

由俄罗斯联邦总统下令退役的军官，由提供兵役的俄罗斯联邦权力执行机关或俄罗斯联邦国家机关负责人授予（退役后）着军装和佩戴识别标志的权利。③

（二十二）根据法院判决恢复公民服役时，必须撤销其退役命令。由发布退役命令的主管人员或其上级领导负责撤销退役命令。

（二十三）军人因退役、死亡（牺牲）、被认定失踪或宣布死亡而从部队人员名单中删除之日，即服役结束之日。

（二十四）部队应在收到退役命令摘录后一个月内，于退役军人

---

① 2016年1月2日第二号俄罗斯联邦总统令批准修订。
② 2015年1月2日第三号俄罗斯联邦总统令批准修订。
③ 2016年12月18日第六百七十五号俄罗斯联邦总统令批准修订。

服役期满之日（提前退役的军人则应不迟于服役期满之日）将其从部队人员名单中删除，但《兵役义务与服役法》第三十八条第十一项和本《条例》规定的情况除外。

（二十五）不得令孕期女军人、抚养未满三岁子女的女军人、抚养未满十八岁残疾子女的女军人，或独自抚养不满十四岁子女的女军人退役，但不含因《兵役义务与服役法》第五十一条第一项第一目、第三至七目规定理由退役的女军人，以及自愿退役的女军人。

不得将正在休孕产假或育儿假的女军人从部队全体人员名单中删除。[①]

（二十六）在军人死亡（牺牲）的次日将其从部队全体人员名单中删除。在法院按规定程序认定军人失踪或死亡的判决生效次日，将其从部队全体人员名单中删除。

（二十七）因犯罪被判处剥夺自由或剥夺军衔的军人，从开始服刑之日起按相应理由退役；被判处剥夺自由并派往流放地服刑的军人，从俄罗斯联邦刑事执行机关的地区机构下达关于其前往服刑地的书面命令之日起退役。[②]

（二十八）根据拥有退役事宜决定权的主管人员的决定，可留下因犯罪被判处有限剥夺自由的军人继续服役，但故意犯罪的军人除外。[③]

（二十九）被判有罪的军人在监禁期间不能退役，但健康状况被认定不适合服役的情况除外。

[①] 2015 年 1 月 2 日第三号俄罗斯联邦总统令批准修订。
[②] 2019 年 12 月 31 日第六百四十号俄罗斯联邦总统令批准修订。
[③] 2015 年 1 月 2 日第三号俄罗斯联邦总统令批准修订。

附件一[①]

服役合同[②]

服役合同

一、_____的
（俄罗斯联邦武装力量、其他军队、军事编队和机关或国家消防总局联邦消防局军事部门）服役合同由_____
　　　　　　　（公民或外国公民的军衔，姓、名和父称，出生日期）
与代表俄罗斯联邦_____
　　　　　　（俄罗斯联邦权力执行机关名称或俄罗斯联邦国家机关）
的_____签署，
　　　（主管人员的职务，军衔，名与父称的大写首字母、姓）
合同期限为_____。

二、_____
　　　　　（公民或外国公民的名与父称的大写首字母、姓）
自愿保证：

（一）在本合同规定期限内服合同兵役。

（二）服合同兵役期间，自愿履行俄罗斯联邦法律和其他规范性法律文件规定的普通职责、职务职责和专业职责。

（三）在《军人地位法》规定的有关情况下，应赔偿的军事训练和专业培训的联邦预算金额为_____。
　　　　　　　　　　　　　（大写，以卢布为单位）

三、_____确保
　　　（俄罗斯联邦权力执行机关或俄罗斯联邦国家机关名称）

[①] 2016年12月18日第六百七十五号俄罗斯联邦总统令批准修订。

[②] 分别于2003年4月17日、2007年9月11日、2014年7月1日、2015年1月2日及2016年12月18日修订。

签署本合同的军人及其家庭成员的权利，包括关于明确军人地位和服役办法的俄罗斯联邦法律和其他规范性法律文件规定的社会保障和补偿权利。

四、本合同一式两份，自主管人员签署之日起生效。

五、双方签字

_____　　　　_____
（公民/外国公民的军衔，名　　　（主管人员的职务，军衔，名和父称的
和父称的大写首字母、姓）　　　大写首字母、姓）

_____　　　　_____
（日期）　　　　　　　　　　　　（盖章、日期）

本合同自 _____

（相关主管人员发布的命令号和发布日期）

命令颁布之日起生效。

本合同因 _____

（符合俄罗斯联邦法律的合同终止理由）

于_____终止。

（合同终止日期）

备注：

提供兵役的俄罗斯联邦权力执行机关或俄罗斯联邦国家机关负责人，有权在合同模板第二和第三条中明确由服役特点决定的符合俄罗斯联邦法律规定的军人具体权利与义务。

在军事院校学习公民的服役合同内容应包括关于偿还用于军事训练和专业培训的联邦预算资金的条款。

附件二

工作时间与补休时间登记办法[①]

一、每周统计合同制军人工作日超出工作时长的时间（以下简称"加班时间"）、周末与节假日加班时间（以小时计），以及根据《军人地位法》第十一条第一项享受补休的天数（以天计）和时间（以小时计），并在记录簿上进行登记。

二、记录簿的填写格式和方法，由提供兵役的俄罗斯联邦权力执行机关或俄罗斯联邦国家机关负责人规定。

军人每周在记录簿上签名确认。[②]

三、如果合同制军人总加班时间（周末与节假日履行职务职责和专业职责的时间含军人从履职地点到住处的往返时间）达到工作日的标准时长，可根据个人意愿在其他工作时间享受补休或与基本年假连休。

补休时间最多不超过三十天，不计入基本年假。[③]

四、由分队指挥员向部队参谋部（干部机关）呈报关于加入基本年假的补休时间（天数）情况。

五、合同制军人参加超出每周工作时长限制的行动时长应按天核算。根据《军人地位法》第十一条第三项的规定（按一天含八小时工作时间和十二小时休息时间计算），参加上述行动的军人每工作三天应享受两天补休。通常上述行动结束后，在保证分队战斗力和满足工作需要的前提下，应准予参加行动的合同制军人补休。

六、失效。

[①] 分别于 2014 年 2 月 20 日、2015 年 1 月 2 日、2016 年 12 月 18 日及 2019 年 2 月 21 日修订。

[②] 2016 年 12 月 18 日第六百七十五号俄罗斯联邦总统令批准修订。

[③] 2015 年 1 月 2 日第三号俄罗斯联邦总统令批准修订。

二、《俄罗斯联邦武装力量军事指挥机关及主管人员开展合同兵役工作的办法》

（2015 年 10 月 30 日第六百六十号俄罗斯联邦国防部长令批准）

第一章　总则

第一条 为落实 1998 年 3 月 28 日第五十三号《兵役义务与服役法》及 1999 年 9 月 16 日第一千二百三十七号总统令批准的《俄罗斯联邦军人服役程序条例》（以下简称《服役条例》），制定《俄罗斯联邦武装力量军事指挥机关及主管人员开展合同制兵役》（以下简称《办法》）。本《办法》规定俄罗斯联邦武装力量军事指挥机关、军团、兵团、部队和组织（以下简称"部队"）的主管人员及其干部机关负责以下工作：

招收非现役俄罗斯联邦公民和义务兵役制军人服合同兵役，并任命其担任编制为军官军衔的职务；

与俄罗斯联邦公民和俄罗斯联邦武装力量军人签署服合同兵役的合同（以下简称"服役合同"）；

任免合同制军官、准尉、士兵和军士（以下简称"军人"）或将其列入指挥员（首长）掌握；

任命毕业于俄罗斯联邦国防部军事职业教育机构和高等军事教育机构的军人（以下简称"军事院校毕业生"）担任军事职务；

任命毕业于国家高等教育机构并在国家高等教育机构的军事训练中心（以下简称"军事训练中心"）完成合同兵役军事训练后直接签署服役合同者担任军官职务；

暂停军人服役的工作；

在不暂停（暂停）军人服役的情况下，委派其担任非军事职务；

授衔工作；

准予特定类别军人休假，统计其工作时间和休息时间；

开展军人退役工作。①

第二章　招收非现役公民和义务兵役制军人服合同兵役并担任编制为军官军衔的职务

第二条　非现役公民，如愿意服合同兵役且担任编制为军官军衔的职务，应向兵役登记地（居住地）兵役局或部队递交申请。

非现役公民，如直接向部队提出服合同兵役且担任编制为军官军衔职务的申请，部队指挥员（首长）对其资格审查后应向其发出公函（附件一）。公民将公函送交兵役登记地（居住地）兵役局。

义务兵役制军人，如愿意服合同兵役且担任编制为军官军衔的职务，应向上级部队指挥员（首长）递交报告。

申请/报告被受理的公民/义务兵役制军人，视为合同制军官候选人（以下简称"候选人"）。

第三条　兵役局负责从非现役公民中选拔候选人；各部队负责从义务兵役制军人中选拔候选人。

兵役局依据以下文件选拔候选人：

部队指挥员（首长）签发的公函；

各部队指挥员（首长）提交给兵役局的军官职务空缺清单。

第四条　候选人应在以下方面达到相应要求：②

文化程度；

业务水平；

身体素质。

在文化程度方面，候选人所获高等教育学历的专业应与军事登记专业相近。

---

① 2018年1月4日第二号俄罗斯联邦国防部长令批准自2018年2月11日起修订。

② 参见《兵役义务与服役法》第三十三条第四项和第五项。

在业务水平方面，候选人应具备以下经历：曾服义务兵役的退役军人、义务兵役制现役军人与准尉（含）以下军衔的现役合同制军人，要在相近军事登记专业上服役一年以上；未服过义务兵役或合同兵役的公民，要在与军事登记专业相近的专业上工作两年以上。

在身体素质方面，候选人应达到对入伍服合同兵役者的要求。[①]

对文化程度与专业培训的要求，不适用于拥有军官军衔的预备役人员。

第五条 部队为通过合同兵役选拔的候选人起草《呈请报告》（附件二）。《呈请报告》和候选人的个人档案（以下简称"资料"）按层级提交给俄罗斯联邦国防部干部总局（以下简称"国防部干部总局"）。

国防部干部总局审查资料后，应起草并向国务秘书兼国防部副部长提交人事命令草案。

国务秘书兼国防部副部长签署关于接收公民服合同兵役并与其签署服役合同的人事命令（以下简称"接收服役的命令"）。

接收服役的命令摘要，由国防部干部总局传达给提交候选人资料的俄罗斯联邦武装力量军（兵）种、军区、北方舰队及中央军事指挥机关的干部机关，以及候选人兵役登记地的兵役局（或负责选拔候选人的部队）。候选人的个人档案应发往兵役登记地的兵役局（或负责候选人选拔的部队）。

兵役局应将接受公民服役的命令通知到公民个人，向其下达前往部队的命令，告知其前往（部队）与签署服役合同的程序；向部队提交公民的个人档案，向部队指挥员（首长）通报公民计划抵达的日期。

第三章 与公民和武装力量军人签署服役合同

第六条 部队指挥员（首长）在非现役公民抵达部队之日，根据

[①] 参见《俄罗斯联邦武装力量体育训练教令》附件二十。

接收服役的命令摘要与其签署首份服役合同；部队指挥员（首长）在收到接收服役的命令摘要之日，与义务兵役制军人签署首份服役合同。

第七条 如果未满最高服役年龄的合同制军人在晋衔后，其最高服役年龄随之推后，那么应在上一个服役合同期限终止的次日与其签署新服役合同。

第八条 为便于决定是否与达到最高服役年龄的军人签署新服役合同与服役合同的期限①，团长、独立营营长、平级单位主官及更高级别的指挥员（首长），应按层级提交《呈请报告》（附件二）并随附军人的报告、部队鉴定委员会会议记录摘要，以及军人医疗委员会（空勤人员医疗委员会）关于其是否适合服役（按现有军事登记专业服役）的结论副本。拥有是否与达到最高服役年龄军人签署服役合同决定权的领导所辖干部机关根据这些资料准备《人员名单》（附件三）。

关于是否与达到最高服役年龄军人签署新服役合同及新服役合同期限的决定应依照附件四的模板拟制。干部机关应在七日内将该决定的摘要发往部队。部队指挥员（首长）依据该决定的摘要与军人签署新服役合同或申报其退役。

第九条 国家高等教育机构的军事训练中心主任负责与在该中心按军事训练大纲完成培训的毕业生（以下简称"军事训练中心毕业生"）签署首份服役合同，签署时间为该生从高等教育机构毕业命令发布的次日。②

第四章 任免与将军人列入指挥员（首长）掌握

第十条 团长、独立营营长、平级单位主官及更高级别的指挥员

---

① 参见《服役条例》第十条第四项。
② 2020年8月3日第三百六十四号俄罗斯联邦国防部长令批准自2020年9月19日起修订。

（首长）负责签署关于军人任免职务或列入指挥员（首长）掌握的《呈请报告》（附件二），并按隶属关系提交给有相应权限的武装力量主管人员，供其作决定参考。

《呈请报告》应随附以下文件：

鉴定表副本（按计划轮换任职时）；

军人同意担任高级或低级职务的报告；

部队鉴定委员会会议记录摘要（任命职务时）。

如果军人（经本人同意或按执行纪律处分的程序）降职（新职务由更低级指挥员/首长任命），应由拥有军人现职务任免权的指挥员（首长）发布关于免职并降职或免职后列入指挥员（首长）掌握的命令。

第十一条 军人有权呈请鉴定委员会审议其担任空缺职务的候选人资格。[①] 在这种情况下，军人应向部队指挥员（首长）递交理由充分的申请报告。部队鉴定委员会审议该申请报告，并为部队指挥员（首长）提供是否任命军人担任该职务的建议。部队鉴定委员会如果驳回军人的申请，应将做出的决定以书面形式通知军人。

如果部队指挥员（首长）决定任命其他部队的军人担任职务，应向该军人服役的部队指挥员（首长）发出《公函》（附件五）。后者收到《公函》后应在十日内做出决定并将决定以回函的形式发送。如果部队指挥员（首长）决定任命该军人担任职务，应按层级向拥有相关任命权限的主管人员下设的干部机关提交《呈请报告》。

第五章　军事院校与军事训练中心毕业生的任职

第十二条 俄罗斯联邦国防部高等军事教育机构及军事职业教育机构（以下简称"军事院校"）负责人与学员所在分队队长及教职人员共同确定毕业生任职事宜。俄罗斯武装力量各军（兵）种、各军

[①] 参见《兵役义务与服役法》第四十三条第三项。

区、北方舰队和中央军事指挥机关干部机关的代表经协商也可参与军事院校毕业生职务任命工作。

军事院校干部机关负责组织实施军事院校毕业生的职务任命工作：

根据俄罗斯联邦国防部长批准的军事院校和国家高等教育机构军事训练中心毕业生军官岗位分配计划的摘要办理任命毕业生担任军官职务的事宜；

根据国务秘书兼国防部副部长批准的军事院校毕业生准尉与军士岗位分配计划的摘要办理任命毕业生担任准尉和军士职务的事宜。

负责组织军事训练中心开展军事培训的中央军事指挥机关，与负责开展关于具体军事登记专业军事培训的中央军事指挥机关，以及军事训练中心主任共同根据俄罗斯联邦国防部长批准的军事院校与国家高等教育机构军事训练中心毕业生军官岗位分配计划的摘要，开展任命军事训练中心毕业生担任军官职务的工作。

俄罗斯联邦武装力量各军（兵）种、各军区、北方舰队和中央军事指挥机关，负责根据军事院校和国家高等教育机构军事训练中心毕业生军官岗位分配计划与军事院校毕业生准尉和军士分配计划，研究制定下辖部队（力量）拟补充军事院校和国家高等教育机构军事训练中心毕业生的军人岗位清单（以下简称"岗位清单"），以及拟将毕业生列入指挥员（首长）掌握的申请。

岗位清单和拟将毕业生列入指挥员（首长）掌握的申请，应在学员毕业前至少提前两个月提交给国防部干部总局、军事院校的上级主管人员、军事院校、负责组织军事训练中心开展军事培训的中央军事指挥机关与军事训练中心。①

第十三条 在确定军事院校与军事训练中心毕业生的职务任命时，应考虑毕业生的国家毕业考试成绩、军人鉴定材料、婚姻状况和家庭成员健康状况。

---

① 2020年8月3日第三百六十四号俄罗斯联邦国防部长令批准自2020年9月19日起修订。

毕业时获优等毕业文凭的军事院校毕业生，有权从军事院校收到的岗位清单中优先选择岗位。①

第十四条 除须经俄罗斯联邦总统命令任命职务者、列入指挥员/首长掌握者、调往提供兵役的俄罗斯联邦其他权力执行机关继续服役者外，军事院校与军事训练中心毕业生的职务通过以下形式任命：

以俄罗斯联邦国防部长发布人事命令的形式任命军事院校毕业生担任军官职务；

以国务秘书兼国防部副部长发布人事命令的形式任命军事院校毕业生担任准尉和军士职务。

军事院校干部部门负责起草上述人事命令草案。

军事训练中心主任与负责组织军事训练中心军事培训工作的中央军事指挥机关一起准备人事命令。②

第十五条 军事院校干部部门应在学员毕业前至少提前十五天，向国防部干部总局提交拟由国防部长（或国务秘书兼国防部副部长）签发的毕业生人事命令的草案。此外，军事院校干部部门应将军事院校毕业生派往服役地，并在学员毕业后七天内将国防部长（或国务秘书兼国防部副部长）签发的毕业生人事命令摘要发往相关干部部门。

军事训练中心主任负责：

在军事训练中心按大纲完成培训的学员从高校毕业前至少提前十五天，向国防部干部总局提交拟由国防部长（或国务秘书兼国防部副部长）签发的毕业生人事命令的草案；

在军事训练中心完成培训的学员从高校毕业后三天内委派毕业生到高校所在地兵役局，并发送毕业生档案到该兵役局。

在军事训练中心完成培训的学员从高校毕业后七天内将国防部长（或国务秘书兼国防部副部长）签发的毕业生人事命令摘要发往相关

---

① 2020年8月3日第三百六十四号俄罗斯联邦国防部长令批准自2020年9月19日起修订。

② 2020年8月3日第三百六十四号俄罗斯联邦国防部长令批准自2020年9月19日起修订。

干部部门。

高校所在地的市（区）兵役局负责向毕业生发放前往部队报到的命令，通知其报到程序，向部队发送其档案并向部队指挥员通报其报到日期。①

第六章　暂停军人服役

第十六条　当选为俄罗斯联邦议会国家杜马议员、俄罗斯联邦主体立法（代表）机关议员、市（区）代表机关议员和市（区）长且需长期履职的军人，履行俄罗斯联邦主体首脑（俄罗斯联邦主体最高国家权力执行机关负责人）权力或临时代理俄罗斯联邦主体首脑的军人，以及当选为俄罗斯联邦议会联邦委员会成员的军人，②如同意暂停服役，应解除其军事职务并将其列入拥有其人事命令发布权的直接上级指挥员（首长）掌握。

拥有任免权限的主管人员根据收到的《呈请报告》（附件二）和军人同意暂停服役的报告，做出暂停军人服役的决定。

第十七条　暂停服役的军人，如愿意继续服役，应前往保存个人档案的部队办理恢复原职或经本人同意担任他职的事宜。

暂停服役的军人，如愿意退出现役，应在暂停服役原因失效后一个月内，按层级向部队指挥员（首长）递交退役申请报告。

第七章　在不暂停服役情况下委派军人担任非军事职务

第十八条　根据俄罗斯联邦国防部长发布的人事令，可以委派军

---

① 2020年8月3日第三百六十四号俄罗斯联邦国防部长令批准自2020年9月19日起修订。

② 参见《服役条例》第十八条第一项。

人担任非军事职务，且不必暂停服役。

国际组织、国家国防安全保障组织和国家高等教育机构领导人发出的关于申请派遣军人担任非军事职务的询函应经国防部干部总局审理，并发至俄罗斯联邦国防部副部长、武装力量军种司令员、军区司令员、北方舰队司令员、武装力量兵种司令员或中央军事指挥机关负责人，以征得同意。

部队在做出关于派遣军人担任非军事职务的决定时，经本人同意后应依照本《办法》第十条的要求拟制《呈请报告》，并按层级提交给国防部干部总局用于其起草拟由俄罗斯联邦国防部长签发的人事命令草案。

俄罗斯联邦国防部长签发的相关人事命令摘要，应送达发出询函单位的负责人。

第十九条 上述军人根据接收单位主官的决定被免除非军事职务后，应由国防部干部总局向俄罗斯联邦国防部长提交关于将其从接收单位全体人员名单中删除并回原服役地或前往其他服役地担任空缺职务的建议。

上述军人，如果愿意继续服役但无法被任命军事职务，应列入被派往单位所在地的军区司令员掌握。

第二十条 在未暂停服役情况下担任非军事职务的军人的退役事宜，由俄罗斯联邦国防部长根据被派往单位主官的申请签发人事命令办理。

第八章　授衔

第二十一条 至少应在军人现军衔期满前提前两个月办理呈请晋衔的报告（附件六），并按层级提交给拥有授予军衔权限的武装力量主管人员。报告提交的时间应保证相关主管人员能在该军人现军衔期满前发布标注有授衔日期的晋衔命令。

根据附件二的模板办理关于提前晋衔、授予比现职务编制军衔高一等级军衔、首次授予军官或准尉军衔的《呈请报告》，但首次授予军事院校毕业生、军事职业教育机构毕业生与在军事训练中心按大纲完成培训的高校毕业生军官或准尉军衔的情况除外。

如果军人现军衔期满且新晋升职务的编制军衔等于或高于拟晋升军衔，那么在呈请军人晋职的报告中，应同时呈请为军人授衔。

在呈请为军人授予尉官与准尉军衔时，应提供：

履历卡（一式三份）；

核实无误的学历证明复印件；

《编号登记卡》（一式两份，限无武装力量个人编号的军人）。

第二十二条 以重新鉴定方式为合同制军人授衔时，应考虑其拟就任职务的编制军衔、职务使命，其工作经验、工作能力、思想与心理素质、文化程度、军事素质或专业素质。

该公民拟服役部队的鉴定委员会会议负责审议关于以重新鉴定方式授衔的事宜。审议结果应记录在鉴定表中。以重新鉴定方式授衔的《呈请报告》应依照附件二的模板拟制。

以重新鉴定方式为军人授衔时应为其任命军事职务。

第九章　批准部分军人休假与统计军人工作与休息时间

第二十三条 在因服役年限变化而基本年假增加的当年，军人可分段休基本年假，并可在服役年限变化后休其中一段（或几段），这一部分可增加五天。

第二十四条 作为科学副博士或科学博士学位申请人的军人，应向直接领导自己的指挥员（首长）递交关于创作假的申请。教育机构或科研机构的学术委员会也应向学位申请人服役所在部队的指挥员（首长）发送关于创作假的申请。部队指挥员（首长）应按隶属关系将军人的申请和学术委员会的申请交由相应的俄罗斯联邦国防部副部长、武装力量军种总司令、军区司令员、北方舰队司令、武装力量兵种司令、中央军事指挥机关负责人审议。部队指挥员（首长）有权准予科学博士学位申请人六个月以内创作假，科学副博士学位申请人三个月以内创作假。①

第二十五条 按附件七的格式和程序，在登记簿记录合同制军人工作日、周末和节假日的加班时间与补休情况。②

第十章　军人退出现役

第二十六条 呈请军人退出现役③的程序包括：

团、独立营及以上级别单位负责制定和批准军人年度退役计划，并明确具体时间节点，旨在确保退役工作能够按时完成；

根据经批准的军人退出现役计划（以下简称"退役计划"），计划和组织干部机关、物资技术和医疗保障机关与财政保障机关（财经机关）协同开展军人退役工作；

监督退役计划的按时完成情况。

第二十七条 部队干部机关在当年7月1日前依据附件八的模板制定退役计划，并提交给拥有军人退役工作相关权限的武装力量主管人员批准。④ 退役计划应包括下一年度满最高服役年龄的军人名单，以及满最高服役年龄后所签署服役合同到期的军人名单。

退役计划应标注下列日期：

军人达到最高服役年龄的日期；

军人达到最高服役年龄后所签署服役合同的期满日期；

指挥员（首长）与军人谈话日期；

军人鉴定日期；

军人体检日期；

军人个人档案交给负责计算服役年限（以领取退役金）机关的

---

① 参见《服役条例》第三十一条第六项。
② 参见《服役条例》附件二第二条。
③ 参见《服役条例》第三十四条第十三项第三自然段。
④ 参见《服役条例》第三十四条第八项。

日期；

军人基本年假和补充假时长；

准备和办理军人退役所需文件的日期。

上级干部机关应在退役计划批准后五日内将退役计划摘要发给下级干部机关、相关物资技术和医疗保障机关与财政保障（财经保障）机关。

第二十八条 保证军人退役工作按时开展的工作由部队指挥员（首长）、干部机关、物资技术和医疗保障机关、财政保障（财经保障）机关与鉴定委员会参与实施。

部队指挥员（首长）应：

（一）在军人达到最高服役年龄或合同期满前至少提前六个月：

结合军人获退休金所需军龄、健康状况与按标准获得住房保障的情况，与军人确认是否签署新服役合同；

确保将应退役军人的个人档案发往负责计算服役年限（以领取退役金）的机关；

安排军人（根据个人意愿）前往军人医疗委员会体检；

准予军人基本年假和补充假（如有），准予在工作日、周末和节假日加班的军人补休，并确保军人在退役命令发布前休完所有假期。

（二）在军人达到最高服役年龄或合同期满前提前四个月组织开展军人鉴定。

（三）在军人达到最高服役年龄或合同期满前提前三个月：

将继续任用的决定通知军人。

与军人就退役工作进行谈话，必要时应吸收干部机关和司法部门的代表参加，并依照附件九的模板记录与军人的谈话过程。

第二十九条 依照附件二的模板为应退出现役的军人拟制《呈请报告》。

《呈请报告》应随附：

谈话表副本；

鉴定表副本（因达到最高服役年龄、服役合同期满、未履行合同条件或本人自愿退役）；

军人的报告（如果退役理由须经军人本人同意）；

军人医疗委员会的鉴定副本（如果军人因身体状况退役）；

其他退役原因的证明文件（资料）。

应确保在军人服役期满前两个月，将《呈请报告》和随附文件按层级送达拥有命令军人退役权限的主管人员下设的干部机关。

第三十条 物资技术和医疗保障机关根据退役计划摘要，组织拟退役军人前往军人医疗委员会体检，并应在其从部队全体人员名单中删除前继续为其提供应有的给养（保障）。

第三十一条 对于因《兵役义务与服役法》第五十一条第一项第五目、五·一目、五·二目、六·一目、八目与第二项第三目、五目、六·一目所述理由退役的军人，干部机关在准备他们的文件（资料）时，无需军人医疗委员会的鉴定。

附件一

公函

_____负责人：
（兵役局名称、市政部门名称）

　　经审议推荐_____
　　　　　　（预备役军衔，姓、名和父称，出生日期，个人编号）
前往_____担任_____
　　（部队名称）　　　　　（职务编制名称、何时何人批准此编制、
_____职务。
驻地、军事登记专业、职务编制军衔、工资等级、涉密等级）

　　依照《服役条例》（1999 年 9 月 16 日第一千二百三十七号俄罗斯联邦总统令批准），请您就选拔合同兵役制军人的事宜下达指示。

　　　　　　　　　　　　　　　　　_____指挥员（首长）
　　　　　　　　　　　　　　　　　　（部队名称）

　　　　　　　　　　　　　　　　　_____
　　　　　　　　　　　　　　　　　（军衔，签名，名字大写首字母、姓）

　　　　　　　　　　　　　　　　　　　　　盖章
　　　　　　　　　　　　　　　　　20____年____月____日

附件二

呈请报告

一、被呈报人情况

_____

（军衔，姓、名和父称，现任职务，何时开始任现职，军事登记专业，

_____；

职务编制军衔，编制编号，何时何人批准的编制编号，工资等级）

出生日期：_____；

现军衔：_____；

（授衔日期、授衔由何人发布的命令批准、命令日期和命令序号）

呈请在武装力量与_____签署服役合同，合同有效期至_____。

教育状况：

（一）地方教育：_____；

（二）军事教育（军事登记专业教育）：_____；

参加战斗行动及内外伤情况：_____；

20____年（最近一次）鉴定结论：_____

_____；

个人编号：_____。

二、呈报理由

_____。

_____指挥员（首长）

（部队名称）

_____

（军衔，签名，名字大写首字母、姓）

盖章

20＿＿＿年＿＿＿月＿＿＿日

三、各级领导的鉴定意见

_____
_____。

_____

（职务，军衔，签名，名字大写首字母、姓）

盖章

20＿＿＿年＿＿＿月＿＿＿日

_____

（职务，军衔，签名，名字大写首字母、姓）

盖章

20＿＿＿年＿＿＿月＿＿＿日

_____

（职务，军衔，签名，名字大写首字母、姓）

盖章

20＿＿＿年＿＿＿月＿＿＿日

四、呈报决定

_____
_____。

五、附件说明

附件：_____

_____

_____

_____。

发文号_____　　20___年___月___日

附件三

人员名单

_____指挥员（首长）：
（部队名称）

现提交_____中达到最高服役年龄且愿意继续服役的人员名单：
（军人集体）

序号	军衔，姓、名和父称，职务，职务起算时间，职务编制军衔，出生日期，个人编号	毕业院校、服役时长	签署服役合同的期限、签署服役合同的主管人员	备注

_____负责人
（部队干部机关名称）
_____
（军衔，签名，名字大写首字母、姓）

盖章

20____年____月____日

附件四

＿＿＿＿＿＿＿＿指挥员（首长）的决定
（部队名称）

依照《服役条例》（1999年9月16日第一千二百三十七号俄罗斯联邦总统令批准《关于服役的若干问题》）第十条第四项，就是否与达到最高服役年龄的军人签署新服役合同与新服役合同期限做出如下决定：

一、与下列军人签署新服役合同：

＿＿＿＿＿＿＿＿＿＿＿＿＿＿＿＿＿＿＿＿＿＿＿＿＿＿＿＿
（军衔，姓、名和父称，合同期限，出生日期，个人编号）

＿＿＿＿＿＿＿＿＿＿＿＿＿＿＿＿＿＿＿＿＿＿＿＿＿＿＿＿
（现任职务、现任职务起算时间、职务编制军衔）

二、拒绝与下列军人签署新服役合同：

＿＿＿＿＿＿＿＿＿＿＿＿＿＿＿＿＿＿＿＿＿＿＿＿＿＿＿＿
（军衔，姓、名和父称，合同期限，出生日期，个人编号）

＿＿＿＿＿＿＿＿＿＿＿＿＿＿＿＿＿＿＿＿＿＿＿＿＿＿＿＿
（现任职务、现任职务起算时间、职务编制军衔）

＿＿＿＿＿＿＿＿指挥员（首长）

（部队名称）

＿＿＿＿＿＿＿＿＿＿＿＿＿＿＿＿

（军衔，签名，名字大写首字母、姓）

盖章

20＿＿＿年＿＿＿月＿＿＿日

附件五

公函

　　_____指挥员（首长）：
　　（部队名称）

　　经审议推荐_____
（军衔，姓、名和父称，现任职务，职务编制军衔，出生日期，个人编号）
前往_____担任_____
　　（部队名称）　　　　　（职务的编制名称、何时何人批准此
_____职务。
编制、驻地、军事登记专业、职务编制军衔、工资等级、涉密等级）

　　请告知我您的决定。

　　　　　　　　　　　　　　_____指挥员（首长）
　　　　　　　　　　　　　　　　（部队名称）
　　　　　　　　　　　　　　_____
　　　　　　　　　　　　　　（军衔，签名，名字大写首字母、姓）

　　　　　　　　　　　　　　　　　　盖章
　　　　　　　　　　　　　　　　20____年____月____日

附件六

因军衔期满呈请晋衔的报告

授予_____
　　　（军衔，姓、名和父称，现任职务，现职起算时间，职务编制军衔，
_____，
编制号，何时何人批准该编制）
_____。
　　　（何种军衔）
　　出生日期：_____；
　　服役起始时间：_____；
　　教育情况：_____；
　　　（何时毕业于哪所院校、军事院校学习起止时间）
　　现军衔授予时间为_____，由_____发布第_____号命令批准。
　　服役合同签署时间为_____，服役合同期限为_____。
　　个人编号：_____。

　　　　　指挥员（首长）_____
　　　　　　　　　　　　（军衔，签名，名字大写首字母、姓）
　　　　　　　　　　　　　　盖章
　　　　　　　　　　　　20____年____月____日

　　　　　指挥员（首长）_____
　　　　　　　　　　　　（军衔，签名，名字大写首字母、姓）
　　　　　　　　　　　　　　盖章
　　　　　　　　　　　　20____年____月____日

　　　　　指挥员（首长）_____
　　　　　　　　　　　　（军衔，签名，名字大写首字母、姓）
　　　　　　　　　　　　　　盖章
　　　　　　　　　　　　20____年____月____日

附件七

合同制军人每周工作日、周末和节假日加班时间与补休时间登记簿

20____年____月____日,星期____

序号	职务	军衔	姓名、父称	工作日加班时间（小时）	周末和节假日加班时间（小时）	加班总时长（小时）	准予补休时间		并入正常休假的补休时间		应休未休的补休时间（天或小时）	军人签名
							日期	小时	日期	天		

_____指挥员（首长）

（分队名称）

_____

（军衔，签名，名字大写首字母、姓）

合同制军人每周工作日、周末和节假日加班时间与补休时间登记簿填写办法

一、每周统计相关时间。

二、第二至第四栏根据部队下属分队的编制册（含合同制军人）填写。如果分队中合同制军人不多，则由部队的相关部门负责填写登记簿。各分队指挥员（部队相关部门负责人）的每周工作日加班时间、周末和节假日加班时间及补休时间，由上级部门填写。部队指挥员的上述时间则由上级部队有关部门填写。

三、第五栏填写军人每周工作日加班时间。

四、第五至七栏和第九栏的填写时间按小时计。

五、第十一栏的填写时间按天计。

六、关于第十二栏，如果应休未休的补休时间少于八小时，按小时计；如果超过八小时，按一天计。

七、部队下属分队的指挥员每周负责分析所统计的时间并通知军人签字确认。

附件八

由 _____ 指挥官（首长）_____ 于 20____ 年 ____ 月 ____ 日
　（部队名称）　　　　　　　　　　　（军衔，签名，名字大写首字母，姓）

批准。

20____ 年 _____ 军人退役计划
　　　　　　　（部队名称）

序号	军衔	姓、名和父称，出生日期	职务、个人编号	规定的服役年限期满日期	住房保障情况	确保军人及时退役的措施与时间节点					关于退役或签署新服役合同的说明
						谈话（与问何人问时）	军人医疗委员会体检（何时何地）	军龄结算（何时何地结算军龄）	基本年假和补休休完时间	办理退役文件的日期	
						1月					
						2月					

　　　　　　　　　　　　　　　　　　　　　　　　　负责人
　　　　　　　　　　　　　　　　　　　　　　（部队干部机关名称）

　　　　　　　　　　　　　　　　　　　　　　_____
　　　　　　　　　　　　　　　　　　　　　（军衔，签名，名字大写首字母，姓）

附件九

谈话表

_____,
（被谈话者：职务，军衔，姓、名和父称）

出生日期：_____,

因_____，建议其退役。
（退役的理由）

拟退役时间：_____；

应前往_____进行兵役登记。
（兵役局名称）

服役时长为_____年_____月。

按优惠法计算的服役时长为_____年_____月。

军人医疗委员会的鉴定结论：_____
_____。
（通过或未通过军人医疗委员会的体检）

根据住房法律标准获得的住房保障情况：_____；

军人对退役的态度：_____；
（同意或不同意）

军人的诉求：_____；

谈话人：_____；
（职务，军衔，签名，名字大写首字母、姓）

参加谈话人员：_____。
（职务，军衔，签名，名字大写首字母、姓）

拟退役军人的签名_____
20____年____月____日

三、《俄罗斯联邦合同制军人任免、退役和授衔法律文件的实施办法》

(2012 年 12 月 17 日第三千七百三十三号
俄罗斯联邦国防部长令批准[①])

第一章 总则

第一条 合同制军人(以下简称"军人")的任免、退役和授衔,由具有相应权限的指挥员(首长)签发人事命令(以下简称"命令")实施。

关于将官任职、免职、退役和授衔的指示,由俄罗斯联邦国防部长签发相关人事命令落实。[②]

第二条 下设干部机关的俄罗斯联邦武装力量(以下简称"武装力量")主管人员有权发布命令。

第三条 经与相关国防部副部长、军种总司令、军区(舰队)司令、兵种司令和中央军事指挥机关负责人商定后,国务秘书兼国防部副部长签署命令批准在武装力量各军种、各军区(舰队)、武装力量各兵种与中央军事指挥机关之间调动的军官任职。

在军事指挥机关、军团、兵团、部队和直属于俄罗斯联邦国防部副部长的机构之间调动的军官任职,依照本《办法》的相关授权实施。

军人调动文件的准备应以轮换调动计划、武装力量主管人员依照授

---

① 分别经 2013 年 3 月 30 日第二百五十三号、2014 年 4 月 22 日第二百五十九号、2015 年 2 月 21 日第一百零二号、2015 年 12 月 14 日第七百八十一号、2021 年 7 月 3 日第三百八十二号俄罗斯联邦国防部长令修订。

② 2013 年 3 月 30 日第二百五十三号俄罗斯联邦国防部长令批准修订。

权做出的决定与俄罗斯联邦相关法律为基础。

第四条 派遣军人到国际组织、国家国防安全保障组织、国家高等教育机构的军事训练中心和军事训练系（军事教研室）担任非军事职务，应根据相关国防部副部长、军种总司令、军区（舰队）司令、兵种司令、中央军事指挥机关负责人的呈文，由俄罗斯联邦国防部长签署命令批准。[①]

第五条 任命军人担任副旅长且编制军衔为中校（含）以下职务，应由俄罗斯联邦国防部第一副部长签署命令批准。

任命军人担任物资技术保障副旅长且编制军衔为中校（含）及以下职务，应由俄罗斯联邦国防部负责物资技术保障的副部长签署命令批准。[②]

第六条 可任命准尉担任应由尉官担任的职务。该任命只能在以下情况实施，即无法任命尉官到该职务，且该职务下属中无军官，同时还应考虑被任命准尉的服役经验、专业训练水平与心理素质。

可任命合同制士兵和军士担任应由准尉担任的职务。该任命只能在以下情况实施，即无法任命准尉就任该职务，该职务下属人员中没有比被任命军人级别更高的军人，且被任命军人服合同兵役至少满一年，同时还要考虑被任命军人军事登记专业的适配性、服役经验、专业训练水平和心理素质。

在任命准尉担任应由尉官担任的职务，以及任命士兵和军士担任应由准尉担任的职务时，应征得被任命军人的同意。如果之后又任命尉官或准尉（或根据文化程度有权获得尉官或准尉军衔的人）担任这些职务，他们应同意调回低级职务，但不得低于其就任上述职务前所任职务。与此相关的情况，应写入两份服役合同的第二条。

第七条 被高等军事院校从学员名单中删除的军官，应免除现职并列入其进入高等军事院校前的指挥员掌握，以继续服役。

因健康状况被高等军事院校除名的军官，应免除现职并列入其进入高等军事院校前的指挥员掌握，以便退役。

[①] 2014 年 4 月 22 日第二百五十九号俄罗斯联邦国防部长令批准修订。
[②] 2015 年 12 月 14 日第七百八十一号俄罗斯联邦国防部长令批准修订。

第八条 须经俄罗斯联邦总统令和国防部长令批准任免、退役和授衔军人的提名,应由俄罗斯联邦国防部长直辖的主管人员通过国防部干部总局办理。

须经俄罗斯联邦总统令和国防部长令批准任职、免职、退役和授衔的合同制军人的提名,在相关文件提交国防部干部总局之前,应先征得相关指挥员(首长)的同意。其中,提名合同制军人担任编制为卫勤少校及以上军衔的职务,以及武装力量卫勤军官在军区与军兵种间调动任职(无论何职)事宜,均应征得国防部军事卫生总局局长的同意。

提名军官从空天军的大队(营)及以上级别单位指挥官的职位调任去军区(北方舰队)航空与防空部队、兵团及军团指挥机关任职,以及其免职与提前退役事宜,均应征得空天军司令同意。[①]

第九条 关于接收公民服合同兵役及签署服役合同的命令,应由俄罗斯联邦国务秘书兼国防部副部长签署。

合同制军人免职和退役的命令,应由武装力量相关主管人员根据职务任免权限签署。

第二章 俄罗斯联邦武装力量主管人员任命合同制军人职务的权限

第十条 俄罗斯联邦武装力量主管人员拥有以下任命权限:

就任的军事指挥机关、部队和组织	任命军人担任的职务
俄罗斯联邦国防部副部长	
直属俄罗斯联邦国防部副部长的军事指挥机关、军团、兵团、部队和组织	编制为中校及以下军衔的职务

[①] 2021年7月3日第三百八十二号俄罗斯联邦国防部长令批准修订。

续表

俄罗斯联邦武装力量军种总司令	
直属俄罗斯联邦武装力量军种总司令的军事指挥机关、军团、兵团、部队和组织	编制为中校及以下军衔的职务
军区（舰队）司令	
直属各军区（舰队）司令的军事指挥机关、军团、兵团、部队和组织	编制为中校及以下军衔的职务
俄罗斯联邦武装力量各兵种司令、各中央军事指挥机关负责人	
直属俄罗斯联邦武装力量各兵种司令与中央军事指挥机关的军事指挥机关、军团、兵团、部队和组织	编制为中校及以下军衔的职务
职务编制军衔为上将的高等军事院校校长	
直属校长的高等军事院校	编制为中校及以下军衔的职务
职务编制军衔为中将的军团司令及同级人员、高等军事院校校长	
直属军团司令的军事指挥机关、兵团、部队和分队	编制为少校及以下军衔的职务
职务编制军衔为少将与上校的兵团（旅、师及相当级别的）司令、高等军事院校校长	
直属兵团指挥员或高等军事院校校长的兵团指挥机关、部队和分队	编制为大尉及以下军衔的职务

第十一条 如果某职务具有双重名称，则应由拥有相关任命权限的指挥员（首长）中最高职务者签署关于军官或准尉担任这一职务的命令。

第三章 俄罗斯联邦武装力量主管人员授予合同制军人军衔的权限

第十二条 军衔应按以下权限授予：

职务编制军衔为上将的俄罗斯联邦国防部副部长、武装力量军种总司令、军区（舰队）司令、武装力量兵种司令、中央军事指挥机关首长与高等军事院校校长，最高可授予军人中校（含）军衔；

职务编制军衔为中将的军团司令及同级别主管人员、中央军事指挥机关首长及高等军事院校校长，最高可授予军人少校（含）军衔；

职务编制军衔为少将或上校的兵团（旅、师及同级）指挥员、高等军事院校校长，最高可授予军人大尉（含）军衔。

四、《俄罗斯联邦兵役登记条例》

（2006 年 11 月 27 日第七百一十九号俄罗斯联邦政府令批准[①]）

第一章　总则

第一条　本《条例》依照《兵役义务与服役法》及俄罗斯联邦在国防和安全领域的规范性法律文件制定，用于明确应进行兵役登记的俄罗斯联邦公民的兵役登记办法。

兵役登记是对公民履行兵役义务的要求，由国家人力资源征召与动员登记系统（以下简称"兵役登记系统"）保障。该系统负责收集、总结和分析可征召与动员人力资源的数量构成和质量状况。

俄罗斯联邦国家权力机关、俄罗斯联邦主体的权力执行机关、市（区）与居民区地方自治机关（以下简称"地方自治机关"）及各机构开展的兵役登记工作，属于动员准备与实施工作。[②]

第二条　兵役登记的主要目的是在和平时期为俄罗斯联邦武装力量、其他军队、军事编队和机关足额补充高质量的应征人力资源，以及在动员、戒严与战时状态确保：

（一）通过在俄罗斯联邦武装力量、其他军队、军事编队和机关

[①] 分别经 2008 年 4 月 16 日第二百七十七号、2009 年 2 月 14 日第一百二十八号、2011 年 10 月 6 日第八百二十四号、2011 年 12 月 22 日第一千零九十二号、2012 年 3 月 22 日第二百二十八号、2014 年 10 月 15 日第一千零五十四号、2016 年 4 月 21 日第三百三十三号、2016 年 12 月 29 日第一千五百四十号、2017 年 6 月 27 日第七百五十四号、2018 年 8 月 1 日第八百九十六号、2019 年 3 月 16 日第二百七十四号、2019 年 10 月 9 日第一千三百零二号、2020 年 2 月 6 日第一百零三号、2020 年 5 月 21 日第七百二十三号、2020 年 7 月 20 日第一千零七十七号、2020 年 12 月 29 日第二千三百四十六号、2021 年 3 月 15 日第三百七十二号、2021 年 10 月 14 日第一千七百四十六号俄罗斯联邦政府令修订。

[②] 2021 年 3 月 15 日第三百七十二号俄罗斯联邦政府令批准修订。

与专业队伍编成内预先登记（预任）预备役人员，满足对可动员人力资源的需求；

（二）通过从国家权力机关、地方自治机关和各组织的预备役人员中指定（保留）足够数量的领导人员和专业人员，满足对劳动力资源的需求。

第三条　兵役登记的主要任务是：

（一）保障公民履行俄罗斯联邦法律规定的兵役义务；

（二）为应进行兵役登记的公民办理兵役登记文件；

（三）有效利用应征与动员人力资源以保障国家国防和安全，分析其数量构成和质量状况；

（四）制定关于培养必要数量的经过军事训练的预备役人员的计划，以确保动员期间俄罗斯联邦武装力量、其他军队、军事编队和机关能顺利从平时转入战时状态，以及战时这些人员的补充能满足需求。

第四条　对兵役登记系统的基本要求是始终确保应征与动员人力资源数量构成和质量状况数据的完整性和准确性。

第五条　俄罗斯联邦国防部、俄罗斯联邦内务机关、俄罗斯联邦对外情报局、俄罗斯联邦安全局、各联邦主体权力执行机关、地方自治机关和机构，应保障兵役登记系统的运行。[①]

第六条　各联邦主体的国家权力机关、权力执行机关、地方自治机关及机构的主管人员，应确保公民依照俄罗斯联邦法律履行兵役登记义务。

第七条　公民在其居住地或暂住地（居住时间三个月以上）的个人兵役登记，包括居住地、暂住地或服替代性民役地未经证实情况下的个人兵役登记，由市（区）兵役局（以下简称"兵役局"）负责

[①] 2008年4月16日第二百七十七号、2017年6月27日第七百五十四号俄罗斯联邦政府令批准修订。

办理。①

兵役局局长对这些公民的兵役登记情况负责。

拥有军官军衔并在俄罗斯联邦对外情报局、俄罗斯联邦安全局服预备役的公民，其兵役登记程序由这些俄罗斯联邦权力执行机关的领导人确定。

第八条 在没有兵役局的市辖区，以及设有兵役局的市辖区的独立居民点（不含兵役登记由兵役局直接办理的独立居民点），公民在其居住地或暂住地（居住时间三个月以上）的首次兵役登记，其中包括居住地、暂住地或服替代性民役地未经证实情况下的首次兵役登记，由市地方自治机关依照俄罗斯联邦法律、本《条例》和俄罗斯联邦国防部制定的方法建议组织实施。市地方自治机关负责人对这些公民的首次兵役登记情况负责。②

第九条 公民在其工作（学习）地的兵役登记，由相关机构依照俄罗斯联邦法律、本《条例》和俄罗斯联邦国防部制定的方法建议组织实施。③

组织实施兵役登记的相关机构负责人对这些公民的兵役登记情况负责。

第十条 在兵役局从事兵役登记的工作人员数量，按下列标准确定：

（一）如果兵役登记公民人数在一千五百人以内，配一名工作人员；

（二）后续兵役登记公民人数每增加一千五百人，增加一名工作人员。

第十一条 在地方自治机关从事兵役登记的工作人员数量，按下列

---

① 2012年3月22日第二百二十八号、2019年10月9日第一千三百零二号、2020年2月6日第一百零三号俄罗斯联邦政府令批准修订。

② 2012年3月22日第二百二十八号、2020年2月6日第一百零三号、2021年3月25日第三百七十二号俄罗斯联邦政府令批准修订。

③ 2020年2月6日第一百零三号俄罗斯联邦政府令批准修订。

标准确定：

（一）如果兵役登记公民人数少于五百人，配一名兼职工作人员；

（二）如果兵役登记公民人数在五百至一千人之间，配一名专职工作人员；

（三）后续兵役登记公民人数每增加一千人，增加一名专职工作人员。

第十二条 在相关机构从事兵役登记的工作人员数量，按下列标准确定：

（一）如果兵役登记公民人数少于五百人，配一名兼职工作人员；

（二）如果兵役登记公民人数在五百至二千人之间，配一名专职工作人员；

（三）如果兵役登记公民在二千至四千人之间，配两名专职工作人员；

（四）后续兵役登记公民人数每增加三千人，增加一名专职工作人员。

第十三条 在兵役局、地方自治机关和相关机构从事兵役登记的工作人员数量，依据上一年度12月31日在兵役局、地方自治机关和相关机构办理兵役登记公民的人数，以及本《条例》第十至十二条的标准确定。[①]

只要一个地方自治机关或相关机构中有两名或以上工作人员从事兵役登记工作，就应组建单独的部门，即兵役登记处。

第十四条 下列人员应在兵役局、地方自治机关和相关机构办理兵役登记：

（一）年龄十八岁至二十七岁、有义务进行兵役登记且未服预备役的男性公民（以下简称"应征公民"）；

（二）列入预备役的公民（以下简称"预备役人员"）：

服预备役的男性公民；

退出现役并列入俄罗斯联邦武装力量预备役的公民；

---

① 2021年3月15日第三百七十二号俄罗斯联邦政府令批准修订。

在国家高等教育机构的军事训练中心按预备役军官军事训练大纲、预备役军士军事训练大纲或预备役士兵军事训练大纲顺利完成训练的公民；在高等军事教育机构按预备役军士军事训练大纲或预备役士兵军事训练大纲顺利完成训练的公民；

在国家高等教育机构的军事教研室按预备役军官军事训练大纲、预备役军士军事训练大纲或预备役士兵军事训练大纲顺利完成训练的公民；

因免征服役而未服役的公民；

因缓征入伍或其他原因未服兵役且年满二十七岁的公民；

退出现役但未办理兵役登记，且随后应在兵役局办理兵役登记的公民；

服替代性民役的公民；

根据附件一的相关规定，拥有军事登记专业的女性公民。①

第十五条 下列公民不应在兵役局、地方自治机关和相关机构办理兵役登记：

（一）依照《兵役义务与服役法》无须履行兵役义务的公民；

（二）正在服兵役的军人；②

（三）被剥夺自由、正在服刑的公民；

（四）无军事登记专业的女性公民；

（五）长期居住在俄罗斯联邦境外的公民；

（六）拥有军官军衔并列入俄罗斯联邦对外情报局和俄罗斯联邦安全局预备役的公民。

第十六条 预备役人员的兵役登记分为普通兵役登记和特别兵役登记。

按规定程序为俄罗斯联邦国家权力机关、地方自治机关和机构在动员、戒严和战争时期预编的预备役人员，应办理特别兵役登记；在俄罗斯联邦内务机关、俄罗斯联邦国民卫队、国家消防总局、俄罗斯联邦刑

---

① 2021 年 10 月 14 日第一千七百四十六号俄罗斯联邦政府令批准修订第二项。

② 2012 年 3 月 22 日第二百二十八号俄罗斯联邦政府令批准修订。

事执行机关、俄罗斯联邦强制执行机关担任普通职务和领导职务的预备役人员，也应办理特别兵役登记。

其余预备役人员办理普通兵役登记。

对于办理普通兵役登记且在法律规定有兵役任务的俄罗斯联邦权力执行机关或俄罗斯联邦国家机关任职的预备役人员，兵役局应根据上述机关的申请制定动员、戒严和战争时期派遣其在这些机关担任文职人员职务的计划。①

第二章　地方自治机关办理首次兵役登记的程序②

第十七条　地方自治机关通过首次兵役登记文件办理首次兵役登记：

（一）应征公民，按应征公民首次兵役登记卡办理；③

（二）预备役准尉、军士与士兵，按字母索引卡和登记卡办理；

（三）预备役军官，按首次登记卡办理。

第十八条　首次兵役登记文件主要根据下列证件填写：

（一）应征公民的义务兵役登记证；

（二）预备役人员的军人证（替代军人证的临时证件或证明）。④

第十九条　首次兵役登记文件应包括公民的下列信息：

（一）姓、名和父称；

（二）出生日期；

（三）居住地/暂住地，包括未曾登记的居住地/暂住地；⑤

---

① 2017年6月27日第七百五十四号、2018年8月1日第八百九十六号、2020年5月21日第七百二十三号俄罗斯联邦政府令批准修订第十六条。

② 译者注：在有兵役局分支机构的地区，均由公民兵役登记委员会办理首次兵役登记；仅在无兵役局分支机构的地区，才由地方自治机关办理首次兵役登记。地方自治机关应向公民兵役登记委员会上报相关公民的信息。

③ 2019年10月9日第一千三百零二号俄罗斯联邦政府令批准修订。

④ 2019年10月9日第一千三百零二号俄罗斯联邦政府令批准修订。

⑤ 2020年2月6日第一百零三号俄罗斯联邦政府令批准修订。

（四）家庭情况；

（五）文化程度；

（六）工作（学习）地点；①

（七）健康状况是否适合服兵役；

（八）基本体检情况；

（九）拥有何种军事登记专业和民用专业；

（十）是否拥有一级运动员证书或"运动健将"称号；

（十一）是否是动员、戒严和战争时期为国家权力机关、地方自治机关或机构预编的预备役人员；

（十二）是否属于缓征的应征公民，并注明所依据的《兵役义务与服役法》的规定（具体条、款和项），以及批准其缓征入伍的征兵委员会会议日期和会议记录编号；

（十三）是否列入国防动员的人力资源。

第二十条 办理首次兵役登记时，地方自治机关应依照《兵役义务与服役法》履行职责。

第二十一条 为组织和保障收集、储存和处理首次兵役登记文件中的信息，地方自治机关及其主管人员应：

（一）为在辖区居住或暂住三个月以上的预备役人员和应征公民（含未登记居住地或暂住地的预备役人员和应征公民）办理首次兵役登记；②

（二）协同俄罗斯联邦内务机关查明在辖区居住或暂住三个月以上的应办理兵役登记公民（含未登记居住地或暂住地的公民）的情况；③

（三）统计辖区内相关机构的情况并监督其兵役登记工作；

（四）按照俄罗斯联邦国防部规定的程序和格式，制作和储存打印版和电子版的首次兵役登记文件。

第二十二条 为确保尽快更新首次兵役登记文件及其他兵役登记文

---

① 2020年2月6日第一百零三号俄罗斯联邦政府令批准修订。
② 2020年2月6日第一百零三号俄罗斯联邦政府令批准修订。
③ 2020年2月6日第一百零三号俄罗斯联邦政府令批准修订。

件中的信息，地方自治机关及其主管人员应：

（一）每年至少将首次兵役登记文件与兵役局和相关机构的兵役登记文件，以及公民的居住地/暂住地登记卡或户口本核对一次。

（二）及时修改首次兵役登记文件中的信息并在两周内按俄罗斯联邦国防部明确的格式将所做修改通知兵役局。

（三）向相关机构负责人和公民阐释根据俄罗斯联邦法律和本《条例》其在兵役登记、动员准备和动员实施方面应履行的义务，监督其义务履行情况，告知其不履行义务应承担的责任；

（四）向兵役局提供相关机构负责人和公民在兵役登记、动员准备和动员实施方面未履行义务的情况。

第二十三条 为保障公民进行兵役登记，地方自治机关及其主管人员应：

（一）检查公民是否有军人证①（替代军人证的临时证件或证明）或义务兵役登记证，并审核这些证件（证明）及其内容的真实性；检查公民是否有动员令，包括检查预备役人员的军人证或替代军人证的证明中是否标注授予动员令；检查公民是否有个人电子信息卡，检查其兵役登记文件中是否标注已发放个人电子信息卡；检查公民的兵役登记文件中是否标注已在原居住地注销兵役登记；检查公民的护照中是否标注其应承担兵役义务②；检查公民是否有俄罗斯联邦武装力量人员身份标识牌，包括检查预备役人员的军人证中是否标注授予武装力量人员身份标识牌。③

（二）填写预备役军官的首次登记卡；填写预备役准尉、军士与士兵的字母索引卡和兵役登记卡，一式两份；填写应征公民的首次兵役登记卡。这些卡的填写应与公民的军人证（替代军人证的临时证件或证

---

① 译者注：在俄罗斯，军人证是公民在兵役登记时获得的一种证件。拥有军人证的公民不一定是军人。

② 译者注：一些俄罗斯公民护照上会标注应承担兵役义务。这些公民包括应服义务兵役者、退役后成为预备役者，以及未服过现役的预备役者。

③ 2019年10月9日第一千三百零二号俄罗斯联邦政府令批准修订。

明）或义务兵役登记证中的信息相符。同时，应进一步确认办理兵役登记公民的婚姻状况、文化程度、工作（学习）地点、职务、居住地或暂住地的情况，包括未曾登记居住地/暂住地的情况，以及办理兵役登记所需文件中的其他必要信息。①

（三）为办理兵役登记，应在两周内向兵役局提供预备役准尉、军士和士兵的军人证（替代军人证的临时证件或证明）、个人电子信息卡、字母索引卡和兵役登记卡，应征公民的首次兵役登记卡和未标注应承担兵役义务的护照。通知应征公民必须亲自前往相应兵役局办理兵役登记。此外，向兵役局通报在公民的兵役登记文件和动员令中发现的被修改、不准确、伪造和页数不全的情况。如果根据公民提供的兵役登记文件不能办理兵役登记，地方自治机关应通知公民必须亲自前往兵役局。接收公民提交的兵役登记文件时，应提供收据。②

（四）在公民的居住地/暂住地登记卡或户口本上应标记其兵役登记情况。

第二十四条 为保障公民注销兵役登记，地方自治机关及其主管人员应：

（一）向兵役局提供兵役登记文件，如果护照没有标注公民应承担兵役义务的情况，还应向兵役局提供护照以办理文件。通知预备役军官和应征公民必须亲自前往相应兵役局办理注销兵役登记事宜。根据各市（区）兵役局局长的决定，可以收回离开辖区的预备役人员的动员令，并在其军人证（替代军人证的临时证件或证明）上做相应标注；这些预备役人员如需查明自己的兵役登记数据，通知其应亲自前往兵役局。接收公民提交的兵役登记文件和护照时，应提供收据。③

（二）应在首次兵役登记文件居住地/暂住地登记卡或户口本上标注兵役登记注销的情况。

---

① 2008年4月16日第二百七十七号、2019年10月9日第一千三百零二号、2020年2月6日第一百零三号俄罗斯联邦政府令批准修订。

② 2019年10月9日第一千三百零二号俄罗斯联邦政府令批准修订。

③ 2019年10月9日第一千三百零二号俄罗斯联邦政府令批准修订。

（三）应在两周内向兵役局提供已不在辖区内居住且尚未注销兵役登记的公民名单。

（四）保存已注销兵役登记公民的首次兵役登记文件，直到兵役局下一次例行核对兵役登记数据。之后，按规定程序销毁首次兵役登记文件。

第二十五条　地方自治机关应在每年的2月1日前，向相应的兵役局提交上一年度的首次兵役登记情况报告。

第二十六条　俄罗斯联邦武装力量军事指挥机关和相关兵役局，按俄罗斯联邦国防部规定的程序监督地方自治机关开展首次兵役登记的情况。

俄罗斯联邦国防部明确关于地方自治机关首次兵役登记工作的评估指标和评估标准。

第三章　各机构办理兵役登记的程序

第二十七条　各机构依照相关文件为公民办理兵役登记。这些相关文件（以下称"兵役登记所依据文件"）的清单、格式、保存和填写办法，由俄罗斯联邦国防部确定。[①]

第二十八条　本《条例》第二十七条所指兵役登记所依据文件是指：

（一）应征公民的义务兵役登记证；

（二）预备役人员的军人证（替代军人证的临时证件或证明）。[②]

第二十九条　在办理兵役登记时，各机构应依照《兵役义务与服役法》履行职责。

第三十条　为保障公民在工作（学习）地点进行兵役登记，在各机构中办理兵役登记的工作人员应该：[③]

---

① 2019年10月9日第一千三百零二号俄罗斯联邦政府令批准修订。
② 2019年10月9日第一千三百零二号俄罗斯联邦政府令批准修订。
③ 2020年2月6日第一百零三号俄罗斯联邦政府令批准修订。

（一）检查公民是否有军人证（替代军人证的临时证件或证明）或义务兵役登记证，并审核这些证件（证明）及其内容的真实性；检查公民是否有动员令，包括检查预备役人员的军人证或替代军人证的证明中是否标注授予动员令；检查公民是否有个人电子信息卡，检查其兵役登记文件中是否标注已发放个人电子信息卡；检查公民是否有在居住地或暂住地办理兵役登记的记录；检查公民的护照中是否标注其应承担兵役义务；检查公民是否有俄罗斯联邦武装力量人员身份标识牌，包括检查预备役人员的军人证中是否标注授予武装力量人员身份标识牌。①

（二）根据兵役登记文件的内容填写兵役登记信息。同时，应进一步确认公民婚姻状况、文化程度、工作/学习地点、职务、居住地或暂住地（含未登记的居住地/暂住地）的情况，以及办理兵役登记所需文件中的其他必要信息。②

（三）向公民阐释俄罗斯联邦法律和本《条例》规定的履行兵役登记、动员准备和动员实施义务的程序，监督其义务履行情况；告知其若不履行义务应承担的责任。

（四）告知兵役局在兵役登记文件中发现的私自修改、不准确、伪造和页数不全的情况，以及公民未履行兵役登记、动员准备和动员实施义务的情况。

（五）应进行兵役登记但未登记居住地和暂住地的公民，以及在暂住地居住三个月以上未登记暂住地的公民，各工作单位在录用或辞退其时，以及各教育机构在录取或令其退学时，应按附件二的格式发放材料，以便其在暂住地（学习地）的兵役局或地方自治机关办理兵役登记。③

第三十一条 为收集、保存和处理公民为办理兵役登记公民提交文

---

① 2019年10月9日第一千三百零二号俄罗斯联邦政府令批准修订。
② 2008年4月16日第二百七十七号、2019年10月9日第一千三百零二号、2020年2月6日第一百零三号俄罗斯联邦政府令批准修订。
③ 2020年2月6日第一百零三号俄罗斯联邦政府令批准修订。

件中的信息，各机构及其主管人员应：①

（一）确定应在工作/学习地且（或）居住地/暂住地办理兵役登记的公民（含未登记居住地/暂住地的公民）名单，并采取必要措施为其办理兵役登记；②

（二）按俄罗斯联邦国防部规定的程序管理并保存公民用于办理兵役登记的文件。③

第三十二条 为保证及时更新兵役登记所依据文件中的信息，以及兵役局兵役登记文件中的信息，各机构从事兵役登记工作的人员应：④

（一）在两周内向相应兵役局和（或）地方自治机关提交被录用（录取）或解职（退学）且应办理兵役登记公民的名单。告知公民必要时应（告知应征公民必须）亲自前往兵役局或地方自治机关，以在居住地或暂住地（含未登记的居住地或暂住地）办理兵役登记或查明兵役登记文件中的必要信息。⑤

（二）根据相应兵役局和（或）地方自治机关的要求，在两周内提供已办理兵役登记公民的信息，以及应办未办兵役登记公民的信息。

（三）每年 9 月向相应兵役局提交年龄为十五至十六岁男性公民的名单；每年 11 月提交下一年度应办理首次兵役登记的男性公民名单。

（四）每年至少将兵役登记办理所依据文件中的信息与公民兵役登记文件中的信息核对一次。⑥

（五）每年至少依照俄罗斯联邦国防部规定的程序，将兵役登记办理所依据文件中的信息与兵役局/地方自治机关留存的兵役登记文件中的信息核对一次。⑦

---

① 2019 年 10 月 9 日第一千三百零二号俄罗斯联邦政府令批准修订。
② 2020 年 2 月 6 日第一百零三号俄罗斯联邦政府令批准修订。
③ 2019 年 10 月 9 日第一千三百零二号俄罗斯联邦政府令批准修订。
④ 2019 年 10 月 9 日第一千三百零二号俄罗斯联邦政府令批准修订。
⑤ 2008 年 4 月 16 日第二百七十七号、2014 年 10 月 15 日第一千零五十四号、2020 年 2 月 6 日第一百零三号俄罗斯联邦政府令批准修订。
⑥ 2019 年 10 月 9 日第一千三百零二号俄罗斯联邦政府令批准修订。
⑦ 2019 年 10 月 9 日第一千三百零二号俄罗斯联邦政府令批准修订。

（六）在兵役登记文件中记录已办理兵役登记公民的婚姻、文化程度、工作部门、职务、居住地/暂住地（含未曾登记的居住地或暂住地）及健康状况发生的新变化，并在两周内将这些情况上报兵役局。①

（七）在动员、戒严与战时状态应能将相应兵役局或地方自治机关的征召令（通知书）传达给公民，并保证公民能够及时到达兵役局指定的地点。

第三十三条 俄罗斯联邦武装力量军事指挥机关、各俄罗斯联邦主体兵役局、其他各级兵役局与地方自治机关，依照俄罗斯联邦国防部规定的程序监督相关机构开展兵役登记工作的情况。②

俄罗斯联邦国防部明确关于各机构兵役登记工作的评估指标和评估标准。

第四章　公民首次兵役登记的特点

第三十四条 经俄罗斯联邦主体兵役局局长申请，市（区）的公民兵役登记委员会根据俄罗斯联邦主体政府首脑（俄罗斯联邦主体最高国家权力执行机关负责人）的决定，于每年1月1日至3月31日为年满十七岁的男性公民办理首次兵役登记。

为公民办理首次兵役登记旨在：

掌握年满十八岁可服义务兵役的男性公民的人数；

掌握可服义务兵役的男性公民在以下方面的素质情况：健康状态是否适合服兵役、受教育水平、专业是否适合接受军事登记专业培训、专业是否适合在军事岗位服役、是否拥有民用专业、是否有犯罪记录；

初步为俄罗斯联邦武装力量各军兵种、俄罗斯联邦国民卫队、军事编队和机关分配已办理首次兵役登记的公民。

各俄罗斯联邦主体的兵役局根据各军区（北方舰队）参谋部的指

---

① 2008年4月16日第二百七十七号、2019年10月9日第一千三百零二号、2020年2月6日第一百零三号俄罗斯联邦政府令批准修订。

② 2019年10月9日第一千三百零二号俄罗斯联邦政府令批准修订。

示，在公民办理首次兵役登记前一年的以下日期开展如下工作：

12月1日前，与各俄罗斯联邦主体在医疗领域的国家权力执行机关负责人商定由医学专家和受过中等医学教育的医务工作者对办理首次兵役登记的公民进行体检的程序和时间表，以及对这些公民开展门诊检查和住院检查的国家医疗系统的医疗机构（不含俄罗斯联邦权力执行机关下属医疗机构）名单与市属医疗系统的医疗机构名单；

12月10日前，向俄罗斯联邦主体政府首脑（俄罗斯联邦主体最高国家权力执行机关负责人）提交关于设立公民兵役登记委员会的决定草案、公民兵役登记委员会的人员组成、对这些公民开展门诊检查和住院检查的国家医疗系统的医疗机构（不含俄罗斯联邦权力执行机关下属医疗机构）名单与市属医疗系统的医疗机构名单，以供其批准；

12月15日前，经俄罗斯联邦主体首脑同意，批准在兵役局对公民兵役登记委员会的医学专家开展业务集训的计划。

与各俄罗斯联邦主体在医疗领域的国家权力执行机关共同落实在教育机构对公民开展职业心理选拔的措施。

经总结、审查和分析后，向俄罗斯联邦主体首脑汇报公民兵役登记工作的成果。

根据俄罗斯联邦主体首脑（俄罗斯联邦主体最高国家权力执行机关负责人）的决定，在兵役局组织开展及保障面向公民兵役登记委员会医学专家的业务集训活动。

针对公民兵役登记委员会的医学专家开展业务集训活动的方案和时间应经俄罗斯联邦主体首脑同意，并由俄罗斯联邦主体兵役局局长批准。

各市（区）兵役局局长在公民办理首次兵役登记前一年的以下日期开展如下工作：

9月1日之前，向俄罗斯联邦主体兵役局提交经市（区）最高领导批准的关于筹备与开展公民首次兵役登记工作的计划草案；根据附件四，制定市（区）行政辖区内负责公民首次兵役登记工作的地方自治机关与工作机构/教育机构的名单。

9月15日前提出以下要求：

要求俄罗斯联邦内务机关在 11 月 1 日前提供公民兵役登记文件填写所需的信息。如果技术允许，应使用部门间电子通信系统发送这一要求并接受所要求提供的信息。如果技术不支持，则按附件五的格式使用纸质版表格发送这一要求并接受所要求提供的信息。

要求负责办理公民首次兵役登记的地方自治机关在 11 月 1 日前按附件六的格式提供应办理首次兵役登记公民的名单。

要求工作机构/教育机构在 11 月 1 日前按附件六的格式提供应办理首次兵役登记公民的名单及按附件七格式填写的关于这些公民的调查问卷。

9 月 20 日前提出以下要求：

无论何种法律形式的医疗机构，都应于 11 月 5 日前提交应办理兵役登记公民的健康状态信息以用于医疗监察。这些信息包括公民是否因精神障碍、吸毒、酗酒、滥用药物、滥用麻醉药品和其他有毒物质、免疫缺陷受到病毒感染而在医疗机构登记（观察），公民是否因其他疾病接受防治性医学观察；还包括诊断结果、挂号（观察）日期、门诊治疗的就诊卡、其他医疗文件（住院治疗的医疗卡、病史、X 光片、特殊检查记录等），以及其他所需信息。

国家医疗社会鉴定机构应于 11 月 5 日前提交被评为残疾人的公民信息，以及相关依据性医疗文件。

心理教育中心、医疗与社会援助中心、开放式和封闭式特殊教育机构，以及根据适应性基础普通教育大纲开展教育活动的机构应于 11 月 5 日前提交关于公民所受教育情况和公民健康状况的医学文件。

俄罗斯联邦法院和法官应于 11 月 5 日前提交关于受到具有法律效力判决的人员名单。

俄罗斯联邦内务机关应于 11 月 5 日前提交登记在册的犯罪人员信息。

地方自治机关应于 11 月 5 日前提交公民兵役登记委员会组成中的官员信息。

俄罗斯联邦主体在卫生领域的国家执行机关或其下属医疗机构应于 11 月 5 日前提交公民兵役登记委员会组成中的医学专家与受过中等医

学教育的医务工作者信息。

10月1日前，向俄罗斯联邦主体兵役局提交申请，请求其确定在公民兵役登记委员会工作期间对公民进行体检的医疗机构名单，以及委派医学专家与具有中等医学教育的医务工作者在办理首次兵役登记时对公民开展体检。同时，应发现哪些医学专家不能参与体检工作。在缺少医学专家的情况下，应向俄罗斯联邦主体兵役局汇报具体缺少哪种医学专家。

12月1日前，经与俄罗斯联邦主体医疗领域国家权力执行机关负责人和市（区）负责人协商后，向俄罗斯联邦主体兵役局提交关于公民兵役登记委员会人员组成的建议。

12月15日前，为确定应办理兵役登记的公民信息，检查各工作机构/教育机构提交的资料，通过访问工作机构/教育机构或邀请工作机构/教育机构负责兵役登记工作的官员到兵役局，来核实公民在工作（学习）地点办理的兵役登记文件信息是否与提交给兵役局的表格信息相符。在教育机构的核对工作可以通过检查学生档案来开展。

当发现有遗漏未列入名单（附件六）者时，应要求俄罗斯联邦内务机关和工作机构/教育机构提供附件五的信息，以便将这些人员列入汇总名单。在这种情况下，要求工作机构/教育机构提供关于其工作（学习）地点、所任工作职务（年级、班级）和实际居住地的信息。根据兵役局关于确认公民居住地（暂住地）登记信息的要求，应提供公民的姓、名字、父称、出生日期、护照的系列号和编号。

12月25日前，为公民兵役登记委员会制定工作计划表。

负责首次兵役登记的地方自治机关应在每年10月1日前向兵役局提交年满十五岁男性公民的名单与年满十六岁男性公民的名单，并在每年11月1日前按附件六形式提交下一年度应进行首次兵役登记的男性公民名单。

兵役局按附件八的格式拟制通知书，根据通知书的发放名单通知公民参加首次兵役登记相关活动。

在筹备和开展公民首次兵役登记相关的整个活动期间，都应向待办理兵役登记的公民发放通知。

负责首次兵役登记的兵役局工作人员或地方自治机关官员、负责兵役登记工作的机构（公民工作/学习的机构）负责人和官员，通常至少在指定日期前三天向待办理兵役登记的公民发放通知书。这种情况下，应首先召集不在教育机构学习的公民参加公民兵役登记委员会的会议。

为了开展公民首次兵役登记工作，兵役局局长应首先与市（区）教育机构负责人协商，再确定各班级与小组的学生参加公民兵役登记委员会会议的日期，以及参加职业心理选拔的时间与地点。

公民只有亲自抵达兵役局才能办理首次兵役登记。公民办理首次兵役登记应提交以下材料：

护照及复印件、出生证及复印件；

居住地登记证明（如有）；

户口本摘录；

工作或学习地证明；

教育或技能证明文件及复印件；

关于健康状况的医学文件及复印件（如果公民自诉健康不佳）；

关于一级运动员或军事体育运动称号的相关证明及复印件；

在军事爱国主义青少年协会与社会团体接受培训的证明及复印件；

六张3厘米×4厘米尺寸照片。

根据俄罗斯联邦政府2013年7月4日第五百六十五号《关于批准〈军事医疗鉴定条例〉的命令》批准的《军事医疗鉴定条例》，对办理首次兵役登记的公民进行体检。

兵役局负责在办理首次兵役登记时对公民开展职业心理选拔工作。

经与教育机构负责人协商后，可提前对在教育机构学习的公民开展职业心理选拔工作。

职业心理选拔的结果用于判断公民是否适合接受军事登记专业的培训（教育），是否适合在军事岗位服役，是否适合在高等军事教育机构接受教育并服合同兵役；还用于为选派公民接受军事登记专业培训（教育）和分配公民到军事岗位提出建议。

医疗机构根据兵役局按附件九格式拟制的介绍信，为办理首次兵役登记的公民进行体检。介绍信由兵役局局长签发并加盖兵役局的公章。

依据上述检查的预计完成日期，向公民发放关于参加复检和公民兵役登记委员会会议的日程安排。

如需，派公民参加体检时可向公民所在机构发送符合附件十形式的通知书。

在抵达兵役登记委员会的当天，办理首次兵役登记的公民，在经明确健康状况适合服役的等级，并提交经个人签名的相关文件后，获得义务兵役登记证。义务兵役登记证盖有兵役局关于兵役登记的印章。其应获悉兵役登记程序及违反程序应承担的责任、应征服役的准备流程、前往兵役局（征兵站）接受征兵委员会审查的初步日期与日程安排。

每个工作日结束时，公民兵役登记委员会主席都应亲自核查所有被传唤参加兵役登记委员会会议的公民是否均已出席，采取措施确定公民未出席的原因，再次传唤其参加兵役登记委员会会议或寻找这些公民。

公民兵役登记委员会完成工作后，兵役局局长应在十天内将公民首次兵役登记的结果通知各市（区）负责人，并与其协商拟制时间表，以便在4月至6月召集地方自治机关负责首次兵役登记工作的官员与机构（教育机构）官员到兵役局核查地方自治机关（及机构）的兵役登记数据与兵役局的兵役登记数据是否一致。

核查结果应记录在按附件十一拟制的表格中。

获得军事登记专业的女性公民、因某些原因未在规定期限内办理兵役登记的男性公民及新获得俄罗斯联邦国籍者的首次兵役登记，由兵役局在整个日历年期间办理。公民兵役登记委员会于每年3月31日后，以每月不少于两次的频率召开关于审议公民初次兵役登记事宜的会议。

长期居住在俄罗斯联邦境外的公民，如愿意在俄罗斯联邦武装力量、俄罗斯联邦国民卫队、军事编队和机关服义务兵役并担任士兵/水兵或军士/海军军士职务，由暂住地兵役局根据俄罗斯联邦签署和批准的相关国际条约为其办理首次兵役登记。

公民兵役登记委员会或者决定公民兵役登记事宜，或者提交征兵委员会审议将不太适合服役的公民列入预备役的问题，以及免除被认定不适合服役公民兵役义务的问题。[①]

[①] 2021年10月14日第一千七百四十六号俄罗斯联邦政府令批准修订第三十四条。

第五章 在俄罗斯联邦内务机关、俄罗斯联邦国民卫队、国家消防总局、俄罗斯联邦刑事执行机关、俄罗斯联邦强制执行机关服役公民的兵役登记办法和特点[①]

第三十五条 在俄罗斯联邦内务机关、俄罗斯联邦国民卫队、国家消防总局、俄罗斯联邦刑事执行机关、俄罗斯联邦强制执行机关服预备役人员的兵役登记，由公民居住地或暂住地兵役局组织实施。在上述部队、机关和机构，公民的兵役登记依照本《条例》为各机构规定的程序开展。[②]

进入俄罗斯联邦内务机关、俄罗斯联邦国民卫队、国家消防总局、俄罗斯联邦刑事执行机关、强制执行机关服役，担任普通或领导职务并拥有专业军衔者，应根据上述部队、机关和机构提交给公民居住地或暂住地兵役局的理由充分的请求函，在兵役局注销普通兵役登记并转入特别兵役登记。[③]

法律规定不得泄露具体人员归属信息的警察机构，其人员提交信息和办理兵役登记文件的程序，由俄罗斯联邦国防部与俄罗斯联邦内务机关协商后确定。[④]

根据俄罗斯联邦惩戒局局长、俄罗斯联邦刑事执行系统地区机关负责人签发的理由充分的请求函，兵役局向上述机构和机关发送预备役人员的个人档案，以便于其计算确定俄罗斯联邦刑事执行系统工作

[①] 2017年6月27日第七百五十四号、2018年8月1日第八百九十六号、2020年5月21日第七百二十三号俄罗斯联邦政府令批准修订标题。

[②] 2008年4月16日第二百七十七号、2017年6月27日第七百五十四号、2018年8月1日第八百九十六号、2020年5月21日第七百二十三号俄罗斯联邦政府令批准修订。

[③] 2008年4月16日第二百七十七号、2017年6月27日第七百五十四号、2018年8月1日第八百九十六号、2020年5月21日第七百二十三号俄罗斯联邦政府令批准修订。

[④] 2009年2月14日第一百二十八号、2011年10月6日第八百二十四号俄罗斯联邦政府令批准修订。

人员的服役年限、首个专业职称授予及退休金标准事宜。刑事执行系统的机构和机关收到这一档案后使用档案的时间不应超过一个月，之后应按规定程序向兵役局送还个人档案。①

第三十六条 在俄罗斯联邦内务机关、俄罗斯联邦国民卫队、国家消防总局、俄罗斯联邦刑事执行机关、俄罗斯联邦强制执行机关服预备役人员的兵役登记文件，由兵役局加盖封印保存在外人不能接触的地方。只有市（区）兵役局局长通过命令指定的人员，才能接触这些兵役登记文件。

公民退役时，俄罗斯联邦内务机关，俄罗斯联邦国民卫队的指挥机关、部门和组织，国家消防总局，俄罗斯联邦刑事执行机关及俄罗斯联邦强制执行机关，应以书面形式将公民退役情况通知公民居住地或暂住地兵役局，并注明退役理由。②

第三十七条 相关俄罗斯联邦内务机关，俄罗斯联邦国民卫队的指挥机关、部门和组织，国家消防总局，俄罗斯联邦刑事执行机关及俄罗斯联邦强制执行机关的领导人，应于每年10月1日前向应征公民居住地兵役局提供关于其在上述部队、机关和机构服役及在上述部队、机关和机构下属的教育机构学习的证明文件。③

第三十八条 在俄罗斯联邦内务机关、俄罗斯联邦国民卫队、国家消防总局、俄罗斯联邦刑事执行机关、俄罗斯联邦强制执行机关服役的公民办理兵役登记的情况，由俄罗斯联邦武装力量军事指挥机

---

① 2017年6月27日第七百五十四号、2018年8月1日第八百九十六号、2019年10月9日第一千三百零二号、2020年5月21日第七百二十三号俄罗斯联邦政府令批准修订第三十五条。

② 2008年4月16日第二百七十七号、2017年6月27日第七百五十四号、2018年8月1日第八百九十六号、2020年5月21日第七百二十三号俄罗斯联邦政府令批准修订第三十六条。

③ 2018年8月1日第八百九十六号、2020年5月21日第七百二十三号俄罗斯联邦政府令批准修订。

关、俄罗斯联邦主体兵役局和其他兵役局监督。①

第六章　按暂住地办理兵役登记和在边远地区工作公民办理兵役登记的特点

第三十九条　公民在居住三个月以上的暂住地（含未登记的暂住地）或服替代性民役地点的兵役登记工作，由兵役局和地方自治机关依照俄罗斯联邦国防部规定的程序办理。②

第四十条　在海运和河运船舶上工作的公民，如其居住地或暂住地为船舶注册港口所在居民点，应在居住地或暂住地（含未登记的居住地或暂住地）兵役局办理兵役登记。在海运和河运船舶上工作的公民，也可根据工作地在相应航运局、管理局、舰队和区舰队基地的人事部门办理兵役登记。

冬季航运期间，如果海运和河运船舶的基地转移到其他港口，在这些船舶上工作的公民，仍在之前办理兵役登记的人事部门办理兵役登记。③

第四十一条　前往南极洲或北冰洋的岛屿工作的公民，不必注销居住地的兵役登记；军人证、替代军人证的证明、应征公民的义务兵役登记证及个人电子信息卡（如果兵役登记文件标注已发放个人电子信息卡），应交给派遣他们去这些地区工作的相关单位的人事部门保管。人事部门应将派遣公民去上述地区工作的情况告知兵役局。

这些公民返回后会获得关于在这些岛屿工作的时长与地点的证明

---

① 2017年6月27日第七百五十四号、2018年8月1日第八百九十六号、2019年10月9日第一千三百零二号、2020年5月21日第七百二十三号俄罗斯联邦政府令批准修订。

② 2012年3月22日第二百二十八号、2020年2月6日第一百零三号俄罗斯联邦政府令批准修订。

③ 2008年4月16日第二百七十七号、2020年2月6日第一百零三号俄罗斯联邦政府令批准修订第四十条。

文件，并应提交给兵役局。①

第四十二条 在边远地区居民点工作的公民，根据市（区）兵役局局长的决定，可不用前往兵役登记机构办理兵役登记或注销兵役登记。这种情况下，公民所在工作单位的行政管理人员，应向兵役登记机关送交公民用于办理兵役登记或注销兵役登记的文件。②

第四十三条 在岛屿、极北和远东地区偏远居民点的水文气象站工作的公民，在水文气象中心与极地无线电气象中心所在地的兵役局办理兵役登记。

第四十四条 在野外地质与地形测量单位，搜救队（组、分队），侦察队（组、分队），摄影队（组、分队），水文地质队（组、分队），地球物理勘探队（组、分队），森林与土地规划考察队（组、分队），线路铺设列车和专用列车，养路站和汽车站，流动机械化作业队和专业化作业队，隧道施工、架桥和浮桥架设工程队（段），建筑安装和发射调试单位，机械化和水下技术工程局及其他类似单位工作且不在工作地点定居的公民，应在这些单位所在地的兵役登记机关办理兵役登记。

第四十五条 上述单位的行政管理人员负责本单位被录用公民的兵役登记办理与被辞退公民的兵役登记注销事宜。

第七章　俄罗斯联邦内务部地区机关兵役登记系统运行保障的特点③

第四十六条 在公民登记或注销居住地时，俄罗斯联邦内务部地区机关应查明应办未办兵役登记的公民名单，并将情况通报给相应兵役局和（或）负责兵役登记工作的地方自治机关。

为此，俄罗斯联邦内务部地区机关负责人应检查公民护照中是否

---

① 2019年10月9日第一千三百零二号俄罗斯联邦政府令批准修订第四十一条。
② 2019年10月9日第一千三百零二号俄罗斯联邦政府令批准修订。
③ 2008年4月16日第二百七十七号、2017年6月27日第七百五十四号俄罗斯联邦政府令批准修订。

标注其有兵役义务，并应派遣（委托派遣）应办未办兵役登记的公民去相关兵役局或地方自治机关办理兵役登记。

应在两周内向相关兵役局和（或）地方自治机关送交未办理兵役登记公民的相关信息。①

第四十七条 俄罗斯联邦内务部地区机关与兵役局在兵役登记系统运行保障方面协同实施的程序，由俄罗斯联邦国防部和俄罗斯联邦内务机关共同确定。②

第八章　兵役登记文件

第四十八条 兵役登记文件应包含《兵役义务与服役法》规定的公民信息。

兵役登记文件的清单和格式、保存、填写、发放和更换办法，由俄罗斯联邦国防部规定。

军人证、替代军人证的证明、应征公民的个人电子信息卡和义务兵役登记证的格式用纸（制式卡），动员时期、戒严时期和战时缓征入伍证明的格式用纸，以及列入特别兵役登记通知书的格式用纸，由俄罗斯联邦国防部依照俄罗斯联邦法律规定程序订货制作。③

俄罗斯联邦国防部负责为各军区与北方舰队干部局和参谋部保障上述格式用纸（制式卡）。④

俄罗斯联邦安全局和俄罗斯联邦对外情报局兵役登记文件的清单和格式，由这两个俄罗斯联邦权力执行机关负责人确定。⑤

第四十九条 在俄罗斯联邦公民的护照中，兵役局和俄罗斯联邦

---

① 2008年4月16日第二百七十七号、2017年6月27日第七百五十四号俄罗斯联邦政府令批准修订第四十六条。
② 2017年6月27日第七百五十四号俄罗斯联邦政府令批准修订。
③ 2019年10月9日第一千三百零二号俄罗斯联邦政府令批准修订。
④ 2019年10月9日第一千三百零二号俄罗斯联邦政府令批准修订。
⑤ 2020年12月29日第二千三百四十六号俄罗斯联邦政府令批准修订第四十八条。

内务部地区机关（限按规定程序更换公民护照时）应按俄罗斯联邦国防部规定的程序和样式，标注公民是否有兵役义务。①

第九章 公民的兵役登记义务

第五十条② 应进行兵役登记的公民承担以下义务：

（一）公民应在居住地或暂住地（包括未经登记确认的居住地或暂住地）兵役局办理兵役登记；如果市（区）的居住地或暂住地无兵役局，或者一些市（区）独立居民点有兵役局但兵役局不负责为该居民点办理兵役登记，公民则应在地方自治机关办理兵役登记。其中，未登记居住地和暂住地（含居住三个月以上）的公民应提交本《条例》附件三规定的申请书和本《条例》附件二规定的资料。拥有军官军衔并在俄罗斯联邦对外情报局和俄罗斯联邦安全局服预备役的公民，应在这两个俄罗斯联邦权力执行机关办理兵役登记。③

（二）按传唤（通知书）规定的时间和地点到达居住地或暂住地兵役局或其他兵役登记工作机关，随身携带军人证（替代军人证的临时证件或证明）、应征公民的义务兵役登记证及个人电子信息卡（如兵役登记文件标注已发放个人电子信息卡）、俄罗斯联邦公民护照和驾驶证（如有）。④

（三）退出现役转入俄罗斯联邦武装力量服预备役的公民，应在从部队人员名单中删除之日起两周内，前往居住地或暂住地兵役局或其他兵役登记工作机关办理兵役登记。⑤

---

① 2008年4月16日第二百七十七号、2017年6月27日第七百五十四号俄罗斯联邦政府令批准修订。

② 2008年4月16日第二百七十七号俄罗斯联邦政府令批准修订。

③ 2008年4月16日第二百七十七号、2020年2月6日第一百零三号、2021年3月15日第三百七十二号俄罗斯联邦政府令批准修订。

④ 2008年4月16日第二百七十七号、2019年10月9日第一千三百零二号俄罗斯联邦政府令批准修订。

⑤ 2020年2月6日第一百零三号俄罗斯联邦政府令批准修订。

（四）如果家庭情况、文化程度、健康（伤残）状况、工作（学习）地点或职务发生变化，应在两周内将变化情况告知居住地或暂住地兵役局或其他兵役登记工作机关。①

（五）如搬到新居住地或暂住地（含未登记的居住地/暂住地）且居住三个月以上，或离开俄罗斯联邦六个月以上，应注销兵役登记；并在抵达新居住地/暂住地（含未登记的居住地/暂住地）或返回俄罗斯联邦后两周内重新办理兵役登记。②

（六）妥善保管军人证（替代军人证的临时证件或证明）、应征公民的义务兵役登记证及个人电子信息卡（如兵役登记文件标注已发放个人电子信息卡）。如果上述文件丢失，应在两周内前往兵役局或其他兵役登记工作机关补办遗失的证件。③

第五十一条 应征公民在征兵期间离开居住地/暂住地（含未登记的居住地/暂住地）三个月以上的，应亲自将此情况告知原居住地或暂住地兵役局或其他兵役登记工作机关。④

第五十二条 收到兵役局动员令或通知书的公民，必须执行动员令或通知书的要求。

动员期间和战时，已办理兵役登记的公民如需离开居住地或暂住地，应提交书面申请并写明离开的原因和新居住地/暂住地地址，在得到市（区）兵役局局长许可后方可离开。⑤

第五十三条 应征公民必须亲自前往兵役局办理兵役登记和注销兵役登记事宜。⑥

应征公民在注销兵役登记时应提交书面申请，并注明注销兵役登

---

① 2020年2月6日第一百零三号俄罗斯联邦政府令批准修订。
② 2020年2月6日第一百零三号俄罗斯联邦政府令批准修订。
③ 2019年10月9日第一千三百零二号俄罗斯联邦政府令批准修订。
④ 2020年2月6日第一百零三号俄罗斯联邦政府令批准修订。
⑤ 2008年4月16日第二百七十七号、2019年10月9日第一千三百零二号俄罗斯联邦政府令批准修订。
⑥ 2019年10月9日第一千三百零二号俄罗斯联邦政府令批准修订。

记的原因和新居住地或暂住地地址。①

第十章　未履行兵役登记义务的公民和官员应承担的责任

第五十四条　未履行兵役登记义务的公民和官员依照俄罗斯联邦法律承担责任。

第十一章　兵役登记的激励

第五十五条　根据在各俄罗斯联邦主体内举行的"动员准备工作先进单位观摩赛"的结果，对兵役局、地方自治机关和各机构从事兵役登记的工作人员，以及俄罗斯联邦主体兵役局和其他兵役局的主管人员实施激励。②

---

① 2008 年 4 月 16 日第二百七十七号俄罗斯联邦政府令批准修订。
② 2020 年 7 月 2 日第一千零七十七号俄罗斯联邦政府令批准修订。

附件一

女性公民军事登记专业清单与女性公民获得军事登记专业及办理兵役登记所依据的工种及专业清单①

一、军事登记专业

女性公民在俄罗斯联邦《兵役义务与服役法》规定有兵役任务的俄罗斯联邦权力执行机关（俄罗斯联邦国家机关）服役时获得军事登记专业。②

二、女性公民凭借在教育机构和其他机构获得的工种专业和专业方向可获得军事登记专业并办理兵役登记。③

（一）通信④

1. 经过职业培训的工种

通信设备安装工、通信安装工（天线工、电缆铺设工、架线工）、通信操作员、电话通信和无线电线路安装电工、电缆线路安装与维修电工、通信装备维修保养电工、卫星通信接收发射站电工、雷达操作员、无线电电报员、无线电技术员、有线电报员、电话接线员、电子摄影师、照片冲洗员。

2. 中等职业教育专业

固体电子学、电子仪器设备、无线电设备制造、通信网络和交换系统、多路远程通信系统、无线电通信、无线电广播电视、无线电技

---

① 2014年10月15日第一千零五十四号、2016年4月21日第三百三十三号、2016年12月29日第一千五百四十号、2020年2月6日第一百零三号俄罗斯联邦政府令批准修订。
② 2016年12月29日第一千五百四十号俄罗斯联邦政府令批准修订。
③ 2014年10月15日第一千零五十四号、2016年4月21日第三百三十三号俄罗斯联邦政府令批准修订。
④ 2016年4月21日第三百三十三号俄罗斯联邦政府令批准修订。

术信息系统、电气设备与机电设备技术操作与维护（含多个专业方向）、船舶无线电通信和无线电导航设备操作、视听设备、无线电电子技术设备技术维护与维修（含多个专业方向）、航天器无线电技术综合系统与控制系统。

3. 高等教育专业和培养方向

无线电技术、无线电电子系统与综合体。

（二）计算机技术

1. 经过职业培训的工种①

计算机操作员、计算机维修保养电工技师；

2. 中等职业教育专业②

计算机网络、信息系统（含多个专业方向）、计算机编程；

3. 高等教育专业和培养方向③

信息与计算科学。

（三）光学和声学测量及气象学

1. 经过职业培训的工种④

光学工作者、光学机械师；

2. 中等职业教育专业⑤

水文学、气象学、实用测量学、航空摄影地形测量学；

3. 高等教育专业和培养方向⑥

水文气象学、大地测量学。

---

① 2016 年 4 月 21 日第三百三十三号俄罗斯联邦政府令批准修订。
② 2016 年 4 月 21 日第三百三十三号俄罗斯联邦政府令批准修订。
③ 2014 年 10 月 15 日第一千零五十四号、2016 年 4 月 21 日第三百三十三号俄罗斯联邦政府令批准修订。
④ 2016 年 4 月 21 日第三百三十三号俄罗斯联邦政府令批准修订。
⑤ 2016 年 4 月 21 日第三百三十三号俄罗斯联邦政府令批准修订。
⑥ 2014 年 10 月 15 日第一千零五十四号、2016 年 4 月 21 日第三百三十三号俄罗斯联邦政府令批准修订。

（四）医学

1. 经过职业培训的工种①

消毒员、灭虫装置操作员、放射科技师；

2. 中等职业教育专业

医学、预防医学、牙科、制药学、护士、化验诊断、矫正牙科、预防牙科；

3. 高等教育专业和培养方向②

医学、儿科、预防医学、牙科、制药学、护士。

（五）印刷业

1. 经过职业培训的工种③

制版工、印花滚筒制版工、印刷品制版工、铅字制版工、照相锌版制版工；

2. 中等职业教育工程

印刷设备装配调试工；

3. 中等职业教育专业

出版业；

4. 高等教育专业和培养方向

包装印刷工艺。

（六）制图学④

1. 经过职业培训的工种

地形图制图员；

2. 中等职业教育专业

制图学；

3. 高等教育专业和培养方向

地图学与地理信息系统。

---

① 2016年4月21日第三百三十三号俄罗斯联邦政府令批准修订。

② 2014年10月15日第一千零五十四号、2016年4月21日第三百三十三号俄罗斯联邦政府令批准修订。

③ 2016年4月21日第三百三十三号俄罗斯联邦政府令批准修订。

④ 2016年4月21日第三百三十三号俄罗斯联邦政府令批准修订。

附件二

工作机构（教育机构）角章

致_____局长（领导）

（兵役局或地方自治机关名称）

被录用（录取）或辞退（退学）且应办理兵役登记公民的信息[①]

根据 20____年____月____日第____号命令，应办理兵役登记的公民_____，军衔_____，

（姓、名和父称）

出生年份_____，军事登记专业编号_____，居住在_____，

被_____

（工作机构/教育机构的完整名称、所在地区和实际地址）

录用或解除_____职务（录取或退学）。

工作机构（教育机构）领导人

_____ _____ _____

（职务）　　（签名）　　（姓、名和父称）

盖章（如有）

兵役登记工作主管人员

_____ _____ _____

（职务）　　（签名）　　（姓、名和父称）

---

① 2020 年 2 月 6 日第一百零三号俄罗斯联邦政府令批准自 2020 年 2 月 18 日起条款增加附件二。

附件三

致_____局长（领导）

（兵役局或地方自治机关名称）

兵役登记申请书[①]

一、_____

（姓、名和父称）

二、_____

（出生日期）

三、_____

（出生地）

四、_____

（居住地、暂住地）

五、_____

（工作/学习地点）

六、我申请办理兵役登记，原因是：

_____

_____

七、我已知晓，如不履行兵役登记义务将依照俄罗斯联邦法律承担责任。

20___年___月___日_____

（签名）

[①] 2020年2月6日第一百零三号俄罗斯联邦政府令批准自2020年2月18日起条款增加附件三。

附件四

＿＿＿＿市（区）负责公民首次兵役登记工作的地方自治机关与工作机构/教育机构名单[①]

＿＿年＿＿月＿＿日发送第＿＿＿＿号关于收集应办理首次兵役登记公民名单的商函。

序号	机关/机构名称	机关/机构地址（包括邮政编码）	负责人姓名、父称、电话号码	公民名单中应办理兵役登记公民的人数	公民名单的日期、编号与存储地

（官员的职务、签名，名字大写首字母与姓）

盖章

＿＿年＿＿月＿＿日

说明：市（区）负责公民首次兵役登记工作的地方自治机关与工作机构/教育机构名单由兵役局制定，由兵役局局长签批。名单的任何修改都应经过审核。名单必须装订成册、编号、加盖印章，并在兵役局登记。名单有效期为三年。

[①] 2021年10月14日第一千七百四十六号俄罗斯联邦政府令批准自2021年10月27日起条款增加附件四。

附件五

俄罗斯联邦公民兵役登记文件填写所需的公民信息[①]

（俄罗斯联邦内务机关名称）

序号	姓	名	父称	出生日期	护照系列号和编号	护照签发日期	护照签发机构	已登记信息		兵役局关于将其列入名单的标记
								暂住地（选填）	居住地	

（官员的职务、签名，名字大写首字母与姓）

盖章
___年___月___日

填写说明：俄罗斯联邦内务机关向兵役局发送电子版资料，如技术不支持则发送纸质版资料。第二至五栏信息由兵役局官员填写，不得使用缩写。该资料应经俄罗斯联邦内务机关负责人签批并盖章。该资料的任何修改都应由签字的官员审核并加盖机构公章。第十一栏应注明所列入名单的序号。该资料必须登记、编号并归档，有效期三年。

[①] 2021年10月14日第一千七百四十六号俄罗斯联邦政府令批准自2021年10月21日起条款增加附件五。

附件六

_____年及之前出生且应于202__年办理首次兵役登记的俄罗斯联邦公民名单①

_____
（地方自治机关名称、工作机构/教育机构名称）

序号	姓名	父称	护照系列号和编号	出生日期	工作（学习）地点	职务（年级、班级）	已登记信息		实际居住地（选填）	电话号码	兵役局关于将其列入名单的标记
							暂住地（选填）	居住地			

_____
（官员的职务、签名，名字大写首字母与姓）

盖章

____年____月____日

---

① 2021年10月14日第一千七百四十六号俄罗斯联邦政府令批准自2021年10月21日起条款增加附件六。

填写说明

负责办理首次兵役登记的地方机关、工作机构/教育机构编制此名单并向兵役局提交此名单的电子版或纸质版。此外，负责办理首次兵役登记的地方自治机关还应以电子形式提交此名单中应征公民的首次兵役登记卡。

表中信息应填写完整，不得使用缩写。公民只要年满十七岁，无论其是否被监禁、健康状况如何、长期居住地或暂住地在哪里，都应列入应办理首次兵役登记的年度名单。

名单末尾单列应办未办首次兵役登记的年长公民。

名单应由地方自治机关被授权官员、工作机构/教育机构负责人签署并盖章。

名单的所有修改都应由签字的官员审核并加盖机构公章。

各工作机构/教育机构负责人还应以附件形式向兵役局提交关于这些公民的调查问卷。

在工作机构/教育机构提交的此名单中，第十三栏应填写公民的序号、文件（地方自治机关依据这些文件编制相应名单）编号和日期。

在地方自治机关提交的此名单中，第十三栏应填写汇总名单的序号。

如果公民被工作机构/教育机构列入此名单但未登记居住地/暂住地，第十三栏应填写汇总名单的序号。

该名单应在兵役局登记、编号并归档，有效期三年。

附件七

问卷①

公民：_____，_____
　　　　（名、姓和父称）　　　（出生年份）

1. 你喜欢哪些学习科目？（请列举三条以内）
_____。

2. 你在工作（学习）中的表现：

A. 优秀（4—5 分）　　B. 良好（3—4 分）　　C. 较差（2—4 分）

3. 你在工作（学习）时间之外的业余兴趣爱好：_____

参加的俱乐部或培训班：_____

参与的体育活动（运动种类、级别）：_____

其他：_____

4. 你参加过哪些竞赛或比赛？

参赛结果：_____

5. 对完成工作（学习）任务的态度：自觉或不自觉；主动或被动。

6. 是否因病经常旷工（缺课）：是/否。

7. 在工作（学习）集体中是否与众不同：是/否。

哪些方面与众不同：

对工作（学习）的态度：主动或被动；

对工作（学习）纪律的态度：违纪或过于保守。

社交：善于交际或孤僻。

其他：_____

8. 是否参与工作（学习）集体生活：组织者/参与者/避免参与/拒绝参与。

9. 在工作（学习）集体的角色：领导者/非正式领导者/被领导

---

① 2021 年 10 月 14 日第一千七百四十六号俄罗斯联邦政府令批准自 2021 年 10 月 27 日起条款增加附件七。

者/被孤立者/我行我素者。

10. 拥有的才能：数学/技术/音乐/艺术/其他。

11. 对长者批评意见的反应：采取行动改正不足/置之不理；情绪表现为进攻性/怨恨/平静/漠不关心/郁郁寡欢。

12. 最明显的个性特征（列出）：_____

13. 喜欢的职业（具体哪种）：_____

14. 在以下哪个机构接受兵役培训：

教育机构：_____

按通用继续教育大纲为公民提供兵役培训的教育机构：

_____

军事爱国主义（军事体育）协会：_____

负责人：_____

（签名，名字大写首字母、姓）

盖章

____年____月____日

填表说明

问卷中的答案应尽量客观。第 2 题、第 5—11 题设计了简短的答案选项。在回答这些题目时，必须仔细阅读内容，勾选出正确的答案选项，进行简要描述，并写明相关附加信息（如有）。

绝不允许公民自己填写该调查问卷。

第 1 题应写明公民明显感兴趣的 1—3 个学科。

第 2 题应评价学习成果与工作成绩。如果学生的学习成绩总体为优秀，则在优秀下划线；如果为良好，则在良好下划线；如果为较差，则在较差下划线。

第 3 题应写明公民在业余时间的兴趣爱好信息。应列出公民正在（曾经）参与的选修课、学校俱乐部、培训班、运动小组及这些活动的主要成绩。列出公民感兴趣的运动项目（如有）并写明运动类别。"其他"一行写明未写入前列的兴趣爱好，如公民自己或在家从事的活动等。

第 4 题应写明公民参加的竞赛、比赛与军事体育竞技的信息，写明这些比赛的级别（校级、市级、地区级、国家级）及比赛结果（个人或团体获得什么名次、是否获奖、是否打破了学校或地区记录等）。

第 5 题应指出对完成工作（学习）任务的态度及在此过程中表现出的主动性。选择适当的答案（自觉或不自觉；主动或被动）并在其下划线。如有其他情况，如其对某些特定任务持消极态度，应写明。

第 6 题应反映公民的健康情况及是否因健康原因旷工或缺课。如果经常或长期缺席，请在"是"下划线；如果没有，请在"否"下划线。如果其有与健康有关的重要情况，例如没有因病缺勤，但却因病被限制参加工作或学习活动，应写明。

第 7 题应写明公民在工作（学习）集体中的行为特点，他/她与周围人有什么不同。如果有差异，请在"是"字下划线，并通过下划线选择其在学习、工作、纪律、社交方面的显著特征。如有任何其他重要特点，请写明。如果该公民没有任何突出特点，表现得"像其他人一样"，那么就在"否"字下划线。

第 8 题应写明其参与工作（学习）集体生活的特点：组织者/参与者/避免参与/拒绝参与。

第 9 题应写明公民在工作（学习）集体中的角色：正式的领导者（班长、组长、队长、中队长等）；非正式领导者——有很高的权威、有权威与影响力或领导非正式团体；被领导者——接受领导做出的决策；被孤立者——希望成为有用的成员，但被孤立，不被团体接受；我行我素者——不依赖团队，以我行我素为行动原则，自给自足。

第 10 题应写明公民在工作或学习中所表现出的特殊才能：数学、技术、音乐、艺术才能等。

第 11 题应写明公民对长者言论的特有反应。选择并勾选公民是采取行动改正不足，还是置之不理。还应勾选其在这种情况下的情绪特点。

第 12 题应列出公民最突出的人格特征，如冷静/易怒；自信/不自信；自私/利他；意志坚强/意志薄弱；乐观/悲观；勤奋/懒惰；易发生冲突/易妥协；有组织纪律/无组织纪律等。

第 13 题应写明公民对某一特定职业的倾向、最喜欢的工作种类，以及不喜欢或不持续喜欢的工作种类。

第 14 题应写明公民接受服役培训的情况：按教育机构的大纲培训（如在某教育机构学习，应注明名称）；按教育机构的通用继续教育大纲接受兵役培训（如在某教育机构学习，应注明名称）；按军事爱国主义（军事体育）协会的大纲培训（如参加协会、中心、俱乐部等，应注明团体名称）。

填好的调查问卷应由教育机构负责人签字、盖章，并注明负责人的职务、姓和签署日期。

调查问卷上的信息记入应征服役公民信息分析表。

兵役局按以下附件格式向公民学习（工作）的教育机构发送空表。

附件

_____的负责人_____：
（教育机构名称）

请求提供应办理首次兵役登记公民的个性特征信息

在贵教育机构学习（工作）的以下公民于_____年出生，根据《兵役义务与兵役法》应办理首次兵役登记。

1. _____
   （名、姓和父称）

2. _____
   （名、姓和父称）

3. _____
   （名、姓和父称）

请确保关于每个公民的调查问卷按模板填写。请在_____年11月1日前将填好的问卷发送至位于_____的兵役局。兵役局将根据问卷判断公民是否适合接受军事登记专业的培训，以及确定一旦征召其将在俄罗斯联邦武装力量服役的军兵种、其他军队、军事编队和机关。

附件共_____页，一式_____份。

兵役局局长：_____
　　　　　　　［市（区）名称，签名，名字大写首字母、姓］

附件八

传唤公民参加首次兵役登记活动的通知书[①]

（通知书正面）

公民：_____

（姓、名和父称）

居住地址：_____

通知书序列号_____编号_____

根据俄罗斯联邦《兵役义务与服役法》，您应办理首次兵役登记并应在20____年____月____日____时前抵达位于_____的兵役局。

请携带您的出生证、护照（其他身份证明文件）、居住地证明、家庭情况证明、工作或学习地证明、六张3×4厘米尺寸照片、教育或技能证明文件、关于一级运动员或军事体育运动称号体能情况的医学文件、在军事爱国主义青少年协会完成培训或正在接受培训的证明（说明）。

兵役局局长：_____

[市（区）名称，签名，名字大写首字母、姓]

盖章

_____

（分割线）

[①] 2021年10月14日第一千七百四十六号俄罗斯联邦政府令批准自2021年10月27日起条款增加附件八。

（致兵役局的回函）

序列号____编号____

本人，_____，
　　　　　　　（姓、名和父称）

知悉应于20____年____月____日____时前抵达_____兵役局办理首次兵役登记。　　　　　　　　　　（兵役局名称）

_____，_____已被告知违反兵役登记秩序应承担的责任。
（日期）　（签名）

20____年____月____日发放通知书。

（官员的签名，名字大写首字母、姓）

应办理首次兵役登记的公民

（通知书反面）

根据俄罗斯联邦《兵役义务与服役法》，待办理首次兵役登记的公民应根据兵役局的通知书，携带通知书中规定的文件，参加体检和公民兵役登记委员会会议。

如果公民在无正当理由的情况下缺席兵役局通知书中规定的首次兵役登记活动，应根据俄罗斯联邦法律被追究责任。

无法按通知书要求抵达兵役局的正当理由包括以下内容，并应提供相关纸质证明：

因病或因残丧失劳动力；

因父亲、母亲、妻子、丈夫、儿子、女儿、兄弟、姐妹、祖父母、养父母健康状况恶化，或参加其葬礼；

因不可抗力因素或其他公民无法控制的因素而造成的阻碍；

获公民兵役登记委员会或法院认可的其他正当原因。

在正当理由时效结束后，公民应立即到兵役局报到，无需再传唤。

传唤公民抵达兵役登记委员会的通知书登记说明

通知书登记在非预备役人员传唤与通知书发放登记册中。

通知书的系列号由俄罗斯联邦主体名称和城市名称组成（例如：SK，其中 S – 斯维尔德洛夫斯克州，K – 基洛夫斯基区）。通知书的编号中，前两位表示地区，第三位和第四位是公民首次兵役登记年份的末两位，后五位是登记册的序列号。例如 662100001，其中 66——斯维尔德洛夫斯克州，21——公民首次兵役登记的时间为 2021 年，00001——非预备役人员传唤与通知书发放登记册的序列号。

通知书由兵役局局长签署并加盖兵役局公章。

附件九

体检（治疗）介绍信[①]

兵役局的角章

致_____的首席医生：
　　（医疗机构的名称与地址）

介绍信

兹派出公民_____前往接受
　　　　（姓、名、父称，出生年份）

_____。
　　　　（目的：体检或治疗等）

诊断结果：_____。

20____年____月____日____时前携带体检结果接受复检。

兵役局局长：_____
　　　　［市（区）名称，签名，名字大写首字母、姓］

盖章

[①] 2021年10月14日第一千七百四十六号俄罗斯联邦政府令批准自2021年10月27日起条款增加附件九。

附件十

体检（治疗）通知书[①]

兵役局的角章

致_____负责人：
（机构的名称与地址）

通知书

根据俄罗斯联邦《兵役义务与服役法》，指派公民_____
（姓、名和父称）

前往_____的门诊（住院）部接受体检。
（医疗机构的名称和地址）

请您准许其请假前往门诊（住院）部接受体检（治疗），以及于20____年____月____日____时前抵达兵役局征兵站接受复检。

兵役局局长：_____
［市（区）名称，签名，名字大写首字母、姓］

盖章

[①] 2021年10月14日第一千七百四十六号俄罗斯联邦政府令批准自2021年10月27日起条款增加附件十。

附件十一

20＿年＿月＿日，本人，＿＿＿＿＿＿＿＿＿＿＿＿＿＿＿＿

（官员的职位名称，签名，名字大写首字母、姓）

已确认本报告。

应征入伍人员兵役登记信息的核查报告①

＿＿＿＿＿＿＿＿＿＿＿＿＿＿＿＿＿＿＿＿＿＿＿＿＿＿＿与

（兵役局名称）

＿＿＿＿＿＿＿＿＿＿＿＿＿＿＿＿＿＿＿＿＿＿＿＿＿＿＿＿

（地方自治机关名称、机构名称）

我们，文末签署人，共同拟制本报告，确认已核对兵役局应征入伍人员的兵役登记信息与＿＿＿＿＿＿＿＿＿＿＿＿＿＿＿＿保存的

（地方自治机关名称、机构名称）

＿＿＿＿＿年出生已完成首次兵役登记公民的信息。

经核对确认：

1. ＿＿＿＿＿＿＿＿＿＿＿＿＿＿＿＿＿＿＿＿的兵役登记信息与

（地方自治机关名称、机构名称）

兵役局的信息无出入。

2. 本年度首次兵役登记公民名单（20＿＿＿＿年＿＿＿月＿＿＿日第一编号）共包括＿＿＿＿＿名＿＿＿＿＿年出生的公民和＿＿＿＿＿名补办首次兵役登记的年长公民。

在办理首次兵役登记期间，兵役局列入首次兵役登记汇总名单的公民共包括＿＿＿＿＿名＿＿＿＿＿年出生的公民和＿＿＿＿＿名年长公

---

① 2021 年 10 月 14 日第一千七百四十六号俄罗斯联邦政府令批准自 2021 年 10 月 27 日起条款增加附件十一。

民。一些公民未列入汇总名单的原因是＿＿＿＿＿＿＿＿＿＿＿＿＿＿。

（说明理由）

3. 应办理首次兵役登记的男青年名单及补充名单中：

共计＿＿＿＿＿＿人办理了兵役登记；

共计＿＿＿＿＿＿人未办理兵役登记（含年长公民）；

共计＿＿＿＿＿＿人拒绝办理兵役登记；

共计＿＿＿＿＿＿人因正当理由未参加兵役登记；

共计＿＿＿＿＿＿人注销兵役登记并迁往新居住地；

共计＿＿＿＿＿＿人被监禁；

共计＿＿＿＿＿＿人死亡；

共计＿＿＿＿＿＿人被误列入名单。

4. 公民首次兵役登记卡已加盖兵役局关于兵役登记的公章；地方自治机关制作了应征公民的首次兵役登记卡并正确填写了卡片的所有空白之处。

此外，＿＿＿＿＿＿＿＿＿＿＿＿＿＿＿＿＿＿＿＿＿的代表负责向

（地方自治机关名称、机构名称）

那些无正当理由拒绝办理兵役登记与未到兵役局办理兵役登记的公民发放关于前往兵役局办理兵役登记的通知书（附页名单）。

兵役局代表：＿＿＿＿＿＿＿＿＿＿＿＿＿＿＿＿＿＿＿＿

（职务，签名，名字大写首字母、姓）

地方自治机关代表：＿＿＿＿＿＿＿＿＿＿＿＿＿＿＿＿＿＿＿

（职务，签名，名字大写首字母、姓）

注意：根据市（区）负责人批准的时间表，核对兵役局的兵役登记数据与市（区）负责首次兵役登记的地方自治机关及教育机构的兵役登记数据。

五、《俄罗斯联邦武装力量合同制军人鉴定的组织实施办法》

（2012年2月29日第四百四十四号俄罗斯联邦国防部长令批准[①]）

第一条 根据俄罗斯联邦国防部长的决定，对俄罗斯联邦武装力量所有合同制军人（以下简称"军人"）或特定类别军人实施鉴定。

合同制士兵和合同制军士每年鉴定一次。准尉和军官，服役期间至少每五年鉴定一次，且鉴定时间距服役期满不得少于四个月；准尉和军官从军事职业教育机构或高等军事教育机构（以下简称"军事院校"）、硕士研究生班或军事博士研究生班毕业时也要接受鉴定，鉴定时应填写鉴定表。[②]

鉴定委员会在审议军人晋职、送学、列入干部储备、提名授予国家奖励、提前授衔或授予比现任职编制军衔高一级军衔事宜时，无须填写鉴定表。[③]

第二条 鉴定开始前，俄罗斯联邦武装力量独立营及以上部队（以下简称"部队"）的指挥员（首长）于每年8月1日前批准鉴定对象名册和鉴定实施计划表，并且在鉴定开始前至少提前一个月将鉴定对象名册和鉴定实施计划表通知到每名鉴定对象并经鉴定对象签名确认。

[①] 该文件经2013年11月7日第八百零五号、2019年2月11日第六十八号俄罗斯联邦国防部长令两次批准修订。

[②] 《俄罗斯联邦武装力量合同制军人按计划轮换组织实施办法》（2014年9月22日第六百九十六号俄罗斯联邦国防部长令批准修订）第三条，原为第三百八十号国防部长令第六条。

[③] 2019年2月11日第六十八号俄罗斯联邦国防部长令批准自2019年3月25日起修订第一条。

鉴定实施计划表应写明：

开展鉴定的部队名称；

召开军人鉴定会议的鉴定委员会名称；

每名鉴定对象的鉴定日期；

向鉴定委员会提交所需文件的截止日期及提交人；

批准鉴定表的部队首长职务。

第三条 鉴定开始前至少提前两周向部队鉴定委员会提交鉴定对象的鉴定表（附件一）。①

被鉴定军人的直接上级指挥员（领导），即担任相应职务的军官、国家公务员或文职人员，负责在鉴定表的第一部分撰写评语并逐级向上提交。

评语不拘形式，通常应能反映鉴定对象的如下情况：

1. 职业素养水平，对指导性文件、共同条令、教令、职务职责的掌握情况，是否达到任职的技能要求，在转入高级战备状态和战争时期的履职准备情况，在指挥（专业职务）训练中提升专业知识的情况，自主提升专业知识的情况，学位和职称情况，活学活用能力，能力与业绩表现最突出的领域，作战经验；

2. 上次鉴定后履行职务职责和专业职责的情况，是否已改正上次鉴定结论指出的缺点（如有）；

3. 遵守纪律、恪尽职守、严于律己及严格要求下属的情况；

4. 组织能力，高级战备状态和动员准备中把控方向的能力，高标准完成任务的能力，创造力，复杂环境中的快速反应能力和行动能力；

5. 领导、培训和教导下属的能力，对下属既严格要求又关爱有加的能力；

6. 被鉴定人指挥的分队（部队、兵团、军团）状态或其分管领域的情况，包括纪律遵守情况、人员补充情况、战斗准备与动员准备情况、战斗训练与武器装备使用情况、武器装备及物资器材状况、所

---

① 2013年11月7日俄罗斯联邦国防部长令批准修订第三条。

管理的军用物资有无遗失/短缺/损坏/被盗情况、指挥（专业职务）训练情况、后备干部的储备管理情况、领导管理下属的情况等；

7. 自我批评的能力，创造性处理事务的能力，工作毅力，在军人集体中的威信，组织保密工作的能力，精神状态和心理素质；

8. 服役中能否遵守禁令、保持职业操守并在利益冲突前不计较个人得失；

9. 以医学诊断为依据的身体健康状况，体能训练效果和水平；

10. 根据考核（汇报）作业和检查结果，评价其作战训练与指挥（专业职务）训练科目；

11. 在一个鉴定期内职业素质和技能的动态变化情况（向好或向坏），继续服役的动机。

根据俄罗斯联邦国防部长的决定，对特定类别的军人进行鉴定时，可针对鉴定对象制订具体评价指标。

在向上级或鉴定委员会送交评语前，被鉴定对象有权知道鉴定表中评语的内容，有权向鉴定委员会提供本人被鉴定阶段履职的补充信息，并有权对鉴定内容提出异议。

负责填写鉴定表的指挥员（首长），对鉴定的客观性及结论与建议的可靠性负责。

第四条 在直接下属接受鉴定前三个月内离任的指挥员（首长），应在离任前为直接下属的鉴定表填写评语并亲自提交给自己的直接上级或鉴定委员会。

第五条 鉴定委员会有义务全面审议鉴定表中的评语，确定其是否与鉴定对象的业务素养和个人素质相吻合，并得出结论：

（一）独立营（及同级单位）、团（及同级单位）的鉴定委员会负责审议本单位军人鉴定表中的评语，但不包括由独立营（及同级单位）、团（及同级单位）指挥员填写评语的鉴定表；

（二）师（旅）鉴定委员会负责审议本单位军人鉴定表中的评语，但不含团（独立营、大队和一级军舰）鉴定委员会已审议的鉴定表，或由师（旅）指挥员填写评语的鉴定表；

（三）集团军、区舰队（军）鉴定委员会负责审议本单位军人鉴定表中的评语，但不含下级鉴定委员会已审议的鉴定表，或由集团军、区舰队（军）司令（指挥员）填写评语的鉴定表。

其他鉴定委员会负责审议本单位军人鉴定表中的评语，但不含下级鉴定委员会已审议的鉴定表。

经部队首长批准的鉴定表交由上级鉴定委员会审议。

部队首长负责批准本单位鉴定委员会已审议的所有鉴定表，但当鉴定表中直接领导的评语及各级领导或鉴定委员会的结论认为，鉴定对象不适合所任职务或合同制军人因正当理由/未履行服役合同条款需退役转入预备役时，鉴定表应由上一级指挥员（首长）批准。

第六条 如果鉴定表中出现鉴定对象难以胜任职务的结论，或关于鉴定对象在履行普通职责、职务职责或专业职责时存在明显不足的评语，而鉴定对象对此存有异议，那么鉴定委员会开会审议鉴定表时，该鉴定对象及其直接领导均应在场。

第七条 被鉴定军人各级领导（直至部队首长）的结论和鉴定委员会的结论均应填在鉴定表的第二部分；第二部分之后填写部队首长的批准意见。

鉴定委员会的结论应当指出，鉴定对象是否能胜任职务，以及对鉴定对象下一步任用的意见。同时，可给出以下参考性建议：

是否列入干部储备；

是否按程序晋职，说明何时何职；

是否送学，说明何时、送何军校或进修班；

是否调任平级职务，说明具体职务和调任原因；

是否调任其他职务，如指挥、参谋、教学等职务，说明调任原因和期限；

是否由较高职务调任到较低职务，说明具体职务和调任原因；

对于依据俄罗斯联邦法律应接受鉴定的军人，给出是否退出现役及战时任用的建议；

是否令不履行服役合同的军人、未达到身体素质要求的军人、依据考核（汇报）结果作战训练和指挥（专业职务）训练不合格的军人退出现役。

鉴定表中的鉴定结论应以评语为依据。

鉴定委员会的结论应写入鉴定委员会会议记录（见附件二）中，并由鉴定委员会主席、委员和秘书签名。会议记录中鉴定委员会的结论，应誊写到鉴定表所有正本和副本（依据人事档案数量确定）的第二部分，上面应写明鉴定委员会主席和委员的职务、军衔、名字大写首字母和姓，并经鉴定委员会秘书核对。

批准含评语和结论的鉴定表的部队首长，应当在鉴定表第三部分亲自写下自己的决定并签名。

鉴定委员会会议期间，由鉴定委员会秘书负责撰写会议记录。

鉴定委员会审议的所有问题应形成书面结论，供部队首长作决定时参考。

第八条 军人可依照《服役条例》[①] 第二十六条第十项规定的程序，对鉴定结论和鉴定程序提起上诉。

第九条 在鉴定表提交给部队首长批准之前，鉴定表正本第二部分的各级领导与鉴定委员会的结论，应誊写到鉴定表所有副本上。

部队首长应将已批准的决定誊写到鉴定表副本上，部队参谋长或干部机关负责人核对无误后也应签字确认，即在已批准决定的横线下方写上"此件与正本一致"。并且，部队首长与部队参谋长（或干部机关负责人）的签名均应加盖制式印章。

第十条 部队干部机关应在十日内将已确认的鉴定表分发至相关单位：

鉴定表的正本及一份副本，发送至鉴定对象的服役部队；

其余的鉴定表副本，发送至负责管理鉴定对象人事档案的参谋部（干部机关）。

特殊情况（鉴定表确认前，鉴定对象已前往新服役地或就读学校）下，经与鉴定对象确认后，将鉴定表的全部正本和副本在三日内发送到鉴定对象新服役（学习）地的参谋部（干部机关），供鉴定对象阅览。

[①] 1999年9月16日第一千二百三十七号俄罗斯联邦总统令批准。

第十一条 鉴定表到达部队后十日内，直接领导应将已批准的鉴定表送交鉴定对象。鉴定对象在鉴定表正本上签名并注明阅览日期。如果鉴定对象正在出差、休假或接受治疗，应在其返回部队后尽快将鉴定表送交其手中。经鉴定对象阅览后，鉴定表正本及一份副本应存入鉴定对象人事档案中。

第十二条 部队参谋部（干部机关）按规定程序参考鉴定结论，并在鉴定对象服役期间加以落实。

部队首长每年总结军人鉴定工作，并向上级提交总结报告，报告中应包含以下内容：

鉴定工作的有益经验；

鉴定工作的不足；

鉴定工作的完善建议。

第十三条 对所有合同制军人或特定类别军人开展年度鉴定时，部队参谋部（干部机关）应制定鉴定工作准备与实施计划，并经部队参谋部（干部机关）主管人员批准。

根据已批准的鉴定工作准备与实施计划，下级指挥员（首长）应在规定时间内拟定计划、积极筹备并开展鉴定工作。

鉴定工作的准备与实施计划包括以下措施：

组织部队首长、部队参谋部（干部机关）全体人员、鉴定委员会主席及委员，结合以往经验研究即将开展的鉴定工作；

与被鉴定军人一起研究鉴定程序；

明确各级领导撰写评语与结论及向鉴定委员会提交鉴定表的时限，以及鉴定委员会审议鉴定表及报送部队指挥员（首长）批准的时限；

将批准的鉴定表内容告知鉴定对象；

制作和分发鉴定表、须知和其他鉴定所需参考资料；

召开军事委员会及领导层会议讨论鉴定工作的准备与实施程序、总结鉴定工作及讨论经批准的军人鉴定结论的落实事宜。

军人鉴定工作及鉴定委员会会议，依照本《办法》第二至十一条组织实施。

在俄罗斯联邦境外服役不满一年的军人，回国任职后满一年时应接受鉴定；享受孕产假或育儿假的军人，在休假结束并返岗任职后满一年时应接受鉴定。

在鉴定工作开始前三个月内任新职且不再受原指挥员（首长）领导的军人，其鉴定表的评语撰写、审议、批准及送达本人的工作均应在其调任之前完成。

为确保已批准的军人鉴定结论得到落实，部队参谋部（干部机关）必须完成以下工作：

建立干部储备；

制定已鉴定军人的晋升、平调或降职计划；

制定拟送学人员计划；

拟制经鉴定可提前退役的军人名单；

向上级参谋部（干部机关）提交拟晋升、平调和降职人员名单，拟送学人员名单，以及经鉴定可提前退役的军人名单。

附件一

鉴定表

被鉴定人＿＿＿＿＿＿＿＿＿＿＿＿＿＿＿＿＿＿＿＿＿＿＿＿＿

（军衔，姓、名、父称，职务，部队，证件号）

出生年月＿＿＿＿＿＿＿＿＿＿＿；国籍＿＿＿＿＿＿＿＿＿＿＿＿＿

入伍时间＿＿＿＿＿＿＿＿＿＿＿＿＿＿＿＿＿＿＿＿＿＿＿＿＿

军龄＿＿＿＿＿＿＿＿＿＿＿＿＿＿＿＿＿＿＿＿＿＿＿＿＿＿＿

授衔时间＿＿＿＿＿＿＿＿＿＿＿＿＿＿＿＿＿＿＿＿＿＿＿＿＿

合同签署时间与期限＿＿＿＿＿＿＿＿＿＿＿＿＿＿＿＿＿＿＿＿

教育状况：

（一）地方教育：＿＿＿＿＿＿＿＿＿＿＿＿＿＿＿＿＿＿＿＿

（二）军事教育（军事职业教育）：＿＿＿＿＿＿＿＿＿＿＿＿

鉴定原因：＿＿＿＿＿＿＿＿＿＿＿＿＿＿＿＿＿＿＿＿＿＿＿

上次（20＿＿＿年）鉴定结论：＿＿＿＿＿＿＿＿＿＿＿＿＿＿

一、评语

［评语撰写人（职务，军衔，名字大写首字母、姓，签名）］

20＿＿＿年＿＿＿月＿＿＿日

二、各级领导与鉴定委员会的结论

（职务，军衔，名字大写首字母、姓，签名）

20＿＿＿年＿＿＿月＿＿＿日

三、指挥员（首长）的批准决定

_____

(职务，军衔，名字大写首字母、姓，签名)

盖章处

20____年____月____日

_____

(负责确认鉴定表副本与正本一致的部队参谋长或干部机关负责人的职务，军衔，名字大写首字母、姓，签名)

盖章处

_____已阅读鉴定表。

(被鉴定者签名)

20____年____月____日

附件二

第_____号会议记录
　　　　_____鉴定委员会会议
　　　　　　　（部队名）
委员会主席：_____
　　　　　　（职务，军衔，名字和父称大写首字母、姓）
委员会成员：_____
　　　　　　_____
　　　　　　_____
　　　　　　（职务，军衔，名字和父称大写首字母、姓）
委员会秘书：_____
　　　　　　（职务，军衔，名字和父称大写首字母、姓）

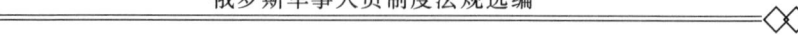

六、《俄罗斯联邦武装力量合同制军人按计划轮换组织实施办法》

（2014年9月22日第六百九十六号
俄罗斯联邦国防部长令批准）

第一章 总则

第一条 本《办法》明确从极北地区与同类地区、气候或生态环境恶劣地区及境外部队（以下简称"有规定服役年限的地区"）按计划轮换调出俄罗斯联邦武装力量合同制军人（以下简称"按计划轮换调出的军人"）的组织实施细则，以及向这些地区按计划轮换调入俄罗斯联邦武装力量合同制军人（以下简称"按计划轮换调入的军人"）的组织实施细则。

第二条 军人按计划轮换到有规定服役期限的地区，至少应在距离其服役期（合同期）满的一年前实施；如果是在未经军人本人同意的情况下，则至少应在距离其满最高服役年龄的三年前实施。

第三条 按计划轮换调入的军人，应根据《俄罗斯联邦武装力量合同制军人鉴定组织实施办法》[①] 规定的程序接受鉴定。

第四条 实施军人按计划轮换时，应结合军人的家庭情况、军人及家属的身体状况，将军人合理轮换至其未曾服役地区。

第五条 应按计划轮换调出的军人，必要时经本人同意，可以留在有规定服役年限的地区继续服役。[②] 在本人同意的情况下，应按计

[①] 2012年2月29日第四百四十四号俄罗斯联邦国防部长令批准。

[②] 符合1999年9月16日第一千二百三十七号俄罗斯联邦总统令批准的《服役条例》第十六章第四条。

划轮换调出的军人可以从规定服役年限较短的地区调往规定服役年限较长的地区。①

第六条 军人医疗委员会应根据按计划轮换调入军人的指挥员（首长）的介绍信，对军人进行体检，以检查其身体是否适合在有规定服役年限的地区服役。如果军人提供关于其家人因病不宜在该地区居住的报告，军人医疗委员会应根据指挥员（首长）的介绍信，对其家人进行体检，以确定其家人是否适合在该地区生活。

第七条 在有规定服役年限地区服役的航空兵兵团与部队的空勤人员，可以以航空兵大队、支队、中队或机组为单位成建制按计划轮换。

第八条 部（分）队指挥员及其副职在有规定服役年限地区的服役时间不应超过俄罗斯联邦政府2000年6月5日颁布的第四百三十四号《关于合同制军人在恶劣气候条件地区及俄罗斯联邦境外部队服役期限的命令》规定的服役期限，但也不应少于两个月。

第二章 军人计划轮换的组织实施

第九条 应在计划轮换前一年的6月1日前约谈拟轮换的军人。

第十条 武装力量各军种总司令、军区司令、兵种司令及中央军事指挥机关负责人，应于计划轮换前一年的7月1日前，按照模板（附件一）向干部总局提交《按计划轮换调出军人资料表》。

干部总局根据这些资料，按照模板（附件二）编制《按计划轮换调入军人统计表》。

《按计划轮换调入军人统计表》的摘要应在计划轮换前一年的8月1日前发至武装力量各军种总司令、军区司令、兵种司令及中央军事指挥机关负责人。

第十一条 武装力量各军种总司令、军区司令、兵种司令及中央

---

① 符合1999年9月16日第一千二百三十七号俄罗斯联邦总统令批准的《服役条例》第十六章第五条。

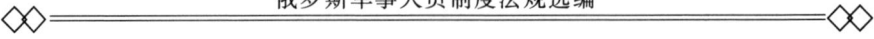

军事指挥机关负责人，负责在所属军团、兵团、部队和机构挑选符合《按计划轮换调入军人统计表》所列职务的按计划轮换调入军人，在国防部所属高等军事教育机构和科研机构挑选所任职务与《按计划轮换调入军人统计表》所列职务对应的军事登记专业相近的按计划轮换调入军人。

武装力量各军种总司令、军区司令、各兵种司令及中央军事指挥机关负责人批准含军人信息的《按计划轮换调入军人统计表》，并于计划轮换前一年的10月1日前报送干部总局。

第十二条 干部总局根据《按计划轮换调入军人统计表》，按照模板（附件三）制定《按计划轮换军人计划表》，并于计划轮换前一年的11月1日前呈报国务秘书兼国防部副部长批准。

《按计划轮换军人计划表》的摘要应下发至武装力量各军种、军区、独立兵种及中央军事指挥机关指挥部的干部机关，且应于计划轮换前一年的12月1日前下发至下属军团、兵团、部队、国防部高等军事教育机构和科研机构。

第十三条 根据武装力量各军种总司令、军区司令、独立兵种司令及中央军事指挥机关负责人的计划，重新对按计划轮换至列装不同武器装备的新服役地点的军人进行培训。

附件一

_____年按计划轮换调出军人资料表

编号	军衔与姓名	职务、军事登记专业与工资等级	有规定服役年限地区的名称与部队名称	在有规定服役年限地区已服役时间	备注

―――――――――――――――――

［指挥员（首长）的军衔，签名，名字大写首字母、姓］

附件二

经＿＿＿＿＿＿＿＿＿＿＿＿＿＿＿＿＿＿批准

（职务，军衔，签名，名字大写首字母、姓）

20＿＿年第＿＿号

按计划轮换调入军人统计表

序号	按计划轮换调出军人的职务、军事登记专业与工资等级	按计划轮换调出军人的现服役部队	按计划轮换调入军人的军衔、姓名与出生日期	服役合同签署日期与期限	按计划轮换调入军人的职务、军事登记专业与工资等级	按计划轮换调入军人的现服役部队	备注

附件三

经_____批准

（俄罗斯联邦国务秘书兼国防部副部长的签名，名字大写首字母、姓）

20____年第____号

按计划轮换军人计划表

序号	按计划轮换调出军人的信息				按计划轮换调入军人的信息				备注
	军衔、姓名、出生日期与服役合同期满日期	职务、军事登记专业与工资等级	现服役部队	在有规定服役期限地区的已服役时长	军衔、姓名与出生日期	服役合同签署日期与期限	职务、军事登记专业与工资等级	现服役部队	

第二编 俄罗斯联邦军人工资及住房保障法规

一、《俄罗斯联邦军人工资与专项津贴法》[1]

（2011 年 11 月 7 日第三百零六号联邦法）

第一条　本联邦法调节对象

本联邦法根据军人职务、军衔、军龄、任务及服役条件和方式确定其工资和专项津贴补贴。

第二条　军人的工资

（一）合同制军人的工资是其物质保障的主要来源及其履行服役职责的主要动力。

（二）合同制军人的工资由月基本工资（以下简称"基本工资"）、月津贴及其他津贴组成（以下简称"津贴"）。其中，月基本工资由月军衔工资（以下简称"军衔工资"）和月职务工资（以下简称"职务工资"）构成。

（三）义务兵役制军人的工资由职务工资和津贴组成。

（四）俄罗斯联邦政府负责制定统一的军衔工资标准。

（五）俄罗斯联邦政府根据提供兵役的俄罗斯联邦权力执行机关和俄罗斯联邦国家机关负责人的提议，确定合同制军人的职务工资标准。[2]

---

[1] 本联邦法分别于下列时间修订：2012 年 12 月 3 日；2013 年 7 月 2 日，2013 年 12 月 2 日；2014 年 6 月 4 日，2014 年 10 月 22 日，2014 年 11 月 4 日；2015 年 3 月 8 日，2015 年 4 月 6 日，2015 年 12 月 14 日；2016 年 7 月 3 日，2016 年 12 月 19 日；2017 年 7 月 18 日，2017 年 12 月 29 日；2019 年 10 月 1 日；2020 年 3 月 1 日，2020 年 6 月 8 日，2020 年 7 月 31 日。

[2] 2014 年 6 月 4 日第一百四十五号联邦法批准修订第二条第五项，修订内容自 2017 年 1 月 1 日起生效。

（六）俄罗斯联邦政府根据提供兵役的俄罗斯联邦权力执行机关和俄罗斯联邦国家机关负责人提议，确定义务兵役制军人的职务工资标准。①

（七）提供兵役的俄罗斯联邦权力执行机关和俄罗斯联邦国家机关负责人，比照合同制军人的统一职务工资标准，确定特殊类别合同制军人的职务工资。②

（八）在本条第二十三项所列地区和（或）条件下服役的义务兵役制军人的职务工资和津贴参照担任相同职务的合同制士兵/水兵、军士/海军军士的标准办理。

（九）根据下一财年和未来一段时期的联邦预算法与通货膨胀水平（消费品价格指数），每年（指数化）上调职务工资和军衔工资。俄罗斯联邦政府负责做出关于上调军人工资的决定。

（十）义务兵役制军人的月津贴：

1. 分队指挥月津贴；

2. 和平时期危险任务月津贴；

3. 涉密岗位月津贴。③

（十一）俄罗斯联邦政府根据提供兵役的俄罗斯联邦权力执行机关和俄罗斯联邦国家机关负责人的提议，确定本条第十项第三目涉密岗位月津贴的标准。提供兵役的俄罗斯联邦权力执行机关负责人，在俄罗斯联邦政府规定的最高限额内确定本条第十项第一目分队指挥月津贴和第十项第二目和平时期危险任务月津贴的标准。④

（十二）本条第十三项、第十五项、第十七至二十四项、第二十六项（包括用外汇支付补贴）明确合同制军人的津贴。

（十三）合同制军人军龄月津贴标准：

1. 军龄两至四年，为基本工资的百分之十；

---

① 2020 年 3 月 1 日第四十号联邦法批准修订第六条。
② 2020 年 3 月 1 日第四十号联邦法批准自 2020 年 3 月 1 日起修订第七条。
③ 2020 年 3 月 1 日第四十号联邦法批准自 2020 年 3 月 1 日起修订第十项。
④ 2020 年 3 月 1 日第四十号联邦法批准自 2020 年 3 月 1 日起修订第十一项。

2. 军龄五至九年，为基本工资的百分之十五；

3. 军龄十至十四年，为基本工资的百分之二十；

4. 军龄十五至十九年，为基本工资的百分之二十五；

5. 军龄二十至二十四年，为基本工资的百分之三十；

6. 军龄二十五年及以上，为基本工资的百分之四十。

（十四）俄罗斯联邦政府确定本条第十三项涉及的军龄计算方法。

（十五）合同制军人技术级月津贴标准：

1. 技术三级，为职务工资的百分之五；

2. 技术二级，为职务工资的百分之十；

3. 技术一级，为职务工资的百分之二十；

4. 技术特级，为职务工资的百分之三十。

（十六）如果联邦法未作其他规定，由俄罗斯联邦政府确定关于评定、变更和取消技术级的办法。

（十七）合同制军人的涉密岗位月津贴最高不超过职务工资的百分之六十五。俄罗斯联邦总统确定合同制军人涉密岗位月津贴的发放办法，并根据合同制军人有权依法接触材料的密级确定涉密岗位月津贴的额度。俄罗斯联邦总统还授予提供兵役的俄罗斯联邦权力执行机关负责人、俄罗斯联邦总检察长和俄罗斯联邦侦查委员会主席确定各自系统内长期涉密的合同制军人涉密岗位月津贴标准的权利。[①]

（十八）合同制军人的特殊服役条件月津贴最高不超过职务工资的百分之百。俄罗斯联邦政府根据军人的类别确定特殊服役条件月津贴的发放办法。

（十九）合同制军人的和平时期危险任务月津贴最高不超过职务工资的百分之百。俄罗斯联邦政府根据军人的类别确定和平时期危险任务月津贴的发放办法。

（二十）合同制军人的特殊成就月津贴最高不超过职务工资的百分之百。负责制定和落实国家国防政策和国防规范性法律法规的俄罗斯联邦权力执行机关负责人、提供兵役的俄罗斯联邦其他权力执行机

[①] 2014 年 11 月 4 日第三百四十二号联邦法批准修订第二条第十七项。

关负责人，负责确定在俄罗斯联邦武装力量、其他军队、军事编队和机关服役的合同制军人的特殊成就月津贴发放办法；俄罗斯联邦总检察长负责确定在俄罗斯联邦军事检察机关服役的合同制军人的特殊成就月津贴发放办法；俄罗斯联邦侦查委员会主席负责确定在俄罗斯联邦侦查委员会军事侦查机关服役的合同制军人的特殊成就月津贴发放办法。提供兵役的俄罗斯联邦权力执行机关的领导人、俄罗斯联邦总检察长和俄罗斯联邦侦查委员会主席有权在联邦预算的军人工资拨款范围内，提高特殊成就月津贴标准。

（二十一）合同制军人的年度恪尽职守奖金数额最多不超过三个月的基本工资。俄罗斯联邦政府负责明确恪尽职守奖的发放办法。

（二十二）合同制军人的年度补助金最低不少于一个月的基本工资。俄罗斯联邦政府负责明确年度补助金的发放办法。

（二十三）明确在境外服役、执行紧急任务、参与武装冲突及国内反恐维稳的合同制军人应享受的工资系数或工资的比例津贴。俄罗斯联邦政府根据这些军人的服役地点和任务情况确定其工资系数及工资比例津贴的发放办法和发放标准。

（二十四）在极北地区与同类地、气候或生态环境恶劣地区（含边远地区、高山地区、沙漠地区和干旱地区）服役的合同制军人的工资应包括工资系数及工资比例津贴。

（二十五）俄罗斯联邦政府负责确定本条第二十四项所述的工资系数和工资比例津贴标准。其中，工资系数和工资比例津贴计算所依据的工资包括：

1. 军衔工资；
2. 职务工资；
3. 军龄月津贴；
4. 技术级月津贴；
5. 涉密工作月津贴；
6. 特殊服役条件月津贴。

（二十六）以外币和卢布形式发放驻外合同制军人工资的情形、数额标准及程序，由俄罗斯联邦总统批准的法律法规和（或）俄罗斯联邦政府的法律法规确定。

（二十七）根据俄罗斯联邦法律和其他规范性法律文件计算合同制军人的收入（包括退休金和保险金）时，不能以本条第二十六项规定用外币支付的合同制军人工资为基准。

（二十八）提供兵役的俄罗斯联邦权力执行机关或俄罗斯联邦国家机关的负责人负责制定被列入指挥员掌握的合同制军人的军衔工资、原职务工资和军龄月津贴的发放办法。①

（二十九）被列入指挥员掌握的军人临时代理某空缺职务时，享受所代理职务的职务工资标准，同时不再适用本条第二十八项的规定。

（三十）对于被逮捕拘禁的军人，自被逮捕拘禁之日起暂停其工资发放，自被释放之日起恢复其工资发放。如果军人被判无罪或针对军人的刑事案件被撤销且军人名誉得以恢复，则应全额补发军人被逮捕拘禁期间的工资。

（三十一）被俘或被劫持为人质，以及被拘留在中立国或失踪的军人，其工资照发，并由其妻子（丈夫）或与军人共同生活的其他家庭成员根据俄罗斯联邦政府规定的办法领取，直到彻底查明军人被俘、被劫持为人质、被拘留在中立国、被释放或按法律规定程序被认定失踪或宣布牺牲的情况。

（三十一·一）合同制军人在服役期间牺牲（死亡）后，其配偶、共同生活的成年子女（军人无配偶情况下）、未成年子女（自幼残疾的子女，不论年龄多大）的法定代表人/监护人/受托人/收养人、其供养对象（无自理能力或自理能力有限的供养对象的法定代表人/监护人/受托人）有权平分合同制军人应得的但在牺牲（死亡）前未领取的当月工资，但无权获得军人在实际履职期间应得的奖金。如果其未婚且无子女或供养对象，那么未由其赡养的父母有权平分该军人应得的、但在牺牲（死亡）前未领取的当月工资，但无权获得军人在

---

① 2014年6月4日第一百四十五号联邦法批准修订第二条第二十八项，修订内容自2017年1月1日起生效。

实际履职期间应得的奖金。①

（三十一·二）义务兵役制军人如果在服役期间牺牲（死亡），其遗孀、无遗孀情况下未成年子女的法定代表人/监护人/受托人/收养者有权获得该军人应得的但在牺牲（死亡）前未领取的当月工资。如果该军人未婚、没有子女，那么父母有权平分该军人应得的但在牺牲（死亡）前未领取的当月工资。②

（三十二）本条第三十一·一和第三十一·二项规定的军人牺牲（死亡）之日前未领取工资的发放办法，由提供兵役的俄罗斯联邦权力执行机关和俄罗斯联邦国家机关确定。③

（三十三）特定类别军人工资的保障特殊性，由俄罗斯联邦法律、俄罗斯联邦总统签署的规范性法律文件确定，俄罗斯联邦政府、俄罗斯联邦权力执行机关和俄罗斯联邦其他国家机关颁布的规范性法律文件确定。

（三十四）除本条规定的上述工资外，俄罗斯联邦总统和（或）俄罗斯联邦政府，可根据军人所执行任务的难度、任务量和重要性，制定其他补助标准。

第三条　军人专项津贴

（一）因公出差的军人根据俄罗斯联邦政府规定的办法和标准获得差旅补助。

（二）合同制（包括从预备役转为合同制的）军人，因职务任命、签署服役合同、根据俄罗斯联邦法律和其他规范性法律文件调任至非军事职务（无须暂停服役）、前往军事职业教育机构或高等军事院校学习一年以上或部队换防等原因，需要前往新服役地点（包括赴

---

① 2020年6月8日第一百七十六号联邦法批准自2020年6月19日起第二条增加第三十一项第一目。

② 2020年6月8日第一百七十六号联邦法批准自2020年6月19日起第二条增加第三十一项第二目。

③ 2020年6月8日第一百七十六号联邦法批准自2020年6月19日起修订第三十二项。

国外任职或归国任职）时，应获得以下津贴补助：

1. 调迁补助：军人补助一个月工资，随迁至军人新服役点或相邻居民点（新服役点缺少住房时）的家人每人补助军人月工资的百分之二十五。

2. 差旅补助：军人调迁时，根据俄罗斯联邦政府规定的标准，为军人及其随迁家属按路程天数发放差旅补助。①

（二·一）在俄罗斯联邦武装力量、其他军队、军事编队和机关服合同兵役的军人，包括在俄罗斯联邦军事检察机关和联邦侦查委员会军事侦查机关服合同兵役的军人，可享受一次性物质补助。其中，在俄罗斯联邦武装力量、其他军队、军事编队和机关服合同兵役的军人（不包括俄罗斯联邦军事检察机关和俄罗斯联邦侦查委员会军事侦查机关的军人），根据提供兵役的俄罗斯联邦权力执行机关负责人规定的情形、额度和程序，享受一次性物质补助；俄罗斯联邦军事检察机关的军人，根据俄罗斯联邦总检察长规定的情形、额度和程序，享受一次性物质补助；俄罗斯联邦侦查委员会军事侦查机关的军人，根据俄罗斯联邦侦查委员会主席规定的情形、额度和程序，享受一次性物质补助。②

（二·二）如果军人牺牲（死亡）或被认定失踪或被宣告死亡，其配偶、共同生活的成年子女（军人无配偶情况下）、未成年子女（自幼残疾的子女，不论年龄多大）的法定代表人/监护人/受托人/收养者、其供养对象（无自理能力或自理能力有限的供养对象的法定代表人/监护人/受托人）有权平分本条第一及第二项规定的该军人应得的但在其牺牲（死亡）、被认定失踪或被宣告死亡之日前未领取的专项津贴。如果该军人未婚、无子女或供养对象，那么未由其赡养的父母有权平分本条第一及第二项规定的该军人应得的但在其牺牲（死

---

① 2020 年 3 月 1 日第三十八号联邦法批准自 2020 年 3 月 12 日起修订第三条第二项。
② 2014 年 11 月 4 日第三百四十二号联邦法批准第三条增加第二·一项。

亡)、被认定失踪或被宣告死亡之日前未领取的专项津贴。①

(二·三)通过军人工资津贴基金向获得俄罗斯联邦国家奖励、俄罗斯联邦总统奖励或俄罗斯联邦政府奖励的现役军人,以及服役期间获得这些奖励的退役军人发放一次性奖金。②

(二·四)如果本条第二·三项所指获得俄罗斯联邦国家奖励(含被追授国家奖励)、俄罗斯联邦总统奖励或俄罗斯联邦政府奖励的现役军人或退役军人牺牲(死亡),应向其家人发放一次性奖金。其家人可以在其牺牲(死亡)后六个月内向其生前任职的提供兵役的俄罗斯联邦权力执行机关(俄罗斯联邦国家机关)申领该奖金。该奖金应在此六个月期限满后的一个月内向其家人发放。如果有若干遗属申领一次性奖金,则该奖金由遗属均分。③

(二·五)本条第二·三项、第二·四项规定的向现役军人、退役军人或遗属支付一次性奖金的额度及办法由俄罗斯联邦总统确定。④

(二·六)有权获得本条第二·三项、第二·四项规定的一次性奖金的遗属包括:

1. 在现役军人牺牲(死亡)或退役军人死亡之日,与其存在婚姻登记关系的妻子(丈夫);

2. 现役军人或退役军人的父母;

3. 现役军人或退役军人的子女;

4. 牺牲(死亡)的现役军人或死亡的退役军人生前供养的

---

① 2020年6月8日第一百七十六号联邦法批准自2020年6月19日起第三条增加第二·二项。

② 2020年7月31日第二百八十八号联邦法批准自2020年8月11日起第三条增加第二·三项。

③ 2020年7月31日第二百八十八号联邦法批准自2020年8月11日起第三条增加第二·四项。

④ 2020年7月31日第二百八十八号联邦法批准自2020年8月11日起第三条增加第二·五项。

人员。①

（三）军龄不满二十年的合同制军人退出现役时，获得两个月工资的一次性补助；军龄为二十年及以上的合同制军人退出现役时，获得七个月工资的一次性补助。

（四）存在下列情况的合同制军人退出现役时，不享受本条第三项规定的一次性补助：

1. 被剥夺军衔；

2. 被法院判处剥夺自由并判决生效；

3. 被法院以故意犯罪判处剥夺自由且判决生效；

4. 因违反纪律、成绩不佳或不愿继续学习，被军事职业教育机构和高等军事院校除名；②

5. 被法院判处在一定期限内被剥夺担任军事职务的权利且判决生效；

6. 调入俄罗斯联邦内务机关、国家消防总局联邦消防局、俄罗斯联邦刑事执行机关、俄罗斯联邦强制执行机关或俄罗斯联邦海关机关工作且担任普通（初级）职务或领导职务；③

7. 未履行服役合同；

8. 被禁止接触国家秘密或被剥夺接触国家秘密的权利；

9. 被法院因过失犯罪判处剥夺自由且判决生效；

10. 考核不合格；

11. 违反1998年5月27日第七十六号《军人地位法》第十条第七项和第二十七·一条规定的限制或禁令，或不履行其规定的职责；

12. 违反俄罗斯联邦法律关于在俄罗斯联邦安全局与俄罗斯联邦警卫局机构服役的要求、禁令及限令，或不履行俄罗斯联邦法律关于

---

① 2020年7月31日第二百八十八号联邦法批准自2020年8月11日起第三条增加第二·六项。

② 2013年7月2日第一百八十五号联邦法批准修订第三条第四项第四目，修订内容自2013年9月1日起生效。

③ 2019年10月1日第三百二十八号联邦法批准自2020年1月1日起修订第四项第六目。

在俄罗斯联邦安全局与俄罗斯联邦国家警卫机关服役的职责；①

13. 1998年3月28日第五十三号《兵役义务与服役法》第五十一条第一项第五·一目和五·二目规定失去（领导）信任的军人；②

14. 未通过按规定程序开展的关于人体内毒品、精神药物及其代谢物的强制性化学及毒理学检测；③

15. 存在服用毒品、未经医生指导服用精神药品，或服用具有潜在危险性的新型精神药品的行政违法行为。④

（五）服役期间多次（或一次）被授予苏联或俄罗斯国家奖励（含荣誉称号）的合同制军人，退役时享受的一次性补助金应在本条第三项规定的基础上，再增加一个月的工资。

（六）义务兵役制军人退出现役时（不包括因被法院判处剥夺自由且判决生效而退役的军人，或因不遵守纪律、成绩不佳或不愿学习被军事职业教育机构或高等军事教育机构开除的军人），享受数额为一个月职务工资的一次性补助金；身为孤儿或无父母监管者享受数额为五个月职务工资的一次性补助金。⑤

（七）在本法第二条第二十三项所列地区和（或）条件下服役的义务兵役制军人退出现役时，参照担任相同职务合同制军人的职务工资标准享受本条第六项规定的一次性补助金。

（八）军人和参加军事集训的公民如果履职时牺牲（死亡），或履职时受伤（外伤、内伤）/患病导致其在履职结束（提前退出军事集训或完成军事集训）后一年内死亡，其遗属可均分三百万卢布的一次性补助金。

---

① 2014年11月4日第三百四十二号联邦法批准第三条第四项增加第十二目。
② 2014年11月4日第三百四十二号联邦法批准第三条第四项增加第十三目。
③ 2017年7月18日第一百七十四号联邦法批准自2017年7月30日起第三条第四项增加第十四目。
④ 2017年7月18日第一百七十四号联邦法批准自2017年7月30日起第三条第四项增加第十五目。
⑤ 2020年3月1日第一百四十号联邦法批准自2020年3月1日起修订第三条第六项。

（九）军人和参加军事集训的公民如果在履职时牺牲（死亡）或因公伤死亡，其遗属可每月均分本条第十三项规定的一级伤残补助金。军人和参加军事集训的公民如果在履职时失联或按法律规定程序被认定失踪/死亡，其家属也可每月均分本条第十三项规定的一级伤残补助金。此外，军人和参加军事集训的公民如果在履职时失联，其家属还可获得俄罗斯联邦政府规定的补助金。①

（十）因公致残的军人如果死亡（牺牲），其遗属可每月均分本条第十三项规定的相应级别的伤残补助金。

（十一）军人、参加军事集训的公民和因公致残军人如果牺牲（死亡、失联），其家属无论是否由牺牲（死亡、失踪）者供养，无论是否有劳动能力，都有权获得本条第八项规定的一次性补助金和本条第九项、第十项规定的月补助金。②

1. 在军人、参加军事集训的公民或因公致残军人牺牲（死亡、被认定失踪或死亡）之日与其存在婚姻关系的妻子（丈夫）有权获得本条第八项规定的一次性补助金；如果其妻子（丈夫）没有再婚且年满五十岁（妻子）/五十五岁（丈夫），或者没有再婚且身为残疾人，有权获得本条第九项和第十项规定的月补助金；③

2. 军人、参加军事集训的公民或因公致残军人的父母有权获得本条第八项规定的一次性补助金；如果其年满五十岁（母亲）/五十五岁（父亲）或身为残疾人，有权获得本条第九项和第十项规定的月补助金；

3. 未满十八岁的子女，十八岁以上且在十八岁前致残的子女，在教育机构全日制学习且不满二十三岁的子女有权获得本条第八项规定

---

① 2014年10月22日第三百一十号联邦法批准修订第三条第九项，修订内容自2016年1月1日起生效。

② 2014年10月22日第三百一十号联邦法批准修订第三条第十一项，修订内容自2016年1月1日起生效。

③ 2014年10月22日第三百一十号联邦法批准修订第三条第十一项第一目，修订内容自2016年1月1日起生效。

的一次性补助金和本条第九项、第十项规定的月补助金;①

4. 在军人、参加军事集训的公民或因公致残军人如果牺牲（死亡、失联），在其成年前抚养其五年以上者（简称实际抚养人）有权获得本条第八项规定的一次性补助金；如果实际抚养人年满五十岁（女）/五十五岁（男）或身为残疾人，有权获得本条第九项和第十项规定的月补助金。实际抚养人的认定由法院通过有法律意义的事实的特别公证程序办理。②

（十二）因公伤被认定不适合继续服役（参训）的军人（公民）在退役或退出军事集训时可获得一次性补助金:

1. 合同制军人可获得二百万卢布的一次性补助金；

2. 义务兵役制军人或参加军事集训的公民可获得一百万卢布的一次性补助金。

（十三）军人或参加军事集训的公民，在服役（军事集训）期间或退出现役（提前退出军事集训或完成军事集训）后，如果因服役（军事集训）期间参加军事活动受伤被评定为残疾，每月按以下标准获得伤残补助金:

1. 一级残疾——一万四千卢布；

2. 二级残疾——七千卢布；

3. 三级残疾——二千八百卢布。

（十四）无论是否获得本条第三项和第六项规定的补助，都可以获得本条第十二项规定的一次性补助金。

（十四·一）因公致残的军人或参加军事集训的公民，无论因公致残从何时开始、退役后工作（任职）地点在哪里、领取的退休金是哪种，以及依照俄罗斯联邦法律领取的退休津贴是哪种，都有权获得

---

① 2014年10月22日第三百一十号联邦法批准修订第三条第十一项第三目，修订内容自2016年1月1日起生效。

② 2020年7月31日第二百八十六号联邦法批准自2020年8月11日起第三条第十项增加第四目。

本条第十三项规定的月伤残补助金。①

（十五）本条第八至十项、第十二项和第十三项规定的补助金，不能给予因同一原因已享受俄罗斯联邦法律和其他规范性法律文件规定的补助金的人员。

（十六）依照下一财政年度和计划期的联邦预算法，本条第八项和第十二项规定的一次性补助金额度和本条第九项、第十项和第十三项规定的月补助金额度随通货膨胀水平（消费价格指数）每年上涨。俄罗斯联邦政府负责做出关于一次性补助金上涨（指数化）的决定。

（十七）俄罗斯联邦政府负责确定本条第九项、第十项和第十三项规定的月补助金的拨付办法。

（十八）提供兵役的俄罗斯联邦权力执行机关（俄罗斯联邦国家机关）负责明确向军人及军属发放本条第二项、第二·二项、第三项、第六项、第八项和第十二项规定补助金的办法。②

第四条　军人工资基金

（一）在提供兵役的俄罗斯联邦权力执行机关（俄罗斯联邦国家机关）服役的军人的工资基金，由合同制军人工资基金和义务兵役制军人工资基金组成。

（二）合同制军人工资基金，由在提供兵役的俄罗斯联邦权力执行机关（俄罗斯联邦国家机关）的中央机关服役的合同制军人的工资基金和在提供兵役的俄罗斯联邦权力执行机关（俄罗斯联邦国家机关）下辖的部队、军事单位和机构（含民兵部队）服役的合同制军人的工资基金组成。③

（三）合同制军人工资基金，除用于支付职务工资和军衔工资外，

---

① 2015年3月8日第三十一号联邦法批准第三条增加第十四·一项。

② 2020年6月8日第一百七十六号联邦法批准自2020年6月19日起修订第三条第十八项。

③ 2014年6月4日第一百四十五号联邦法批准修订第四条第二项，修订内容自2017年1月1日起生效。

还用于支付下列津贴（按年计算）：

1. 军龄月津贴；

2. 技术级月津贴；

3. 涉密工作月津贴；

4. 特殊服役条件月津贴；

5. 和平时期危险任务月津贴；

6. 特殊成就月津贴；

7. 恪尽职守奖；

8. 年度补助金。

（四）义务兵役制军人工资基金，除用于支付职务工资外，还用于支付下列津贴（按年计算）：

1. 分队指挥月津贴；

2. 和平时期危险任务月津贴；

3. 涉密岗位月津贴。①

（五）军人工资基金，除支付本条第三项和第四项规定的支出外，还支付以下支出：②

1. 俄罗斯联邦政府根据本联邦法第二条第二十三项确定的工资系数或工资比例津贴；

2. 本联邦法第二条第二十四项和第二十五项规定的工资系数和工资比例津贴；

3. 本联邦法、其他俄罗斯联邦法律和其他规范性法律文件规定的其他相关开支。③

（六）根据提供兵役的俄罗斯联邦权力执行机关（俄罗斯联邦国家机关）负责人的决定，军人工资基金的资金可在本条第三项和第四

---

① 2020年3月1日第四十号联邦法批准自2020年3月1日起修订第四条第四项。

② 2020年7月31日第二百八十八号联邦法批准自2020年8月11日起修订第四条第五项。

③ 2020年7月31日第二百八十八号联邦法批准自2020年8月11日起修订第四条第五项第三目。

项规定的范围内灵活调配。①

（七）俄罗斯联邦政府负责制定提供兵役的俄罗斯联邦权力执行机关（俄罗斯联邦国家机关）军人工资基金的设立办法。②

第五条　军人工资、退役军人及其家属退休金和其他津贴标准的维持

（一）在本联邦法和"因《俄罗斯联邦军人工资与专项津贴法》与《俄罗斯联邦内务机关工作人员社会保障及俄罗斯联邦部分法规修订法》生效需修订俄罗斯联邦部分法规并弃用俄罗斯联邦部分法规条款"的俄罗斯联邦法律通过后，如果军人工资、退役军人及其家属的退休金减少，那么应根据本联邦法生效之前施行的法律，维持上述军人、退役军人及其家属原有工资、退休金或退休补助不变，直至其依据本法规定的条件可获得更高的工资、退休金或退休补助。③

（二）本联邦法第三条第九项、第十项和第十三项规定发放军人因公致残补助金、军人或参加军事集训的公民因公受伤后牺牲（死亡）补助金或因公致残者牺牲（死亡）补助金。在本联邦法生效之前已领取上述补助金的人员，如果原标准不低于本联邦法第三条第九项、第十项和第十三项规定的标准，仍按原标准继续领取。

（三）本联邦法生效后，按俄罗斯联邦总统办公厅、俄罗斯联邦议会联邦委员会办公厅、国家杜马办公厅、俄罗斯联邦宪法法院办公厅、俄罗斯联邦政府办公厅、俄罗斯联邦审计署、俄罗斯联邦最高法院和军事法院办公厅、俄罗斯联邦最高法院审判厅公务员工资标准领取退休金的退役军人及家属，由俄罗斯联邦总统明确其退休金标准的重新审定办法。

---

① 2014年6月4日第一百四十五号联邦法批准修订第四条第六项，修订内容自2017年1月1日起生效。

② 2014年6月4日第一百四十五号联邦法批准修订第四条第七项，修订内容自2017年1月1日起生效。

③ 2014年11月4日第三百四十二号联邦法批准修订第五条第一项。

（四）根据俄罗斯联邦政府规定，按俄罗斯联邦权力执行机关公务员工资标准享受退休金的退役军人及家属，以及按俄罗斯联邦签署的国际条约领取退休金的国际军事合作组织退役军人及家属，其退休金标准参照本法重新审定。

第六条 俄罗斯联邦法律及其他规范性法律文件的适用与苏联法律及其他规范性法律文件的效力

（一）自本联邦法生效之日起，与本联邦法不矛盾的俄罗斯联邦关于军人工资和专项津贴的法律和其他规范性法律文件继续有效。

（二）自本联邦法生效之日起，与本联邦法不矛盾的苏联关于俄罗斯联邦境内军人工资和专项津贴的法律和其他规范性法律文件继续有效。

第七条 本联邦法生效

（一）本联邦法自2012年1月1日起生效。

（二）执行民防任务的俄罗斯联邦权力执行机关救援队伍、俄罗斯联邦对外情报局、俄罗斯联邦安全局机关、国家警卫机关、俄罗斯联邦动员准备保障机构、国家消防总局联邦消防局军事部门、俄罗斯联邦军事检察机关和俄罗斯联邦侦查委员会军事侦查机关的军人，其职务工资如果之前由其他联邦法规定，自2013年1月1日起则应按照本联邦法第一条、第二条、第三条第一至七项、第四条和第六条规定的标准执行。[①]

[①] 2017年12月29日第四百七十三号联邦法批准自2017年12月29日起修订第二项。

二、《俄罗斯联邦武装力量军人工资保障与军人及军属专项津贴发放办法》[①]

(2019年12月6日第七百二十七号俄罗斯联邦国防部长令批准)

第一章 总则

第一条 本《办法》规定了向俄罗斯联邦武装力量军人(以下简称"军人")发放工资,以及向军人及其家庭成员发放专项津贴的规则和条件。

第二条 军人工资的构成[②]

合同制军人的工资由月基本工资(以下简称"基本工资")、月津贴及其他津贴(以下统称"津贴")组成。其中,基本工资由月军衔工资(以下简称"军衔工资")和月职务工资(以下简称"职务工资")构成。

义务兵役制军人的工资由职务工资和津贴构成。

第三条 军人工资可由服役单位发放给军人,也可由俄罗斯联邦国家机构"俄罗斯联邦国防部统一结算中心"或俄罗斯联邦国防部其他财经机构(以下简称"财经机构")划拨至军人银行账户。

第四条 抵达新服役地的军人凭借财经机构按本《办法》第一百二十七条至第一百三十三条开具的工资供给证(附件一)列入新服役地的工资发放名单。时间从原服役地最后一个工资发放日的次日开始计算。

[①] 本联邦法分别于2020年9月8日与2021年4月22日修订。
[②] 符合2011年11月7日第三百零六号联邦法《俄罗斯联邦军人工资与专项津贴法》第二条第二项与第三项。

第五条 应列入工资发放名单的无工资供给证的公民：

应征入伍的非预备役人员；

进入俄罗斯联邦国防部军事职业教育机构（以下简称"军事职业教育机构"）或俄罗斯联邦国防部高等军事教育机构（以下简称"高等军事教育机构"）学习的公民（不含已在提供兵役的俄罗斯联邦权力执行机关或俄罗斯联邦国家机关服役的军人）；

入伍服合同兵役的公民。

上述情况中，根据兵役局的指示和相应指挥员/领导/负责人（以下简称"指挥员"）关于将其列入部队等俄罗斯联邦武装力量机构（以下简称"部队"）全体人员名单的命令，将其列入工资发放名单。

第六条 如果赴新服役地服役的军人因遗失或其他原因无法出示工资供给证，那么应根据其提交的相关情况报告，从其列入部队全体人员名单的次月 1 日起在新服役地为其发放工资。在收到其原服役地寄出的工资供给证（复印件）后，应按工资供给证的信息重新计算其应得工资。

第七条 除 12 月份工资应在 12 月 25 日前发放外，每月 10 日—20 日发放上个月的工资。

在调往新服役地且工资（关系）同时转至其他财经机构（以下简称"随迁式工资发放办法"）的军人前往新服役地报到前，原财经机构应与其结清从原部队人员名单中删除的当月工资。当不足一个月时，应根据其服役的实际天数按比例结清当月工资。

第八条 如果军人丧失领取（部分）工资的权利，不用退还截至工资发放日依法发放的工资，但因计算有误应退还多发工资的情况除外。

第九条 军人有权获得整个服役期间应发未发或未足额发放的工资，但只能申领三年内应发未发或未足额发放的工资。

第二章　基本工资

合同制军人的军衔工资

第十条 依照俄罗斯联邦政府 2011 年 12 月 5 日第九百九十二号

政府令《合同制军人工资等级规定》规定的数额，向服合同兵役的军人发放军衔工资。

合同制军人军衔工资的数额标准详见附件二。

第十一条 合同制军人从服役合同生效之日起计发军衔工资。

第十二条 合同制军人晋升一级军衔时，应从授衔之日起计发新军衔的军衔工资。

第十三条 因严重犯罪或极为严重犯罪被法院判处剥夺军衔的合同制军人，在法院判决产生法律效力之前，仍应享受军衔工资。

第十四条 合同制军人在整个服役期都应享受军衔工资，直至其因退役而从部队人员名单中删除为止，但本《办法》规定的其他特殊情况除外。

合同制军人的职务工资

第十五条 依照俄罗斯联邦政府 2011 年 12 月 5 日第九百九十二号政府令《合同制军人工资等级规定》①规定的数额，向合同制军人发放标准职务工资；依照俄罗斯联邦国防部长规定的数额，向合同制军人发放非标准职务工资。合同制军人的职务工资取决于其所任职务在部队编制中对应的工资等级。

合同制军人的职务工资等级、职务工资数额与职务工资等级对应的常设军事职务清单见附件三。

第十六条 从服役合同生效之日起向合同制军人发放职务工资。

从服役合同生效到开始履职期间，应按以下标准向合同制军人发放职务工资：

从合同制军人第一工资等级起向士兵/水兵、军士/海军军士、准尉/海军准尉发放职务工资；

从合同制军人第十工资等级起向军官发放职务工资。

第十七条 自合同制军人开始履职之日起，按部队编制规定的工

---

① 符合 2011 年 11 月 7 日第三百零六号联邦法《俄罗斯联邦军人工资与专项津贴法》第二条第五项与第七项。

资等级向其发放职务工资，但本《办法》规定的其他情形除外。

第十八条　当任命合同制军人担任其他职务时，应从其开始履行新职务职责之日起向其发放新职务的职务工资；并且，应在其开始履行新职务职责前与其结清应发放的原职务工资。

第十九条　处于孕期和子女未满一岁半的合同制女军人在依照 1999 年 9 月 16 日俄罗斯联邦总统第一千二百三十七号命令《关于服役的若干问题》批准的《服役程序条例》（以下简称《服役条例》）第十一条第十九项和第二十项规定的办法换任其他军事职务后，应仍享受原职务的职务工资和津贴，直至其所任职务的职务工资高于原职务的职务工资。

第二十条　因编制体制调整，经本人同意将合同制军人调任职务工资低于原职务的新职务后，在其任新职务期间仍为其发放原职务的职务工资。[①] 任命合同制军人就任新职务的指挥员，应依照干部机关以该军人申请报告为基础拟制的呈文发布关于其继续享受原职务工资的命令。该命令的副本应放入合同制军人的档案中。

上述合同制军人继续享受原职务工资，直到其被免除新职务并移交工作和职务职责为止。

上述合同制军人在享受原职务工资的同时，还应享受原职务工资对应的津贴。

第二十一条　合同制军人在整个服役期都享受职务工资，直至其因退役而从部队人员名单中删除为止。但本《办法》规定的其他特殊情况除外。

因达到最高服役年龄或因服役合同期满退出现役的合同制军人，从达到最高服役年龄或合同期满之日到从部队人员名单中删除之日期间，应按达到最高服役年龄或合同期满之日的工资等级享受职务工资。

第二十二条　根据俄罗斯联邦法律和俄罗斯联邦总统及俄罗斯联邦政府发布的法律文件规定，拥有职务工资（根据系数）上涨权利的

[①] 符合 1999 年 3 月 17 日第三百零五号俄罗斯联邦政府令。

合同制军人应基于已增加的职务工资享受津贴。

义务兵役制军人的职务工资

第二十三条 依照俄罗斯联邦政府 2020 年 7 月 10 日第一千零一十四号政府令《关于义务兵役制军人工资的相关规定》规定的数额,向义务兵役制军人发放职务工资。①

第二十四条 义务兵役制军人从获授列兵军衔之日开始享受职务工资。②

第二十五条 被任命担任应由军官或准尉/海军准尉担任职务的义务兵役制军人,从履职之日起按合同制军人第一级工资等级享受职务工资,直至其被免除该职务为止。当其被免除该职务时,其应从免职次日起依照本《办法》第二十三条的规定享受职务工资。③

第二十六条 义务兵役制军人在整个服役期都应享受职务工资,直至因退出现役从部队人员名单中删除为止。但本《办法》规定的其他情形除外。

学员、硕士生和博士生的职务工资

第二十七条 在服合同兵役期间进入高等军事教育机构学习的学员、硕士生及博士生,在学期间应按入学前所任职务享受职务工资。④

第二十八条 军事职业教育机构及高等军事教育机构的学员,如果入学前为预备役人员或未服过兵役,应根据本《办法》第二十三条的规定享受职务工资,直至签署服役合同为止。⑤

第二十九条 在服义务兵役期间进入军事职业教育机构、高等军事教育机构、教导部队和教导分队学习的军人,应根据本《办法》第

---

① 2020 年 9 月 8 日第四百二十五号俄罗斯联邦国防部长令批准修订第二十三条。
② 2020 年 9 月 8 日第四百二十五号俄罗斯联邦国防部长令批准修订第二十四条。
③ 2020 年 9 月 8 日第四百二十五号俄罗斯联邦国防部长令批准修订第二十五条。
④ 符合 2011 年 12 月 5 日第九百九十二号俄罗斯联邦政府令《合同制军人工资等级规定》。
⑤ 2020 年 9 月 8 日第四百二十五号俄罗斯联邦国防部长令批准修订第二十八条。

二十三条的规定享受职务工资。①

第三十条 在服合同兵役期间进入军事职业教育机构或高等军事教育机构学习的学员，按入学前所任职务享受职务工资。②

第三十一条 军事职业教育机构及高等军事教育机构的学员，如果入学前为预备役人员、义务兵役制军人或未服过兵役，那么从签署的服役合同生效之日起按"学员"身份享受职务工资。③

第三十二条 毕业于按高等教育大纲组织教学的高等军事教育机构或进修班的军人，如果学习期间拥有军官军衔，那么从毕业后到履职前这段时间，按毕业时的职务享受职务工资；

毕业于按高等教育大纲组织教学的高等军事教育机构或进修班的军人，如果学习期间无军官军衔，那么从毕业后到履职前这段时间，按合同制军人的第十级工资等级享受职务工资。

毕业于军事职业教育机构或按中等职业教育大纲组织教学的军事教育机构的军人，从毕业后到履职前这段时间，按毕业时的职务享受职务工资。

毕业于高等军事教育机构或进修班的军人，如果毕业后直接被授予预备役军官军衔并退出现役，那么不能享受本条第二款规定的职务工资。

第三十三条 被军事职业教育机构、高等军事教育机构（含硕士研究生班、博士研究生班）从学员名单中删除的军人，从名单被删除之日到开始履行新职务职责之日期间，按在学期间的职务工资标准享受职务工资。

---

① 2020年9月8日第四百二十五号俄罗斯联邦国防部长令批准修订第二十九条。

② 符合2011年12月5日第九百九十二号俄罗斯联邦政府令《合同制军人工资等级规定》。

③ 符合2011年12月5日第九百九十二号俄罗斯联邦政府令《合同制军人工资等级规定》；2020年9月8日第四百二十五号俄罗斯联邦国防部长令批准修订第三十一条。

第三章　月津贴

第三十四条　合同制军人应从开始履职（临时履职）之日起享受月津贴（以下简称"津贴"），直至被免除职务（移交工作和移交职务）为止。如果开始履职（临时履职）正值编制体制调整时期，合同制军人享受这一津贴的截止时间为被免除职务（移交工作和移交职务）之日，且不应晚于俄罗斯联邦国防部法律文件规定的编制体制调整举措结束之日。

义务兵役制军人从任命职务的次月一日开始享受津贴，直至被免职为止。

第三十五条　军人的津贴基于职务工资（含临时代理职务的职务工资）计发。

有权（按系数）增加职务工资的军人基于已增加的职务工资计发津贴。

根据相应指挥员签发的命令，在发放工资的同时发放津贴，且应在工资单（支付单）的相应栏中注明津贴数额。

军龄月津贴

第三十六条　合同制军人工资中的军龄月津贴（以下简称"军龄津贴"）按2011年11月7日第三百零六号《俄罗斯联邦军人工资与专项津贴法》第二条第十三项规定的数额发放。

第三十七条　合同制军人从达到有权申领军龄津贴的服役年限之日起，依据相应指挥员签发的标注有服役年限和军龄津贴数额的命令享受军龄津贴，直至退出现役从部队人员名单中删除为止。

第三十八条　依照1998年3月28日第五十三号《兵役义务与服役法》和《合同制军人军龄津贴的服役年限计算规定》①　计算军龄津

---

①　《合同制军人军龄津贴的服役年限计算规定》由2011年12月21日第一千零七十四号俄罗斯联邦政府令批准。

贴的服役年限。

第三十九条 根据《合同制军人军龄津贴的服役年限计算规定》第三项至第九项按优惠方法计算从事飞行、跳伞和航行工作的合同制军人的军龄津贴服役年限。

技术级月津贴

第四十条 拥有技术级的合同制军人按 2011 年 11 月 7 日第三百零六号《俄罗斯联邦军人工资与专项津贴法》第二条第十五项规定的数额享受基于职务工资计发的技术级月津贴（以下简称"技术级津贴"）。①

第四十一条 担任将军职务的合同制军人，如果免考核获评"技术特级"的技术等级，那么其在担任将军职务期间一直享受该等级的技术级津贴。②

第四十二条 担任医学和制药专业职务的合同制军人，根据技术等级享受技术级津贴。③ 其中，拥有高级技术等级的军人按百分之三十职务工资的标准享受技术级津贴。

合同制军人如获评技术级的专业属于俄罗斯联邦卫生保健系统且所任职务属于医疗类军事登记专业，应享受技术级津贴。

合同制军人如同时拥有俄罗斯联邦卫生保健系统的两个或以上专业的技术级，且所任（临时代理）军事职务符合医疗类军事登记专业，应按最高技术等级享受技术级津贴。

合同制军人如果获评更高等级的技术级，应从根据相关指挥员命令获评该技术级之日开始享受该技术级对应的新技术级津贴。④

第四十三条 合同制军人从依据指挥员命令获评技术级之日起，

---

① 2020 年 9 月 8 日第四百二十五号俄罗斯联邦国防部长令批准修订第四十条。
② 2021 年 4 月 22 日第二百二十六号俄罗斯联邦国防部长令批准修订第四十一条。
③ 符合 2013 年 4 月 23 日第二百四十号俄罗斯联邦卫生部令《医务人员和制药人员技术等级评任办法和期限》。
④ 2021 年 4 月 22 日第二百二十六号俄罗斯联邦国防部长令批准修订第四十二条。

享受相应技术级津贴，直至该技术级任期结束。

当合同制军人的技术级发生变化，合同制军人应从依据相关指挥员命令获评新技术级之日开始享受新的技术级津贴。[①]

第四十四条 继续享受技术级津贴的合同制军人：

拥有将军军衔的合同制军人，如果拥有"技术特级"的技术级，即便担任不应由将官担任的职务仍可在整个服役期享受"技术特级"的技术级津贴，但因惩罚而降职的情况除外；

从规定有兵役的俄罗斯联邦执行权力机关或俄罗斯联邦国家机关调往俄罗斯联邦武装力量（以下简称"武装力量"）任职且在调动时拥有技术级的合同制军人，那么其自到武装力量任职之日起一年内仍继续享受原技术级津贴；

在俄罗斯联邦境外服役的合同制军人（不含在位于境外的俄罗斯联邦武装力量部队和机构服役的合同制军人），如果获评的技术级期满，那么从回到俄罗斯联邦境内担任军事职务之日起一年内仍继续享受原技术级津贴；

职务晋升、平调或降任的合同制军人，如果工作领域未发生变化且拥有技术级，应在现技术级的整个期限内一直享受原技术级津贴；

担任的军事职务与履行的职责因工作方向发生变化且拥有技术级的合同制军人，自担任新军事职务之日起一年内仍继续享受原技术级津贴；

进入军事职业教育机构或高等军事教育机构按中等职业教育、本科或专家[②]培养大纲接受全日制教育的合同制军人，如果拥有技术级，那么自被教育机构录取之日起一年内仍享受原技术级津贴；

进入高等军事教育机构按硕士、硕士研究生班科教人才、住院医师培养大纲接受全日制教育的合同制军人，以及进入博士研究生班接受全日制教育的合同制军人，如果拥有技术级，那么在全日制学习期间及从毕业后被任命军事职务之日起一年内仍享受原技术级津贴；

[①] 2021年4月22日第二百二十六号俄罗斯联邦国防部长令批准修订第四十三条。

[②] 译者注：专家学位是俄罗斯特有的学位等级。

因休假、出差、住院或其他正当理由未能参加技术级评任考核的军人，在技术级（未更改技术级）期满后仍继续享受原技术级津贴，直至上述理由不成立后满六个月。

军人根据相应指挥员签发的命令继续享受技术级津贴。①

第四十五条 被取消技术级的合同制军人，从相应指挥员签发关于取消其技术级的命令之日起不再享受技术级津贴。②

涉密工作月津贴

第四十六条 军人根据其依据文件能够合法接触的国家秘密等级，享受从事涉及国家秘密信息工作的月津贴（以下简称"涉密工作津贴"）③，具体数额如下：

接触绝密信息的军人按百分之二十五职务工资的标准享受涉密工作津贴；

接触机密信息的军人按百分之二十职务工资的标准享受涉密工作津贴；

接触秘密信息的军人按百分之十职务工资的标准享受涉密工作津贴。

第四十七条 根据指挥员的命令发放涉密工作津贴。该命令应在日历年年初发布，并注明军衔，姓、名、父称，职务（涉密人员职务清单），军人个人编号，涉密许可证编号及日期，涉密工作津贴开始发放日期和数额（用百分比表示）。

被任命涉密职务（临时代理空缺涉密职务）的军人，自上述命令中规定的发放日期开始享受涉密工作津贴。

第四十八条 军人从以下时间开始停止享受涉密工作津贴：

涉密工作许可文件失效之日的次日；

---

① 2021年4月22日第二百二十六号俄罗斯联邦国防部长令批准修订第四十四条。
② 2021年4月22日第二百二十六号俄罗斯联邦国防部长令批准修订第四十五条。
③ 符合2011年11月7日第三百零六号《俄罗斯联邦军人工资与专项津贴法》第二条第十七项。

停止接触国家涉密信息之日的次日。

当涉密等级降低时，军人停止享受原涉密工作津贴的起算时间为新涉密工作命令发布之时或新涉密工作命令规定的日期，或原涉密工作津贴期满的次日。

特殊服役条件月津贴

第四十九条[①]　向在特殊条件下服役的合同制军人发放基于职务工资计算的特殊服役条件月津贴（以下简称"特殊服役条件津贴"）的标准

（一）按百分之百职务工资的标准向下列人员发放特殊服役条件津贴：

在俄罗斯联邦国防部中央机关服役的军人；

担任舰队司令职务的军人。

（二）按百分之七十职务工资的标准向下列人员发放特殊服役条件津贴：

潜艇（巡洋舰）船员；

水面舰艇（船舶）上核动力深潜（潜水）器工作人员；

深水站的技术人员；

在建潜艇的船员；

受邀参加潜艇（巡洋舰、深水站）试运行的人员；

承担培养核潜艇专业人员任务的院校和教导队的教员；

在过去一年内按作战训练（专业训练）计划执行飞行任务并完成俄罗斯联邦国防部规定飞行时长的飞机和直升机（空中指挥所、飞行实验室、超轻飞行器）机组成员。

（三）按百分之五十职务工资的标准向下列人员发放特殊服役条件津贴：

水面舰艇（船舶、快艇）船员，包括在建水面舰艇（船舶、快艇）的船员；

[①] 2020年9月8日第四百二十五号俄罗斯联邦国防部长令批准修订第四十九条。

舰艇编队（最高至水面舰艇/快艇分舰队）军舰常驻指挥机关人员与潜艇指挥机关（最高至潜艇部队司令部）人员；

执行水下潜水作业（含在潜水加压舱中）且在过去一年完成规定水下（潜水）作业时长的人员（附件五）；

在特种（特殊）兵团、部队与分队服役的人员，不含在侦察兵团、部队与分队服役的人员；

在侦察指挥机关及侦察兵团、部队与分队服役的人员，包括在特种（特殊）侦察指挥机关与侦察兵团、部队、分队服役的人员；

担任与跳伞作业有关军事职务且在过去一年内达到俄罗斯联邦国防部长规定跳伞标准的人员；

在特种作战部队服役的人员。

（四）按百分之五十以下职务工资的标准向下列人员发放特殊服役条件津贴：

在特殊工作条件下独立担任军事医疗职务的专业人员；

执行太空项目保障任务的部队（机构、组织和分队）人员；

在部队、组织、机构及某些岗位的特殊设施内工作的人员；

从事特殊工种（执行特殊任务）的人员；

在其他特殊条件下服役的人员。

本项第二至第六自然段所述军人特殊服役条件津贴的具体数额，由俄罗斯联邦国防部长根据工作条件的相关清单确定。

其中，根据值班时长向担负作战值班的人员发放特殊服役条件津贴：

按百分之三十职务工资的标准向每月值班五昼夜及以上的人员发放特殊服役条件津贴；

按百分之十五职务工资的标准向每月值班三至五昼夜的人员发放特殊服役条件津贴；

按百分之五职务工资的标准向每月值班一至三昼夜的人员发放特殊服役条件津贴。

（五）按百分之二十职务工资的标准向下列人员发放特殊服役条件津贴：

在航空部队（航空救援中心）负责保障飞机和直升机飞行安全的专业地勤人员；

带有履带底盘和轮式底盘的制式作战（特种）设备的乘员组人员，以及乘员组中负责教授如何驾驶战车的教导部队和教导分队的教练人员；

处理核燃料和放射性废料，以及为舰艇重新填装核反应堆的人员。

（六）按百分之二十以下职务工资的标准向下列人员发放特殊服役条件津贴：

担任需要使用外语职务的人员，其中向担任需要使用一种西方外语职务的人员按百分之十职务工资的标准发放特殊服役条件津贴，向担任需要使用一种东方语言或两种及以上外语职务的人员按百分之二十职务工资的标准发放特殊服役条件津贴；

获得外语证书的人员，向其发放一年的特殊服役条件津贴；

部队及所属机构的指挥员，以及所任职务的职责与分队指挥相关的人员。

（七）按百分之十职务工资的标准为在莫斯科市、莫斯科州、圣彼得堡市和列宁格勒州服役的军人发放特殊工作条件津贴。

第五十条　具有两条及以上理由申领特殊服役条件津贴的合同制军人，按所有特殊服役条件津贴数额（职务工资百分比）的总和享受特殊服役条件津贴，但最多不得超过百分之百职务工资的标准。①

第五十一条　临时代理应发放特殊服役条件津贴的空缺职务的合同制军人，在代理职务期间应享受特殊服役条件津贴。

临时代理不应发放特殊服役条件津贴的空缺职务的合同制军人，即便之前所任职务可申领特殊服役条件津贴，在代理职务期间也不应享受特殊服役条件津贴。②

第五十二条　根据相关指挥员发布的注明特殊服役条件津贴发放依据与数额的命令，发放特殊服役条件津贴。

---

① 2020年9月8日第四百二十五号俄罗斯联邦国防部长令批准修订第五十条。
② 2020年9月8日第四百二十五号俄罗斯联邦国防部长令批准修订第五十一条。

和平时期生命与健康危险任务月津贴

第五十三条 根据军人在和平时期执行对生命与健康构成危险的任务情况，发放和平时期生命与健康危险任务月津贴（以下简称"危险任务津贴"），标准不超过百分之百职务工资。[①]

第五十四条 根据潜水深度、潜水时长和任务性质，按下列标准为执行潜水作业的军人发放危险任务津贴：

（一）担任军事登记专业为潜水的职务，且健康状况适合并能够潜水（含在潜水加压舱内）的人员：

最大潜水深度（含）	每潜水作业1小时的危险任务津贴额（单位:%职务工资[②]）		
	采用短时潜水方法执行潜水作业		在高压潜水钟、高压水箱、深水高压舱和无水高压隔舱内长时间停留
	在海洋（河流、湖泊和其他露天水系）中、泥土（设施）之上	在蓄水池、水箱、深水高压舱、无水高压隔舱内	
10米以内	0.5	0.4	0.4
20米以内	1.0	0.75	0.8
40米以内	3.0	2.0	2.5
60米以内	5.0	3.5	4.0
90米以内	20.0	15.0	16.0
120米以内	40.0	30.0	35.0
160米以内	80.0	60.0	65.0
160米以上	100.0	75.0	80.0

（二）担任军事登记专业为潜水的职务，且健康状况适合并能够潜水（含在潜水加压舱内）的人员，着抗压潜水服或在救援潜水钟、潜水观察舱/工作舱（以下简称"刚性潜水器"）内的非高压条件下执行潜水作业：

---

① 2020年9月8日第四百二十五号俄罗斯联邦国防部长令批准修订第五十三条。

② 译者注："%职务工资"是指占职务工资的百分比。如表中"16.0"的数值，是指占职务工资的16%。

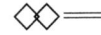

最大潜水深度（含）	每潜水作业1小时的危险任务津贴额（单位:%职务工资）	
	着抗压潜水服	在刚性潜水器内
100米以内	5.0	2.0
200米以内	10.0	4.0
300米以内	15.0	7.0
400米以内	20.0	10.0
500米以内	25.0	13.0
500米以上	35.0	20.0

（三）在特种（特殊）部队（分队）、特种作战力量、俄罗斯联邦国防部军事大学的中心（国防部语言中心）任职的人员，穿脚蹼或在水下动力装置中执行水下特种作业任务：

水下运动方式	按最大潜水深度计算在水下作业1小时的危险任务津贴数额（单位:%职务工资）	
	深度10米以内	深度10米以上
穿脚蹼	2.5	3.5
在水下（个人、小组）动力装置中	2.0	2.5
穿脚蹼并携特种物品	3.5	4.5
在载有特种物品的水下动力装置中	2.5	3.0

（四）在潜水加压舱加压、给定气压及减压状态下执行潜水作业（含长时间处于持续高压下的潜水方法）：

最大潜水深度	危险任务津贴数额（单位:%职务工资）		
	在潜水加压舱给定气压下每停留1小时	减压期间（取决于潜水深度或在潜水加压舱内停留时长）	
		短时潜水，每下潜1米	长时间在持续高压下潜水，每下潜1米
100米以内	2.0	0.2	1.0
100米至160米	2.5	0.4	1.0
160米以上	3.0	1.0	1.0

（五）在高压状态的潜水加压舱（潜艇或潜水器的压力隔舱）内通过医疗减压（升压）对潜水员进行治疗的军人，按在舱内每停留一小时增加百分之一职务工资的标准享受危险任务津贴。

其中，根据本条第一项和第二项确定的办法享受危险任务津贴的潜水作业军人，可根据任务性质（潜水作业的复杂程度），按水下每停留一小时增加一定数额的职务工资标准，享受增加的危险任务津贴。具体如下：

1. 在以下作业条件下，水下每停留一小时可增加百分之十五的职务工资：

冰下作业；

吊座上作业；

堆积废物或黏性土底上作业。

2. 在以下作业条件下，水下每停留一小时可增加百分之二十的职务工资：

水流中作业（作业地点的水流速为0.5米—1.0米/秒）；

作业地点的能见度小于1米。

3. 在以下作业条件下，水下每停留一小时可增加百分之二十五的职务工资：

在水温低于4℃且装备未加热条件下作业（救援和紧急作业），以及在水温超过37℃条件下作业；

在水被化学物质、污水和石油制品污染的条件下作业。

4. 在以下作业条件下，水下每停留一小时可增加百分之三十的职务工资：

作业地点的能见度为零；

在狭窄的下沉场地内作业或通过鱼雷发射管（鱼雷发射管模拟器）进出潜水。

5. 从事水下电焊（焊接和切割金属）作业时，水下每停留一小时增加百分之三十五的职务工资。

6. 在以下作业条件下，水下每停留一小时可增加百分之四十的职务工资：

在水流中作业（作业地点水流速超过1.0米/秒）；

在风浪超过二级时作业。

7. 在水中或底部（设施）有放射性沾染的条件下，水下每停留一小时可增加百分之五十的职务工资。

当存在若干导致潜水作业复杂的因素时，危险任务津贴的百分比可以累加，但不得超过百分之百的职务工资。同时，应有文件（工作总结报告、工作计划摘录、潜水工作日志、航路指南和其他文件）证明存在导致潜水作业复杂的因素。

此外，在从事实验性潜水及与救人直接相关的救援潜水作业时，军人的危险任务津贴总额应增加百分之五十的职务工资。

在从事潜水打捞遇难者遗体/遗体残骸（运送到打捞设备）时，军人的危险任务津贴总额应增加百分之百的职务工资。

从事潜水教练工作的军人（不含本条第三项所述军人）的危险任务津贴应按本条各项规定的危险任务津贴数额的1.5倍计算。

潜水作业的时长按小时计算。如果潜水作业的时长少于或超过一小时，危险任务津贴的数额则根据实际时间（按比例）计算。

学习潜水或提升潜水专业技能的人员，以及所执行潜水任务未纳入战斗（教学训练）计划的人员，不享受危险任务津贴。

第五十五条 在部队常驻地外直接参加演习、舰船航行、野外战斗训练、野外战斗教学训练任务及其他任务的合同制军人，应按每天百分之二职务工资的标准享受危险任务月津贴，但每月总额不得超过百分之六十的职务工资。

第五十六条 完成跳伞（携带装备）任务的军人，根据跳伞次数、跳伞任务的条件和性质享受下列数额的危险任务津贴：

跳伞次数	每次跳伞的危险任务津贴数额（单位:% 职务工资）
第1次跳伞	6.0
第2至第20次跳伞	4.0
第21至第50次跳伞	3.0

续表

跳伞次数	每次跳伞的危险任务津贴数额（单位：% 职务工资）
第 51 至第 100 次跳伞	3.5
第 101 至第 150 次跳伞	4.5
第 151 次及之后的跳伞	5.0

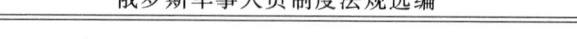

拥有"伞降训练教官""空降训练教官""跳伞运动健将""世界级跳伞运动健将"或"跳伞运动功勋健将"称号的军人，每一次跳伞的危险任务津贴可增加百分之一的职务工资。

同时，完成上述跳伞任务的军人享受的危险任务月津贴不得超过其职务工资的百分之五十。

在复杂条件下完成跳伞作业的合同制军人，按每个复杂条件因素增加百分之一职务工资的标准（最多两个复杂条件因素）享受危险任务津贴；在复杂条件下完成跳伞作业的跳伞指挥员，最多按三个复杂条件因素的数额总和享受危险任务津贴。

跳伞复杂条件因素包括：

（跳伞时）履行跳伞指挥职责；

延迟开伞时间不少于二十秒，包括因考虑降落稳定性而延迟开伞；

在面积有限的场地跳伞；

在复杂气象条件下跳伞（云底高度低于规定跳伞高度）；

地面风速大于五米/秒；

向海拔超过五百米的着陆场跳伞；

夜间向水面（着潜水装备跳伞除外）或林区跳伞；

携带武器（手枪除外）跳伞；

携带超过四公斤货箱（不含制式装备）跳伞；

跟在空投的装备后跳伞；

从低于五百米或高于四千米的高度跳伞；

从飞行速度超过二百公里/小时的飞机上跳伞。

采用弹射方式或着潜水装备方式完成跳伞的人员，每次跳伞的危险任务津贴额增加百分之二的职务工资；采用空投装备（跳伞员位于装备内）降落的人员，每次降落的危险任务津贴额增加百分之四的职务工资。

完成携新型伞具跳伞、从无人跳过伞的飞行器上跳伞或从无人跳过伞的（飞行器的）位置上跳伞等试验性跳伞任务的人员，每次跳伞的危险任务津贴额增加百分之五十的职务工资。

当军人按照作战训练计划和作战教学训练计划完成可申领危险任务津贴的年度跳伞次数标准（附件六）时，应在日历年全年享受危险任务津贴。

在计算危险任务津贴额时，应全面考虑军人已完成的所有得到文件证明的跳伞任务，包括（入伍）服役前完成的跳伞任务。

完成下列跳伞任务不享受危险任务津贴：

不在作战训练计划和作战教学训练计划范围内的跳伞；

达到跳伞年度最高危险任务津贴数额后的跳伞。

第五十七条 从事爆破技术与发现、识别、拆除、无害化处理/销毁爆破装置/易爆危险设施（易爆危险品）工作的现役军人，以及使用爆破材料、器材、装置和易爆危险设施（易爆危险品）的现役军人应按天享受危险任务津贴：

易爆危险品（及相关工作）	每日危险任务津贴额（单位：% 职务工资）
第一危险等级	1.5
第二危险等级	2.0
第三危险等级	2.5
军火库、基地和仓库内已过储存期限（已损坏、不宜使用或因其他原因应爆破销毁）的易爆危险品，不含装有液体炸药的集束弹药	1.0
爆破技术鉴定或弹道鉴定工作，以及直接与诊断、拆卸、销毁各种弹药与简易爆炸装置相关的鉴定与研究工作	2.5

军人完成上述工作的危险任务月津贴总额不得超过其职务工资的百分之五十。

危险任务津贴的发放应符合以下特别规定：

（一）除轻武器使用的爆炸物、燃烧物、烟幕剂及子弹（不含使用"瞬时燃烧"型子弹头的口径为12.7毫米和14.5毫米的轻武器子弹），以及信号地雷、地面信号器材、照明器材和预警器材外，其他所有弹药都属于易爆危险品。从事发现和（或）无害化处理（销毁）这些易爆危险品工作的军人应享受危险任务津贴。

（二）易爆危险品的危险等级：

1. 第一危险等级的易爆危险品：在遵守仓库、基地与军火库弹药装卸与运输安全要求的条件下可采用各种方式移动且未转入作战状态的非整装弹药或整装弹药，包括：

炮管、引导装置或发射装置无使用痕迹（传动带或点火管无使用痕迹、弹翼折叠）的各种口径和型号的炮弹和导弹；

"瞬时燃烧"型子弹头及装有该类子弹头的口径为12.7毫米和14.5毫米的轻武器子弹；

无引信的手榴弹和反坦克榴弹，带保险销且有引信的手榴弹和反坦克榴弹；

作战使用（从运输工具上投放、从导向装置发射）前有（无）引信的航空打击兵器；

无引信的各型号工程弹药，带保险销且有引信的各型号工程弹药；

含炸弹的弹药组件。

2. 第二危险等级的易爆危险品：在遵守安全要求的条件下允许个人着装甲防护装备使用且已转入作战状态的整装弹药，包括：

炮管、引导装置或发射装置有使用痕迹（传动带或点火管有使用痕迹、弹翼展开）的各种口径及型号的炮弹和导弹；

无保险销且有引信的手榴弹和反坦克榴弹；

无保险销且有引信的各型号工程弹药；

作战运用中出现故障的弹药；

有危险且不宜作战使用的装有液体炸药的集束弹药；

在军火库、基地和仓库清除爆炸和火灾现场时发现的整装弹药，以及带有底火装置和内置电源的弹药、引信和爆破装置。

3. 第三危险等级的易爆危险品：含有妨碍无害化处理零件（装置）的弹药与简易爆炸装置，包括：

配有自毁装置、不可回收装置或不可无害化处理装置且已转入战斗状态的各型号弹药和爆炸装置；

配有磁性引信、声学引信、地震波引信和其他非触发引信且已转入战斗状态的各型号弹药；

可控制和不可控制的简易爆炸装置（地雷）。

（三）有权申领危险任务津贴的人员：

扫雷组（队）长（爆破作业指挥员）；

从事搜寻、收集、从土（水、设施）中取出和装载易爆危险品工作的扫雷组军人；

易爆危险品销毁组的军人；

运输易爆危险品的司机和车长。

扫雷组组长（爆破作业指挥员）应负责为每个（每组）易爆危险品的发现、无害化处理与销毁拟制报告（附件七）。

此外，在进行搜寻和（或）无害化处理（销毁）易爆危险品等作业时，还应将制式护套（完整的、已损坏或已变形的金属套）与含炸药的弹药碎片也视为易爆危险品。

第五十八条 从甲板或地面综合训练设施起飞并完成飞行的合同制军人，依据飞行次数和飞行方法享受危险任务津贴：

驾驶飞机起降的军人按百分之五职务工资的标准享受危险任务津贴；

驾驶直升机起降的军人按百分之三职务工资的标准享受危险任务津贴；

利用地面综合训练设施起降的军人按百分之二职务工资的标准享受危险任务津贴。

同时，完成上述飞行军人的危险任务津贴的每月总额不得超过其职务工资的百分之五十。

第五十九条 作为飞行机组成员完成扑灭自然因素和人为因素引发火灾任务的合同制军人，按每天百分之二职务工资的标准享受危险任务津贴，但每月总额不得超过百分之五十的职务工资。

第六十条 与秘密协助者直接接触的合同制军人应按百分之四十职务工资的标准享受危险任务津贴。

危险任务津贴发放的起始时间以指挥员发布的关于发放和停发危险任务津贴的命令为依据。

第六十一条 在哈萨克斯坦共和国拜科努尔市和拜科努尔基地生态风险区服役的俄罗斯联邦合同制军人应按百分之二十职务工资的标准享受危险任务津贴。

第六十二条 负责诊疗艾滋病患者、处理含艾滋病病毒材料的合同制军人，以及在抗鼠疫机构，烈性传染病防治处、科、实验室与卫生防疫队工作的合同制军人，应按百分之二十职务工资的标准享受危险任务津贴。

第六十三条 在工作条件有危害且/或有危险的医疗机构（分部）担任医疗人员的合同制军人，应按不超过百分之三十职务工资的标准享受危险任务津贴。危险任务津贴的具体数额，由俄罗斯联邦国防部长在批准服役条件相关清单时确定。

第六十四条 从事尸检工作，检验工作中须使用X射线、高频射线和电离射线，或检测工作中须接触有毒物质、麻醉物质、烈性物质和侵蚀性物质的合同制军人，应按不超过百分之三十职务工资的标准享受危险任务津贴。危险任务津贴的具体数额，由俄罗斯联邦国防部长在批准服役条件相关清单时确定。

第六十五条 参与重新填装舰船核反应堆、处理核燃料和放射性废物工作的合同制军人，应按每天百分之一职务工资的标准享受危险任务月津贴，但每月总额不得超过百分之二十的职务工资。

第六十六条 根据相应指挥员签发的命令发放危险任务津贴。命令中应注明危险任务津贴的依据、按百分比表示的数额和发放期限（应发放的天数）。

国家保密部门工龄比例月津贴

第六十七条 在国家保密部门服役的合同制军人，每月应享受国家保密部门工龄比例津贴（以下简称"保密部门工龄津贴"），数额依据2006年9月18日第五百七十三号政府令《长期接触国家秘密的公民与国家保密部门工作人员享受社会保障的规定》确定。

第六十八条 无论合同制军人曾在哪个俄罗斯联邦国家政权机关、地方自治机关或部队的保密部门服役（工作），在计算国家保密部门工作人员的工龄时，有文件证明的这些服役时间均可计入其在国家保密部门工作的工龄，但其在保密部门暂停工作的时间不含在内。

第六十九条 根据指挥员的命令向合同制军人发放保密部门工龄津贴。该命令由相关指挥员于每年或逢军人因工龄增长可申领更高数额的保密部门工龄津贴时发布。

在国家保密部门任职（临时代职）的合同制军人，从指挥员发布的关于保密部门工龄津贴发放命令中所规定的发放日期起，开始享受保密部门工龄津贴。命令中还应注明军衔，姓、名和父称，职务，个人编号，在国家保密部门的工龄和用百分比表示的保密部门工龄津贴额度。

受过高等法律教育且担任司法职务的军人月津贴

第七十条 受过高等法律教育且担任司法职务的合同制军人，主要负责对法律文件和法律文件草案进行合法性审查，起草、校对法律文件草案和作为法律工作者或执行者签署法律文件草案。其应按如下标准享受月津贴：[①]

如在国防部中央机关任职，应按百分之五十职务工资的标准享受月津贴；

如在军事指挥机关、武装力量各军种、武装力量各兵种、各军区（舰队）及军团指挥机关任职，应按百分之五十职务工资的标准享受月

---

① 符合2001年5月8日第五百二十八号俄罗斯联邦总统令《关于加强国家机关司法勤务的若干措施》。

津贴；

如在兵团及部队指挥机关任职，应按百分之十五职务工资的标准享受月津贴。

孤儿或无父母抚养者月津贴

第七十一条 孤儿或无父母抚养的义务兵役制军人应享受孤儿或无父母抚养每月津贴（以下简称"孤儿或无父母抚养者津贴"），按百分之五十五职务工资的标准享受孤儿或无父母抚养者津贴。[①]

根据指挥员的命令向此类义务兵役制军人发放孤儿或无父母抚养者津贴，发放时长与职务工资的发放时长一致。

第七十二条 核定孤儿或无父母抚养者月津贴的依据是孤儿或无父母抚养的义务兵役制军人的名单。该名单每年由部队参谋部或队务处（干部科和队务科）负责根据父母去世或无父母抚养的证明文件（或文件副本）拟制；或者每学年开始前由军事职业教育机构、高等军事教育机构负责根据父母去世或无父母抚养的证明文件（或文件副本）拟制。上述证明文件包括父母死亡证明、法院关于父母无监护能力并剥夺父母监护权的裁决、法院关于父母犯罪的判决，以及监护和保护机构关于实施监护（保护）的决定。

部队（军事职业教育机构、高等军事教育机构）根据相关文件（文件副本），从义务兵役制军人失去父母（或失去父母抚养）之日起向其发放孤儿或无父母抚养者月津贴。

从义务兵役制军人年满二十三岁的次月 1 日起停发该津贴。

分队指挥月津贴[②]

第七十二·一条 义务兵役制军人，如果所任军事职务的职责与分队指挥相关，那么根据 2020 年 7 月 10 日第 1014 号政府令《关于义务兵役制军人津贴的命令》每月按以下比例享受分队指挥月津贴：

[①] 2020 年 9 月 8 日第四百二十五号俄罗斯联邦国防部长令批准修订第七十二条。

[②] 2020 年 9 月 8 日第四百二十五号俄罗斯联邦国防部长令批准增加。

担任连队军士长职务的义务兵役制军人（无论何种军事登记专业的名称与组别）按百分之四十职务工资的标准享受分队指挥月津贴；

担任副排长职务的义务兵役制军人（无论军事登记专业的名称与组别）按百分之三十职务工资的标准享受分队指挥月津贴；

担任班长及其他与分队指挥职责相关职务的义务兵役制军人（无论军事登记专业的名称与组别）按百分之二十职务工资的标准享受分队指挥月津贴。①

第七十二·二条 分队指挥月津贴根据相关指挥官的命令发放。该命令应规定津贴发放的理由及以百分比形式表示的津贴额度。②

第四章　其他津贴

恪尽职守奖金

第七十三条 为合同制军人发放恪尽职守奖金（以下简称"奖金"）。该奖金的年度总额不得超过合同制军人三个月的基本工资。③

第七十四条 该奖金随工资发放：本月发放上月的奖金，12月发放当月的奖金。

该奖金根据当月1日的月基本工资（军衔工资和职务工资）计发。如果临时代理空缺职务，职务工资按临时代理的职务计算。

第七十五条 根据相应指挥员每月签发的命令，按月基本工资的百分比享受奖金：

（一）合同制军人按不超过百分之二十五月基本工资的标准享受奖金；

（二）军事职业教育机构与高等军事教育机构的学员，根据上一次考试成绩或入学考试成绩享受相应的奖金标准：

---

① 2020年9月8日第四百二十五号俄罗斯联邦国防部长令批准增加。

② 2020年9月8日第四百二十五号俄罗斯联邦国防部长令批准增加。

③ 符合2011年12月5日第九百九十三号俄罗斯联邦政府令《关于向军人发放恪尽职守奖金和年度补助金的规定》。

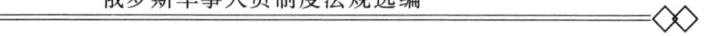

如果所有科目考试成绩为优秀，按不超过百分之二十五月基本工资的标准享受奖金；

如果所有科目考试成绩为良好或优秀，按不超过百分之十五月基本工资的标准享受奖金；

如果有科目考试成绩为及格，按不超过百分之五月基本工资的标准享受奖金；

如果履行年级/系/学员连领队、学员排排长和副排长、学员组组长和副组长、学员班班长和副班长职责且所有科目成绩均在及格以上，按不超过百分之二十五月基本工资的标准享受奖金。

第七十六条 奖金数额根据军人当月履职情况和业绩确定，同时还应考虑其职业岗位训练（岗位训练和/或作战训练）与体能训练情况、是否因违反纪律受到纪律处分、是否因违反财经活动和经济活动规定给武装力量带来损失并列入财经活动审计（问题审查）报告。

第七十七条 因退役、入伍或其他原因当月服役未满整月的合同制军人，基于奖金发放决定（命令）签发之日的月基本工资标准按实际履职时间计发奖金。

第七十八条 在《合同制军人恪尽职守奖金发放规则》（俄罗斯联邦政府 2011 年 12 月 5 日第九百九十三号政府令批准）第六项规定的情况下，不得向合同制军人发放奖金。

年度补助金

第七十九条 根据合同制军人提出的申请报告，可向其发放年度补助金（以下简称"补助金"），数额为一个月的基本工资。[①]

第八十条 有权享受补助金但尚未申领的合同制军人，其补助金在当年 12 月随工资一同发放。

第八十一条 基于补助金发放决定（命令）签发之日的军衔工资和职务工资计发补助金；如果临时代理空缺职务，职务工资按临时代理

---

① 符合 2011 年 12 月 5 日第九百九十三号俄罗斯联邦政府令《关于向军人发放恪尽职守奖金和年度补助金的规定》。

的职务计。如果在 12 月发放补助金，则应在 12 月 1 日发放。

根据相应指挥员的命令发放补助金。

第八十二条 合同制军人离开部队时，应在关于将其从部队全体人员名单中删除的命令中写明当年已向其发放补助金的数额和月份。

如果未发放物质援助，命令中应写明"今年未发放年度补助金"。命令摘录应存入合同制军人的个人档案。

第八十三条 从提供兵役的俄罗斯联邦权力执行机关或俄罗斯联邦国家机关调至武装力量继续服役的合同制军人，在调至武装力量的当年不享受补助金。从武装力量调至提供兵役的俄罗斯联邦权力执行机关或俄罗斯联邦国家机关的合同制军人，若尚未获得补助金，离开时应补发补助金。

第八十四条 在《合同制军人年度补助金发放规则》（俄罗斯联邦政府 2011 年 12 月 5 日第九百九十三号政府令批准）第六项规定的情况下，不得向合同制军人发放补助金。

在俄罗斯联邦境外部队服役的军人与在紧急状态和武装冲突条件下执行任务军人的工资上浮系数、职务工资额度和津贴额度

第八十五条 在俄罗斯联邦境外部队服役的军人与在紧急状态和武装冲突条件下执行任务的军人，根据相应指挥员的命令，按俄罗斯联邦政府 2011 年 12 月 21 日第一千零七十一号政府令《在俄罗斯联邦境外部队服役的军人与在紧急状态和武装冲突条件下执行任务军人的工资发放规定》规定的办法和标准发放工资。

军人工资系数（地区系数、高山地区服役系数、沙漠和干旱地区服役系数）

第八十六条 在极北地区与同类地区、气候或生态环境恶劣地区（含边远地区、高山地区、沙漠地区和干旱地区）服合同兵役的军人，按俄罗斯联邦政府 2011 年 12 月 30 日第一千二百三十七号政府令《在极北地区与同类地区、气候或生态环境恶劣地区（含边远地区、高山地区、沙漠地区和干旱地区）的合同制军人和部分俄罗斯联邦权力执行机关人员的工资系数和比例津贴数额计算办法》的规定享受工资系数（地区系数、高山地区服役系数、沙漠和干旱地区服役系数）。

第八十七条 根据指挥员的命令，向下列合同制军人发放工资系数：

（一）因职务任命、列入指挥员掌握、解除原服役地职务后进入军事职业教育机构或高等军事教育机构学习、部队（分队）常驻地变更等原因，抵达规定应发放工资系数的边远地区、高山地区、沙漠地区和干旱地区的合同制军人：

独自抵达边远地区、高山地区、沙漠地区和干旱地区的合同制军人从抵达之日（列入部队全体人员名单之日）起享受工资系数；

作为部队（分队）集体成员抵达的合同制军人从抵达常驻地之日起享受工资系数。

（二）离开规定应发放工资系数的边远地区、高山地区、沙漠地区和干旱地区，并前往其他边远地区、高山地区、沙漠地区和干旱地区服役的合同制军人：

独自离开并解除相应职务的合同制军人，其原工资系数发放至其离开边远地区、高山地区、沙漠地区和干旱地区之日（从部队全体人员名单中删除之日）；

由于常驻地变更作为部队（分队）集体成员离开的合同制军人，其工资系数发放至其离开常驻地之日。

在极北地区与同类地区、气候或生态环境恶劣地区（含边远地区）服役军人工资的比例津贴

第八十八条 在边远地区服役的合同制军人，按俄罗斯联邦政府2011年12月30日第一千二百三十七号政府令《在极北地区与同类地区、气候或生态环境恶劣地区（含边远地区、高山地区、沙漠地区和干旱地区）的合同制军人和部分俄罗斯联邦权力执行机关人员的工资系数和比例津贴数额计算办法》规定的数额和办法，依据其在边远地区的服役（服务和劳务）时间按一定的工资比例享受津贴（以下简称"边远地区服役津贴"）。

第八十九条 部队委员会根据个人档案、军人证及工作证上的记录

（必要时根据兵役局、部队和单位出具的证明文件）及俄罗斯联邦法律和其他规范性法律文件规定的其他证明文件，确定合同制军人边远地区服役津贴计算所需的军龄、工龄及服役时长（含义务兵役实际服役时长）。相应指挥员在合同制军人抵达规定应发放边远地区服役津贴的地区后发布命令宣布其军龄、工龄及服役时长，以及其有权享受边远地区服役津贴的期限。单个合同制军人从列入边远地区部队全体人员名单之日起，享受边远地区服役津贴；作为部队（分队）集体成员的合同制军人从抵达边远地区常驻地之日起享受边远地区服役津贴。

第五章　临时履职军人工资的发放

第九十条　根据《服役条例》第十二条规定的程序，代理空缺职务的合同制军人从开始履行代理职务的职责之日起按该职务享受职务工资，直至其被解除该职务（含当日）为止。

第九十一条　临时代理非空缺职务的合同制军人按代理前的原职务享受职务工资。

第六章　列入指挥员掌握军人的工资发放

第九十二条　合同制军人在列入指挥员掌握期间应享受军衔工资、此前所任职务的职务工资和军龄津贴。[①]

第九十三条　列入指挥员掌握的合同制军人如果临时代理空缺职务，应按所代理的职务享受全额工资（含津贴），但不享受本《办法》第九十二条规定的军龄津贴。

---

① 符合 2011 年 11 月 7 日第三百零六号联邦法《俄罗斯联邦军人工资与专项津贴法》第二条第二十八项。

第七章　与体制编制调整相关的军人工资发放

第九十四条　如果合同制军人担任的职务缩编、职务编制军衔降低（职务工资降低）或出现《服役条例》第三十四条第四项第一目的情形，那么其应从国防部关于实施编制体制调整的法律文件所规定的编制体制调整结束之日起，按本《办法》第九十二条和第九十三条规定的办法领取工资，直至其担任其他军事职务、临时履行空缺职务职责或退出现役为止。

第九十五条　编制体制调整结束前在休假、住院治疗、公务出差或学习但保留在服役地职务的合同制军人，从其休假（住院治疗、公务出差或学习）结束的次日起按本《办法》第九十二条和第九十三条规定的办法领取工资，直至其担任其他军事职务、临时履行空缺职务职责或退出现役为止。

第八章　休假（含育儿假）期间军人工资的发放

第九十六条　合同制军人在休假期间应享受全额工资，但本《办法》第九十八条规定的情形除外。

第九十七条　休完育儿假与未休完育儿假（孩子满三岁前）就开始工作的女军人，从开始履行职务职责之日起恢复工资发放。

第九十八条　不予发放工资的情形：

女军人在孕产假期间不予发放工资；

在孩子满三岁前休育儿假的合同制军人不予发放工资；

接受过学士（专家、硕士）高等教育的合同制军人因准备和参加国家职业教育机构或国家高等教育机构在职学习（函授学习、面授＋函授学习）入学考试（其他考试），以及考入后攻读第二个或下一个学士或专家高等教育学位而休学习假期间不予发放工资；

获得苏联英雄、俄罗斯联邦英雄和三个级别荣誉勋章的合同制军人，依照1993年1月15日第四千三百零一·一号《苏联英雄、俄罗斯联邦英雄和荣誉勋章获得者地位法》的规定休补充假期间不予发放工资；

合同制军人如果依照俄罗斯联邦选举法登记为由直接选举产生的职位、国家权力机关（议会）/地方自治机关成员的候选人（候选人代理人），休补充假期间不予发放工资；①

依照俄罗斯联邦法律和其他规范性法律文件规定，有权享有不带薪休假的军人在不带薪休假期间不予发放工资。

第九章　住院治疗和病假期间军人工资的发放

第九十九条　合同制军人按《服役条例》规定在医疗机构连续住院治疗和休病假期间应享受全额工资。

第一百条　正在住院治疗或休病假的合同制军人，如果收到退役命令，应按本《办法》第一百二十三条规定的办法领取工资。

第一百零一条　为照顾生病的家庭成员而被解除职务职责的合同制军人，根据医疗机构出具的关于其家庭成员暂时丧失劳动能力的证明文件，在免除职务职责期间可继续享受全额工资。

第一百零二条　义务兵役制军人在住院治疗和休病假期间享受全额工资。

第十章　被捕或在纪律部队服刑的军人、被采取强制措施拘留的军人与因犯罪被判刑军人的工资发放

第一百零三条　因犯罪被判处剥夺自由、限制自由或剥夺军衔的军人，其工资发放至因根据相关理由退役而从部队全体人员名单中删除之日。

---

① 符合《服役条例》第三十一条第十七项。

第一百零四条 被捕（在禁闭室关押）军人在关押期间的工资待遇：

合同制军人被捕（在禁闭室关押）期间，为其发放军衔工资及合同制军人第一工资等级的职务工资；

义务兵役制军人被捕（在禁闭室关押）期间，为其发放职务工资并按本《办法》第七十一条和第七十二条发放孤儿或无父母抚养者月津贴。①

第一百零五条 被判处在纪律部队服刑的军人在从判决产生法律效力之日起到刑满后被任命军事职务或退出现役期间的工资待遇：

被判处在纪律部队服刑的合同制军人在从判决产生法律效力之日起到刑满后被任命军事职务或退出现役期间享受军衔工资与合同制军人第一工资等级的职务工资；

被判处在纪律部队服刑的义务兵役制军人在从判决产生法律效力之日起到刑满后被任命军事职务或退出现役期间享受职务工资和按本《办法》第七十一条和第七十二条规定发放的孤儿或无父母抚养者月津贴。②

第一百零六条 被采取强制措施拘留的军人从拘留之日起停发工资，从释放之日起恢复工资发放。

如果军人被宣判无罪或针对军人的刑事案件以恢复军人名誉的方式结案，应全额补偿其被拘留期间的工资。

第十一章　擅自离开部队或服役地期间军人工资的发放

第一百零七条 擅自离开部队或服役地十昼夜以上的军人，不论离开的原因是什么，都应从指挥员命令中所写其擅自离开部队或服役地之日起，暂停享受全额工资。

---

① 2020年9月8日第四百二十五号俄罗斯联邦国防部长令批准修订第一百零四条。
② 2020年9月8日第四百二十五号俄罗斯联邦国防部长令批准修订第一百零五条。

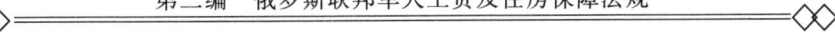

相关指挥员根据对上述军人擅自离开部队或服役地事实的调查结果，发布命令明确其全额工资恢复发放的日期。上述军人从该日起重新享受全额工资。

第一百零八条 在指挥员命令确定的擅自离开部队或服役地的时间段内：

合同制军人仅领取军衔工资、职务工资和军龄月津贴；

义务兵役制军人仅领取职务工资和本《办法》第七十一条和第七十二条规定的孤儿或无父母抚养者月津贴。

第十二章 被俘、被当作人质、被拘禁在中立国或失踪军人的工资发放

第一百零九条 按军人在被俘、被当作人质、被拘禁在中立国或失踪日之前的工资标准，每月向被俘、被当作人质、被拘禁在中立国或失踪军人的家庭成员（以下简称"军人家庭成员"）发放工资。

第一百一十条 按俄罗斯联邦政府2000年7月14日第五百二十四号政府令《关于向军人及其家庭成员发放专项津贴的规定》[1]的办法，将工资发给上述军人的配偶或发生上述情况前与军人共同生活的其他家庭成员。

在彻底查明军人是被俘、被作为人质、被拘禁在中立国，还是被释放、失踪或死亡前，应一直向军人家庭成员发放工资。

第一百一十一条 根据相应指挥员关于军人被俘、被作为人质、被拘禁在中立国或失踪的命令，以及军人妻子（丈夫）或其他家庭成员的申请，将军人的工资发给其配偶或其他家庭成员。

---

[1] 《俄罗斯联邦法律汇编》，2000年，第三十号，第三千一百四十五条；2017年，第二号（第一部），第三百六十八条。

第十三章　从俄罗斯联邦武装力量（提供兵役的俄罗斯联邦权力执行机关或俄罗斯联邦国家机关）调至提供兵役的俄罗斯联邦权力执行机关或俄罗斯联邦国家机关（俄罗斯联邦武装力量）军人的工资发放

第一百一十二条　从俄罗斯联邦武装力量调至提供兵役的俄罗斯联邦权力执行机关或俄罗斯联邦国家机关的军人，其工资发放至其从部队全体人员名单中删除之日。

第一百一十三条　在军事职业教育机构或高等军事教育机构学习的军人，如从上述教育机构毕业后到提供兵役的俄罗斯联邦权力执行机关或俄罗斯联邦国家机关服役，其工资发放至毕业后的假期结束之日。

第一百一十四条　从提供兵役的俄罗斯联邦权力执行机关或俄罗斯联邦国家机关调至武装力量服役的军人，从服役合同生效到军人开始履职期间，按下列组成计发工资：

军衔工资；

军人在提供兵役的俄罗斯联邦权力执行机关或俄罗斯联邦国家机关所任职务的职务工资；

军龄津贴。

第十四章　暂停服役期间军人工资的发放

第一百一十五条　当选为俄罗斯联邦议会国家杜马议员、俄罗斯联邦主体立法（代表）机关议员、市（区）代表机关议员和市（区）长且需长期履行职权的合同制军人，被任命为军事法院法官或俄罗斯联邦最高法院军事审判厅法官的合同制军人，履行俄罗斯联邦主体首脑权力或临时代理俄罗斯联邦主体首脑的合同制军人，以及当选为俄罗斯联邦议会联邦委员会成员的合同制军人，如果当选后暂停兵役并终止服役合同效力，其工资发放至因当选而解除军职之日（含）（列入指挥员掌握的合同制军人，其工资发放至解除兵役职责之日）。

被派往国际组织、国家国防安全保障组织和国家高等教育机构军事训练中心担任非军事职务且暂停服役的合同制军人，也按上述规定发放工资。

第一百一十六条 如果合同制军人在暂停服役结束后重新签署服役合同，那么从新合同生效之日到开始履行职务职责这段时间，应为其发放由军衔工资、暂停服役前所任职务的职务工资和军龄津贴构成的工资；

如果合同制军人在暂停服役结束后退出现役，那么从暂停服役结束之日到从部队全体人员名单中删除之日这段时间，也应为其发放由军衔工资、暂停服役前所任职务的职务工资和军龄津贴构成的工资。

第十五章 军事集训期间公民基本工资和津贴的发放

第一百一十七条 应召参加军事集训的公民，在军事集训地享受的基本工资包括：按附件二规定标准发放的军衔工资，以及参照合同制军人的职务工资等级按军事集训期间公民在部队所任职务发放的职务工资。

根据相应指挥员的命令，公民从列入军事集训部队的全体人员名单之日到从部队全体人员名单中删除之日这段时间，享受上述军衔工资和职务工资。

第一百一十八条 在边远地区、高山地区、沙漠地区和干旱地区参加军事集训的公民，参照合同制军人的标准享受职务工资系数、军衔工资系数与边远地区服役津贴。

预备役人员依据工作单位出具的边远地区工作时长证明，享受边远地区服役津贴。

公民在部队参加军事集训期间不享受其他津贴。

第一百一十九条 预备役人员在军事集训期间依照本《办法》第一百一十七条和第一百一十八条的规定获得收入。

第十六章 退役军人工资的发放

第一百二十条 退出现役的合同制军人，其工资发放至其从部队全体人员名单中删除之日。①

第一百二十一条 退役当年基本年假和补充假已休完的合同制军人，其工资发放至其从部队全体人员名单中删除之日。

军人医疗委员会认定不适合服役且需解除职务职责的拟退役军人，其工资发放至其从部队全体人员名单中删除之日。

第一百二十二条 退役当年未休（未休完）基本年假和补充假的合同制军人，其工资发放至其从部队全体人员名单中删除之日。

在部队收到关于军人退役的命令摘录前已移交工作和职务职责的合同制军人，其工资发放至其从部队全体人员名单中删除之日。

第一百二十三条 在部队收到关于军人退役的命令摘录时正在休假（含病假）或治疗的军人，其工资发放至其从部队全体人员名单中删除之日。

第一百二十四条 义务兵役制军人和军事职业教育机构、高等军事教育机构的学员，如在签署服役合同前退出现役，其从部队（教育机构）全体人员名单中删除当月的工资应全额发放。

第十七章 军人牺牲（死亡）后工资的发放

第一百二十五条 如果军人牺牲（死亡），应向其配偶发放其牺

---

① 符合《服役条例》第三十四条第十六项。

牲（死亡）前未领取的当月整月的基本工资和月津贴；如果其无配偶，则应按均等数额发给其牺牲（死亡）之前与其共同生活的成年子女、未成年子女（自幼残疾的子女，无论年龄多大）的法定代表人/监护人/受托人/收养人、其供养对象；如果其未婚且无子女，则按均等数额发给其父母。

第一百二十六条 军人生前有权领取但未领取的牺牲（死亡）当月整月的其他津贴，应全部发给本《办法》第一百二十五条规定的人员。同时，应按本《办法》第七十三条至第七十八条规定的数额和办法，发放合同制军人在牺牲（死亡）当年尚未领取的恪尽职守奖；应按本《办法》第七十九条至第八十四条规定的数额和办法，发放合同制军人在牺牲（死亡）当年尚未领取的年度补助金。

第十八章 工资供给证

第一百二十七条 军人调至新服役地时，其调动前工资发放的财经机构如采用随迁式工资发放办法，应为其办理并发放（或寄给其新服役部队）工资供给证（附件一）。军人因以下原因离开服役部队两个月以上时，也应为其发放工资供给证：

前往军事职业教育机构或高等军事教育机构学习；

在服役部队常驻地之外的国防部军事医疗机构［不含联邦预算（非营利性）机构］治疗；

公务出差。

第一百二十八条 应为以下合同制军人办理并发放（或寄给其新服役部队/兵役局）工资供给证：

从俄罗斯联邦武装力量调至提供兵役的俄罗斯联邦权力执行机关或俄罗斯联邦国家机关继续服役的合同制军人（无需提供工资供给证回执确认函）；

退出现役转入预备役或退休，并且有权领取退休金或军衔工资的合同制军人；以及因健康状况退出现役的合同制军人，无论其是否有权领取退休金或军衔工资。①

第一百二十九条 如果军人在服役期间牺牲（死亡），应根据兵役局的书面要求将已办理手续的工资供给证发往兵役局。

第一百三十条 义务兵役制军人退出现役时，不为其发放工资供给证。

第一百三十一条 在办理工资供给证时，应在供给证上注明以下信息：

如果根据相应指挥员的命令保留合同制军人原职的职务工资等级和数额，应额外标注"保留"字样；

注明合同制军人依照俄罗斯联邦法律有权增加（提高）的职务工资额度；

注明合同制军人当年在原服役部队已领取的年度补助金数额；如果合同制军人当年未在包括原服役部队在内的单位领取年度补助金，则应标注"未领取"字样；

服役时长计算的截止日期为合同制军人离开部队当月的1日。仅为合同制飞行人员与舰艇人员，空降兵部队、特种作战部队和特种部队的合同制军人注明按优惠方法计算的服役时长。

第一百三十二条 应用墨水笔、圆珠笔填写工资供给证，或使用打字设备填写工资供给证，且不得有涂抹、涂改和修改痕迹，字迹应清晰醒目。

第一百三十三条 办理好工资供给证后应在十日内，通过保价信、挂号信、机要信将附有回执确认函的工资供给证寄往财经机构（兵役局）或交给军人本人。

将军人列入工资发放名单的财经机构或兵役局应在收到供给证后十日内，通过保价信、挂号信或机要信，将回执确认函寄回发出工资供给证的财经机构。

---

① 2021年4月22日第二百二十六号俄罗斯联邦国防部长令批准修订第一百二十八条。

第十九章　差旅费

第一百三十四条　根据2011年11月7日第三百零六号《俄罗斯联邦军人工资与专项津贴法》、俄罗斯联邦政府2000年4月20日第三百五十四号政府令《军人及其家属与退役军人及其家属的交通费和个人财产托运费补偿办法》(《俄罗斯联邦法律汇编》，2000年，第17号，第一千八百八十三条；2020年，第十七号，第二千七百九十四条)及2020年4月18日第五百五十三号政府令"批准《关于军人、部分俄罗斯联邦执行权力机关的工作人员、俄罗斯联邦国民卫队服役人员与拥有专业警衔人员在俄罗斯联邦境内公务出差差旅费报销程序与标准》、修订2000年4月20日第三百五十四号俄罗斯联邦政府令第一条，以及认定部分俄罗斯联邦政府法案和法案条款失效"(《俄罗斯联邦法律汇编》，2020年，第十七号，第二千七百九十四条)，出差军人在服役地报销交通费、房间预订费、住宿费、在常住地之外居住的补助（即差旅补助），以及与公务出差相关的其他费用。

如果指挥员的命令不要求军人连续居住在出差地，且交通条件允许军人每天从出差地返回服役地或居住地，那么当天往返的军人不得领取差旅补助。[1]

第一百三十五条　出差地—服役地的往返路费包括乘坐公共交通工具（出租车除外）到达火车站、码头、机场、汽车客运站的费用及以下费用：

强制的交通保险费；

乘车证办理服务费；

火车卧具费。

第一百三十六条　将军人乘坐火车、飞机、公共汽车或其他交通工具出差离开服役地之日，视为出发日；将其乘坐交通工具抵达服役

---

[1] 2021年4月22日第二百二十六号俄罗斯联邦国防部长令批准修订第一百三十四条。

地之日，视为抵达日。如果交通工具在日历日结束（零点）前出发，视当天为出发日；如果交通工具在日历日开始（零点）后出发，视第二天为出发日。

如果交通工具出发站位于居民点范围之外，应另加从居民点到达出发站所需时间。按同样的方法确定出差军人抵达部队（分队）常驻地或临时驻地的日期。按当地时间确定出差出发日和抵达日。

如果军人在出差地生病，生病的天数不计入出差时间。同时，在健康状况不允许其执行出差任务或返回居住地期间，应报销其生病期间的住宿费（军人住院治疗的情况除外）及差旅补助。

第一百三十七条 路途时间按现行交通工具运行时刻表确定，并包括出差人员无法左右的原因导致的延误时间和换乘时间。

当军人在出差途中因无法左右的原因延误时间时，应由军事交通机关或卫戍区军事代表处负责人提供相应证明；如果上述负责人无法提供证明，则应由火车站、汽车站、码头、机场负责人提供证明。

第一百三十八条 由联邦预算资金出资、按出差期间每人每天三百卢布的标准向军人偿付差旅补助。

如果出差期间由联邦预算资金支持的饮食机构提供饮食，按每人每天一百卢布的标准向军人偿付差旅补助。[1]

第一百三十九条 依照本《办法》第一百三十八条规定的数额，补偿下列军人在路途中的花费：

前往（转到）其他居民点的医疗机构住院接受治疗并返回服役地的军人；

前往（调到）新服役地或跟随部队（分队）移防，且途中未免费享受饮食或口粮的义务兵役制军人。[2]

第一百四十条 如果执行公务的条件无法让军人在宾馆居住，则

---

[1] 2021年4月22日第二百二十六号俄罗斯联邦国防部长令批准修订第一百三十八条。

[2] 2021年4月22日第二百二十六号俄罗斯联邦国防部长令批准修订第一百三十九条。

根据下列能证明实际支出额的票据，报销房间预订费和住宿费（以下简称"住宿费"）：

（一）如果在提供住宿服务的机构住宿：

能够证明实际住宿费（不含额外服务费用）并加盖提供住宿服务机构制式公章的发票或其他凭证；

住宿费付款凭据［如果付款时未使用收银机，应有现金结算和（或）支付卡结算时填写的制式表单］。

（二）如果在提供住宿服务的个体旅馆住宿：

标注付款金额的租房（转租）合同原件和该旅馆在国家注册的个体经营证复印件；

住宿费付款凭据［如果付款时未使用收银机，应有现金结算和（或）支付卡结算时填写的制式表单或现金付款单据］；

在出差时间超过一天的情况下，在宾馆之外的地方住宿应得到派遣出差的主管人员的批准。[①]

第一百四十一条 前往国外及驻扎在国外的俄罗斯部队出差的军人，按照 2005 年 12 月 26 日第八百一十二号俄罗斯联邦政府令《俄罗斯联邦国家机关劳务合同人员、俄罗斯联邦国家预算外基金会工作人员与俄罗斯联邦国家机构工作人员赴国外公务出差期间差旅补助和差旅补助津贴以外币偿付的标准和程序》（《俄罗斯联邦法律汇编》，2006 年，第二号，第一百八十七条；2020 年，第三十五号，第五千五百七十条）与 2020 年 8 月 22 日第一千二百六十七号俄罗斯联邦政府令"批准的《俄罗斯联邦国家公务员、俄罗斯联邦国家机关劳务合同人员、俄罗斯联邦国家预算外基金会工作人员与俄罗斯联邦国家机构工作人员在国外公务出差期间住宿费报销限额规定》并宣布 2005 年 12 月 26 日第八百一十二号俄罗斯联邦政府令第十条失效"，报销在出差国家的生活费及住宿费。[②]

[①] 2021 年 4 月 22 日第二百二十六号俄罗斯联邦国防部长令批准修订第一百四十条。
[②] 2021 年 4 月 22 日第二百二十六号俄罗斯联邦国防部长令批准修订第一百四十一条。

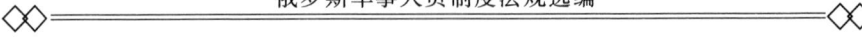

第一百四十二条　军人的下列外出不属于公务出差，在拟制年度公务出差计划时不予列入：

（一）作为部队成员被集体派出，但不包括被派往驻地之外开展野外地形测量、大地测量、航空拍摄测量、水道测量和冬季测冰的情况，也不包括作为编制内军乐团和剧组成员被集体派出的情况；

（二）军校学员（含合同制军人）被派出学习新型武器装备或参观历史战场；

（三）非上级指挥员通知的因私外出；

（四）合同制军人准备或参加军事职业教育机构和高等军事教育机构、硕士研究生班、军事博士研究生班的入学考试（考试）期间与入学后在学期间的外出；

合同制军人准备或参加职业教育机构和高等教育机构在职教育（函授、面授+函授学习）入学考试（考试）期间与入学后在职学习期间的外出；

（五）临时被派往驻扎在其他居民点的部队，或临时被列入驻扎在其他居民点的部队指挥员掌握。但这些军人从上述居民点再前往另一地公务出差时的差旅费按本章规定的办法偿付；

（六）被判处后关押（在禁闭室关押）；

（七）作为部队（分队，含合成分队）成员集体前往军事职业教育机构或高等军事教育机构的教学中心、教导部队、野营地、靶场与备用机场参加战斗（战斗教学）培训的科目演练；

（八）作为部队（分队，含合成分队）成员集体参加联合演习、野外演习（推演）、首长参谋部演习（推演）、舰船航行，以及本《办法》第五十五条规定的部队常驻地外的其他活动。

第二十章　向军人及家庭成员发放的专项津贴

第一百四十三条　如本《办法》无另行规定，应由军人工资发放单位向其发放专项津贴。其中，合同制军人前往其他居民区新服役地点的调迁补助和差旅补助，由其新服役单位发放。

第一百四十四条 军人及其家属可在专项津贴领取权利产生之日后三年内申领应发未发或未全额发放的专项津贴。

迁往其他居民区新服役地点的调迁补助和差旅补助

第一百四十五条 因职务任命、入伍服合同兵役、在不暂停服役的情况下赴任非军事职务、进入军事职业教育机构或高等军事教育机构学习（学习期限超过一年）或部队换防等原因迁至其他居民区新服役地点（含从国外迁回国内或从国内迁至国外）的合同制军人（含从预备役改服合同兵役的军人）应享受下列补助：

调迁补助：合同制军人补助一个月基本工资；随迁至军人新服役地点、新服役地点附近的居民区或其他居民区（因附近居民区无住房）的家属每人补助军人月基本工资的百分之二十五。

差旅补助：合同制军人调迁时，军人及其每一名随迁家属依据俄罗斯联邦政府为出差军人规定的差旅补助标准，根据在途天数享受相应的差旅补助。①

第一百四十六条 依照相应指挥员的命令，向合同制军人（含在不暂停服役情况下赴任非军事职务的合同制军人）发放基于军衔工资和职务工资计算的调迁补助。其中职务工资是指：军人开始担任新职务之日的职务工资、进入军事职业教育机构或高等军事教育机构学习之日的职务工资，或者抵达部队新常驻地之日所任职务的职务工资（军人在列入指挥员掌握前所任职务的职务工资）。②

第一百四十七条 前往位于其他居民区新服役地点担任军事职务的合同制军人，如果还未开始履行该职务职责又被任命担任该居民区部队（分队）的另一个军事职务，那么应根据其开始履行新职务职责之日的职务工资和军衔工资享受调迁补助。

第一百四十八条 抵达位于其他居民区新服役地点且未被任命职

---

① 2020年9月8日第四百二十五号俄罗斯联邦国防部长令批准修订第一百四十五条。
② 2020年9月8日第四百二十五号俄罗斯联邦国防部长令批准修订第一百四十六条。

务的合同制军人，应在职务任命后享受调迁补助和差旅补助。

第一百四十九条 与合同制军人一同搬迁至新服役地点、新服役地点附近的居民区或其他居民区（因附近居民区无住房）的家属基于军人的月基本工资领取调迁补助；未同时搬迁的家属，则基于军人抵达新服役地点之日所任职务的职务工资（列入指挥员掌握的军人在列入掌握前所任职务的职务工资）和军衔工资，领取调迁补助。

合同制军人的家属在军人新服役地登记居住地（暂住地）后，方可领取调迁补助。

如果夫妻双方均为合同制军人，根据本《办法》第一百四十五条、第一百四十九条至第一百五十一条的规定，其家人可任意选择以夫妻之一的月基本工资为基准领取调迁补助。①

第一百五十条 向随迁至合同制军人新服役地点的下列家属发放调迁补助：

在合同制军人抵达新服役地点或开始服合同兵役之日，与其存在婚姻登记关系的配偶；

合同制军人与配偶的未满十八岁子女、残疾子女（无论年龄多大），以及未满二十三岁在教育机构全日制学习的子女；

由合同制军人供养且随合同制军人从其最近一次被任命军事职务（职务）前所服役的地点（部队/分队移防前驻地）迁至新服役地的人员；由合同制军人供养且在军人由预备役改服合同兵役时与其共同生活的人员；由在义务兵役服役期间改服合同兵役的合同制军人供养且在军人服义务兵役之前与其共同生活的人员。

为合同制军人家属发放调迁补助时，应考虑军人（含从境外迁至境内或从境内迁至境外的军人）在新服役地登记居住地（暂住地）之日家属的年龄与残疾情况。②

第一百五十一条 根据合同制军人提交的申请报告，为军人家属发放调迁补助。申请报告应随附部队干部机关（队务机关）出具的关

---

① 2020 年 9 月 8 日第四百二十五号俄罗斯联邦国防部长令批准修订第一百四十九条。
② 2020 年 9 月 8 日第四百二十五号俄罗斯联邦国防部长令批准修订第一百五十条。

于军人家属的证明文件。证明文件中应注明合同制军人的子女和合同制军人供养对象的出生日期，军人家属随迁之前的居民区名称及在合同制军人新服役地点登记的日期。证明文件应依据军人家属的护照（注有护照的组号、序号、发放地点和日期）与居住地登记证明拟制。

跟随合同制军人从俄罗斯联邦境内迁至境外或从境外迁回俄罗斯联邦境内的家属，如果其在俄罗斯联邦的居住地登记地点未变更，应使用关于其出入境俄罗斯联邦日期的资料替代居住地登记证明。

跟随合同制军人调迁至另一个居民区的新服役地点的家属，如果其居住地登记信息不变，那么其护照应附上关于其在军人原服役地点所在居民区登记暂住地的证明文件副本。①

合同制军人一次性退役补助

第一百五十二条 合同制军人退出现役时，按以下标准享受一次性退出现役补助（以下简称"一次性退役补助"）：②

服役总时长少于二十年的合同制军人按两个月基本工资的标准享受一次性退役补助；

服役总时长为二十年及二十年以上的合同制军人按七个月基本工资的标准享受一次性退役补助。

第一百五十三条 合同制军人，如服役期间荣获多枚（一枚）包括苏联荣誉称号或俄罗斯联邦荣誉称号在内的苏联国家奖章或俄罗斯联邦国家奖章，除按本《办法》第一百五十二条规定的标准享受一次性退役补助外，还可额外享受一个月基本工资的补助。

第一百五十四条 根据俄罗斯联邦部长会议与联邦政府 1993 年 9 月 22 日第九百四十一号联合决议《军官、准尉/海军准尉、超期服役军人、合同制士兵/水兵、合同制军士/海军军士，以及在俄罗斯联邦内务机关、国家消防总局联邦消防局、俄罗斯联邦刑事执行机关和机

---

① 2020 年 9 月 8 日第四百二十五号俄罗斯联邦国防部长令批准修订第一百五十一条。
② 符合 2011 年 11 月 7 日第三百零六号《俄罗斯联邦军人工资与专项津贴法》第三条第三项。

构、俄罗斯联邦强制执行机关与俄罗斯联邦国民卫队服役人员服役年限的计算办法，以及其与家人退休金、补偿金和补助的核定与发放办法》第一条的规定，按历法计算合同制军人的服役年限。同时，一次性退役补助根据服役的完整年份计发，不足一年的不计入。

退役的合同制军人再次入伍服役后，又再次退役时，按其第二次退役日为截止日期计算总服役年限并计发退役补助。①

第一百五十五条 应按合同制军人（含担任非军事职务的合同制军人）退役当天所享受的军衔工资与退役前所任军事职务（职务）的职务工资为其计放一次性退役补助。②

第一百五十六条 履职期间按本《办法》第二十条规定保留原职务工资的合同制军人，如果直接从现职务退役，仍按保留的原职务工资计发一次性退役补助。

第一百五十七条 在不暂停服役的情况下在国家国防安全保障组织和俄罗斯联邦国家高等教育机构担任非军事职务的合同制军人，如果直接从这些单位退役，其一次性退役补助应由为这些单位提供财政保障的财经机构发放。③

第一百五十八条 相关指挥员的命令是一次性退役补助发放的依据。

命令中应写明：合同制军人的退役理由、计发退役补助的完整服役年数、退役补助与工资的比例关系、服役期间荣获的多枚（一枚）何种苏联国家奖章（荣誉称号）或俄罗斯联邦国家奖章（荣誉称号）。

应在合同制军人个人档案中工作履历表的第十二栏和工资供给证中记录其一次性退役补助发放情况，并注明根据哪个命令发放一次性

---

① 2020年9月8日第四百二十五号俄罗斯联邦国防部长令批准修订第一百五十四条。
② 2021年4月2日第二百二十六号俄罗斯联邦国防部长令批准修订第一百五十五条。
③ 符合2008年11月12日第八百四十七号俄罗斯联邦政府令《不暂停服役担任非军事职务的军人享受俄罗斯联邦法律和其他规范性法律文件为合同制军人规定津贴的保障办法》[《俄罗斯联邦法律汇编》，2008年，第四十六号，第五千三百五十九条；2015年，第一号（第三部），第三百一十四条]。

退役补助、一次性退役补助的数额（与工资中的比例关系）、应发放一次性退役补助的服役总时长（按历法计算）。

第一百五十九条 因 2011 年 11 月 7 日第三百零六号《俄罗斯联邦军人工资与专项津贴法》第三条第四项规定理由退役的合同制军人，不享受本《办法》第一百五十二条规定的退役补助。

义务兵役制军人一次性退役补助

第一百六十条 义务兵役制军人退出现役时，享受数额为一个月职务工资的一次性退役补助；身为孤儿或无父母抚养者的义务兵役制军人退出现役时，享受数额为五个月职务工资的一次性退役补助。①

第一百六十一条 依据父母去世或无父母抚养的证明文件（文件副本），向身为孤儿或无父母抚养者的义务兵役制军人发放一次性退役补助。

第一百六十二条 在 2011 年 11 月 7 日第三百零六号《俄罗斯联邦军人工资与专项津贴法》第二条第二十三项规定的地区和（或）条件下服役的义务兵役制军人，按担任相应职务（应由士兵/水兵、军士/海军军士担任的职务）合同制军人的职务工资标准，计发本《办法》第一百六十条规定的一次性退役补助。

第一百六十三条 因 2011 年 11 月 7 日第三百零六号《俄罗斯联邦军人工资与专项津贴法》第三条第六项规定理由退役的义务兵役制军人，不享受本《办法》第一百六十条规定的一次性退役补助。

---

① 符合 2011 年 11 月 7 日第三百零六号《俄罗斯联邦军人工资与专项津贴法》第三条第六项；2020 年 9 月 8 日第四百二十五号俄罗斯联邦国防部长令批准修订第一百六十条。

附件一

工资供给证　第＿＿号

经＿＿＿＿＿＿＿＿＿＿＿＿＿＿＿＿＿＿＿＿＿＿＿＿＿＿＿＿＿确认，
　　（发放工资供给证的财经机构名称与通讯地址）

＿＿＿＿＿＿＿＿＿＿＿＿＿＿＿＿＿＿＿＿＿＿＿＿＿＿＿＿＿＿＿＿
（军衔，姓、名和父称，个人编号，编制内职务名称和相应工资等级）
的情况如下：

　　一、工资发放至20＿＿年＿＿月＿＿日（含），包括：
　　（一）军衔工资＿＿＿＿＿＿卢布＿＿＿＿＿＿戈比（小写金额、大写金额）；
　　（二）职务工资（＿＿＿＿＿＿等级）＿＿＿＿＿＿卢布＿＿＿＿＿＿戈比（小写金额、大写金额）；
　　（三）职务工资增加（提高）额＿＿＿＿＿＿卢布＿＿＿＿＿＿戈比（小写金额、大写金额）；
　　（四）军龄月津贴，数额为＿＿＿＿＿＿的＿＿＿＿％，即＿＿＿＿＿＿卢布＿＿＿＿＿＿戈比（小写金额、大写金额）；
　　（五）技术级月津贴，数额为＿＿＿＿＿＿的＿＿＿＿％，即＿＿＿＿＿＿卢布＿＿＿＿＿＿戈比（小写金额、大写金额）；
　　（六）涉密工作月津贴，数额为＿＿＿＿＿＿的＿＿＿＿％，即＿＿＿＿＿＿卢布＿＿＿＿＿＿戈比（小写金额、大写金额）；
　　（七）特殊服役条件月津贴，数额为＿＿＿＿＿＿的＿＿＿＿％，即＿＿＿＿＿＿卢布＿＿＿＿＿＿戈比（小写金额、大写金额）；
　　（八）和平时期生命与健康危险任务月津贴，数额为＿＿＿＿＿＿的＿＿＿＿％，即＿＿＿＿＿＿卢布＿＿＿＿＿＿戈比（小写金额、大写金额）；
　　（九）特殊成就月津贴，数额为＿＿＿＿＿＿的＿＿＿＿％，即＿＿＿＿＿＿卢布＿＿＿＿＿＿戈比（小写金额、大写金额）；
　　（十）恪尽职守奖，数额为＿＿＿＿＿＿卢布＿＿＿＿＿＿戈比（小写金额、大写金额）；
　　（十一）年度补助金，数额为＿＿＿＿＿＿卢布＿＿＿＿＿＿戈比

（小写金额、大写金额）。

二、已发放的其他津贴，包括：
_____。
（津贴名称、小写金额、大写金额）

三、服役年限截至 20 ____ 年 ____ 月 1 日，应为 ____ 年 ____ 月 ____ 天的服役年限发放军龄月津贴（含优惠算法得出的服役年限为 ____ 年 ____ 月 ____ 天）。边远地区服役年限截至 20 ____ 年 ____ 月 ____ 日，共计 ____ 年 ____ 月 ____ 天。

四、工资扣款情况：
（一）根据 _____ 20 ____ 年 ____ 月 ____ 日第 ____ 号
　　　（发出执行票的法院名称）
决定，截至 20 __ 年 __ 月 __ 日已从工资中扣除总额为 ____ 卢布 ____ 戈比（小写金额、大写金额）的抚养费/赡养费给 _____
　　　　　　　　　　　　　　　　　　　　　　（收款人的姓、名和
_____。
父称，详细地址或银行账号信息）

抚养费/赡养费扣款的最终日期将为 20 ____ 年 ____ 月 ____ 日；
截至 20 ____ 年 ____ 月 ____ 日，抚养费/赡养费欠款为 ____ 卢布 ____ 戈比（小写金额、大写金额）。

（二）应扣回（未经核准支出）的剩余数额为 ____ 卢布 ____ 戈比（小写金额、大写金额）。为此，每月应从工资中扣除工资的 ____%。

（三）其他欠款：_____
　　　　　　　　　　　　　　（债务种类）
总额为 ____ 卢布 ____ 戈比（小写金额、大写金额），每月应扣除 ____ 卢布 ____ 戈比并汇至 _____，直至 20 __ 年 __ 月 __ 日。
　　　　（收款人详细信息）

五、20____年____月____日已办理第_____号通知（第二百八十号格式）。

六、从 20____年____月____日起，因_____列入指挥员掌握。

依据：_____。

七、根据_____指挥员 20__年__月__日第____号命令
　　　（部队名称）
于 20____年____月____日将其从部队全体人员名单中删除。

八、按历法计算的服役总时长为_____年。根据_____
　　　　　　　　　　　　　　　　　　　　　　　　　　（部队名称）
指挥员 20____年____月____日第___号命令，其退出现役时应获得数额为____倍基本工资的一次性退役补助，即_____卢布_____戈比（小写金额、大写金额）。

九、其他信息：_____
_____。

十、因_____发放工资供给证。
　　　（发放工资供给证的原因）

指挥员_____
　　　　　［军衔（如有），签名，名字大写首字母、姓］
财政机构领导（负责人）_____
　　　　　　　　　　　　（签名，名字大写首字母、姓）

盖章
20____年____月____日

工资供给证确认函　　第____号

工资供给证已由_____
　　　　　　　　（发出工资供给证的财经机构的名称与通讯地址）
发给_____。
　［接收工资供给证的财经机构（兵役局）的名称与通讯地址］
　兹证明，已向_____
　　　　　　　　　　（军衔，姓、名和父称）
出示工资供给证。根据工资供给证，该军人：

一、工资发放至 20____年____月____日（含），包括：

（一）军衔工资_____卢布_____戈比（小写金额、大写金额）；

（二）职务工资（_____等级）_____卢布_____戈比（小写金额、大写金额）；

（三）职务工资增加（提高）额____卢布____戈比（小写金额、大写金额）；

（四）军龄月津贴，数额为____的____%，即____卢布____戈比（小写金额、大写金额）；

（五）技术级月津贴，数额为____的____%，即____卢布____戈比（小写金额、大写金额）；

（六）涉密工作月津贴，数额为____的____%，即____卢布____戈比（小写金额、大写金额）；

（七）特殊服役条件月津贴，数额为____的____%，即____卢布____戈比（小写金额、大写金额）；

（八）和平时期生命与健康危险任务月津贴，数额为____的____%，即____卢布____戈比（小写金额、大写金额）；

（九）特殊成就月津贴，数额为____的____%，即____卢布____戈比（小写金额、大写金额）；

（十）恪尽职守奖，数额为____卢布____戈比（小写金额、大写金额）；

（十一）年度补助金，数额为＿＿卢布＿＿戈比（小写金额、大写金额）。

二、已发放的其他津贴，包括：

＿＿＿＿＿＿＿＿＿＿＿＿＿＿＿＿＿＿＿＿＿＿＿＿＿＿＿＿＿＿。

（津贴名称、小写金额、大写金额）

三、服役年限截至20＿＿年＿＿月1日，应为＿＿年＿＿月＿＿天的服役年限发放军龄月津贴（含优惠算法得出的服役年限为＿＿年＿＿月＿＿天）。边远地区服役年限截至20＿＿年＿＿月＿＿日，共计＿＿年＿＿月＿＿天。

四、工资扣款情况：

（一）根据＿＿＿＿＿＿＿＿＿＿＿＿＿＿20＿＿年＿＿月＿＿日

（发出执行票的法院名称）

第＿＿＿号决定，截至20＿＿年＿月＿日已从工资中扣除总额为＿＿卢布＿＿戈比（小写金额、大写金额）的抚养费/赡养费给＿＿＿＿＿。

（收款人的姓、名和父称，详细地址或银行账号信息）

抚养费/赡养费扣款的最终日期将为20＿＿年＿＿月＿＿日；

截至20＿＿年＿＿月＿＿日，抚养费/赡养费欠款为＿＿卢布＿＿戈比（小写金额、大写金额）。

（二）应扣回（未经核准支出）的剩余数额为＿＿卢布＿＿戈比（小写金额、大写金额）。为此，每月应从工资中扣除工资的＿＿％。

（三）其他欠款：＿＿＿＿＿＿＿＿＿＿＿＿＿＿＿＿＿＿＿

（债务种类）

总额为＿＿卢布＿＿戈比（小写金额、大写金额），每月应扣除＿＿卢布＿＿戈比并汇至＿＿＿＿＿＿＿＿＿＿，直至20＿＿年＿月＿日。

（收款人详细信息）

五、20＿＿年＿＿月＿＿日已办理第＿＿＿＿号通知（第二百八十号格式）。

六、从20＿＿年＿＿月＿＿日起，因＿＿＿＿＿＿＿＿＿列入指挥员掌握。

依据：_____。

七、根据_____指挥员 20____年____月____日第____号命令
　　　（部队名称）

于 20____年____月____日将其从部队全体人员名单中删除。

八、按历法计算的服役总时长为_____年。根据_____
　　　　　　　　　　　　　　　　　　　　　　　（部队名称）

指挥员 20____年____月____日第____号命令，其退出现役时应获得数额为____倍基本工资的一次性退役补助，即____卢布____戈比（小写金额、大写金额）。

九、其他信息：_____

_____。

十、因_____发放工资供给证。
　　　（发放工资供给证的原因）

指挥员_____
　　　　　［军衔（如有），签名，名字大写首字母、姓］

财政机构领导（负责人）_____
　　　　　　　　　　（签名，名字大写首字母、姓）

盖章
20____年____月____日

附件二

合同制军人军衔工资数额

军衔	军衔工资数额（卢布）
列兵/水兵	5424
上等兵/上等水兵	5966
下士/海军下士	6509
中士/海军中士	7051
上士/海军上士	7594
大士/海军大士	8136
准尉/海军准尉	8678
高级准尉/海军高级准尉	9221
少尉	10305
中尉	10848
上尉	11390
大尉/海军大尉	11932
少校/海军少校	12475
中校/海军中校	13017
上校/海军上校	14102
少将/海军少将	21695
中将/海军中将	23864
上将/海军上将	27118
大将/海军元帅	29288
俄罗斯联邦元帅	32542

附件三

合同制军人的职务工资等级、职务工资数额与职务工资等级对应的常设军事职务清单

职务工资等级	职务工资数额（卢布）	职务工资等级对应的常设军事职务
\multicolumn{3}{c}{应由合同制士兵/水兵、军士/海军军士、准尉/海军准尉担任的职务}
1	10848	合同制士兵和水兵的初级职务
2	11932	——
3	13017	——
4	14102	——
5	16271	摩托化步兵（坦克）排的班长职务
6	17356	——
7	18441	——
8	18983	——
9	19525	——
\multicolumn{3}{c}{应由军官担任的职务}
10	21695	摩托化步兵（坦克）排排长职务
11	22237	——
12	22780	——
13	23322	——
14	23864	摩托化步兵（坦克）连和防空导弹连连长职务
15	24407	——
16	24949	——
17	25491	——
18	26034	摩托化步兵（坦克）营和导弹（炮兵）营营长职务
19	26576	诸兵种合成集团军指挥机关军官职务
20	27118	军区联合战略司令部指挥机关军官职务
21	27661	诸兵种合成集团军指挥机关校官职务

续表

职务工资等级	职务工资数额（卢布）	职务工资等级对应的常设军事职务
应由军官担任的职务		
22	28203	军区联合战略司令部指挥机关校官职务
23	28746	摩托化步兵（坦克）团团长和国防部局（司、总局所属部门）的军官职务
24	29288	——
25	29830	——
26	30373	国防部局（司、总局所属部门）校官职务
27	30915	——
28	31457	摩托化步兵（坦克）旅旅长、诸兵种合成集团军指挥机关处长和国防部局（司、总局所属部门）下属组组长职务
29	32000	军区联合战略司令部机关的处长职务
30	32542	国防部局（司、总局所属部门）下属处副处长职务
31	33084	摩托化步兵（坦克）师师长职务
32	33627	——
33	34169	国防部总局与国防部司下属处处长职务
34	34712	——
35	35254	摩托化步兵（坦克）军军长职务和军区联合战略司令部指挥机关局长职务
36	35796	——
37	36339	——
38	36881	国防部总局下设局的副局长和国防部司的副司长职务
39	37423	——
40	37966	——
41	38508	——
42	39050	国防部总局下设局的局长和国防部司的司长职务
43	39593	——
44	40135	诸兵种合成集团军司令、国防部总局副局长、国防部司的司长职务
45	40677	——

续表

职务工资等级	职务工资数额（卢布）	职务工资等级对应的常设军事职务
应由军官担任的职务		
46	41220	——
47	43389	军区司令、武装力量各兵种司令、国防部总局局长、国防部司的司长职务
48	45559	武装力量各军种司令职务
49	47728	俄罗斯联邦国防部副部长职务
50	48813	俄罗斯联邦国防部第一副部长职务

附件四

义务兵役制军人职务工资等级、职务工资数额及职务工资等级对应的常设军事职务清单

根据 2020 年 9 月 8 日第四百二十五号俄罗斯联邦国防部长令，附件四于 2020 年 10 月 23 日失效。

附件五

按职务要求执行水下潜水（位于潜水加压舱中）作业军人的水下（下潜）作业时数年度标准

1. 具备基本潜水技能等级的军人水下（下潜）作业时数的年度标准：

序号	军人基本潜水技能等级	自潜水生涯开始起算的下潜小时数		
		500 米以内	1000 米以内	1000 米以上
1	潜水员	100 小时	80 小时	60 小时
2	潜水员教练	80 小时	80 小时	60 小时
3	高级潜水员教练	80 小时	60 小时	30 小时
4	潜水专家	60 小时	30 小时	30 小时
特种生理学医生（潜水医生）的水下（下潜）作业时数年度标准为 60 小时			

2. 具备进阶潜水技能等级的军人水下（下潜）作业时数的年度标准：

序号	军人进阶潜水技能等级	自潜水生涯开始起算的下潜小时数		
		500 米以内	1000 米以内	1000 米以上
1	深水潜水员	100 小时	80 小时	60 小时
2	潜水焊接工	每季度从事水下焊接和切割作业时间 10 小时，不含减压时间		
3	爆破潜水员	每年下潜装弹药（弹药模拟装置）5 次		
4	着抗压潜水服的领航员	每年 20 小时		
5	潜水加压舱操作员	每月保养潜水加压舱或每季度开展训练至少 3 次		
6	水下考察员	每年在高压状态下执行长时间水下停留作业至少一次，具体要求为压力不小于 0.1 兆帕（1 千克力/平方厘米）、停留时间不少于 3 昼夜		

3. 同时具有基本潜水技能等级与进阶潜水技能等级的军人，其水下（下潜）作业时数的年度标准为其基本潜水技能等级和每种进阶潜水技能等级的水下（下潜）作业时数的年度标准之和。

4. 在特种（特殊）部队（分队）、特种作战力量、俄罗斯联邦国防部军事大学的中心（国防部语言中心）服役的军人水下（下潜）作业时数的年度标准：

序号	军人潜水技能等级	从潜水生涯开始起算的下潜小时数	
		500 米以内	500 米以上
1	潜水员	60 小时	60 小时
2	潜水员教练	50 小时	40 小时
3	高级潜水员教练	40 小时	30 小时
4	潜水军官	40 小时	30 小时
5	潜水专家	60 小时	30 小时
特种生理学医生（潜水医生）的水下（下潜）作业时数年度标准为 60 小时			

附件六

军人按战斗训练计划和战斗教学训练计划完成可申领危险任务津贴的年度跳伞次数标准[①]

序号	军人类别	申领危险任务津贴的年度跳伞次数标准
1	义务兵役制军人	25 次
2	合同制军人	50 次
3	属于部队、兵团、军团、军事职业教育机构与高等军事教育机构跳伞运动队成员的军人	100 次
4	属于武装力量各军兵种跳伞运动联队成员的军人	200 次
5	属于武装力量跳伞运动联队成员的军人	400 次
属于武装力量各军兵种跳伞运动联队和武装力量跳伞运动联队成员的军人在准备参加跳伞类武装力量锦标赛和国际比赛的当年，仅须完成50%的年度跳伞次数定额		

[①] 2020年9月8日第四百二十五号俄罗斯联邦国防部长令批准自2020年10月23日起修订附件六。

附件七

  部队指挥员_____

      （军衔，签名，名字大写首字母、姓）

      于 20____年____月____日批准

完成搜寻和（或）无害化处理（销毁）易爆危险品的工作报告

地区：_____

报告日期：20____年____月____日

已完成的工作：

执行人的军衔， 名字大写首字母、姓	不同危险等级的 易爆危险品数量（件）	备注

共无害化处理_____件。

     （易爆危险品的数量，大写）

消耗：炸药_____，爆破器材_____。

扫雷组组长（爆破作业指挥员）：_____

     [姓、名和父称（如有），签名]

     20____年____月____日

已完成工作的受益方代表：_____

     [姓、名和父称（如有），签名]

     盖章

     20____年____月____日

兵役局代表（如根据兵役局的申请开展工作）：_____

     [姓、名和父称（如有），签名]

     盖章

     20____年____月____日

三、《俄罗斯联邦武装力量根据社会租赁合同为服合同兵役的俄罗斯联邦公民提供住房的指南》[①]

(2010年9月30日第一千二百八十号俄罗斯联邦国防部长令批准)

第一条 依据1998年5月27日第七十六号《军人地位法》第十五条,在俄罗斯联邦武装力量服合同兵役的俄罗斯联邦公民(以下简称"军人"),如拥有根据社会租赁合同享受住房的权利,为列入社会租赁住房需求人员(以下简称"住房需求人员")名单,应向俄罗斯联邦国防部授权机关(专门机构)所属部门(以下简称"授权机关的所属部门")递交(亲自通过有文件清单的挂号信或包裹邮寄)《申请书》(附件一),并随附下列文件:

(一)军人及共同生活的家庭人员(应为俄罗斯联邦公民)(以下简称"家庭成员")的身份证明文件(有居住地登记信息人员的护照、无护照人员的出生证)复印件;

(二)失效;

(三)结婚证(离婚证)复印件;

(四)失效;

(五)户口本摘录,以及递交申请书前五年内军人及家庭成员在居住地的个人房产情况表复印件;

(六)失效;

(七)根据俄罗斯联邦法律在住房保障方面享有额外社会保障权

[①] 本指南分别于下列时间修订:2011年4月15日、2012年5月28日、2012年9月27日、2013年3月21日。

利的证明文件复印件；

（八）失效；

（九）《军人与家庭成员有（无）根据社会租赁合同获得住房和（或）有（无）私有产权住房的报告》（附件二）。

如果军人采取的措施无法令其获取本条第五项列出的文件，军人应提供关于其无法获取这些文件的证明材料。

军人有权提供关于其可成为住房需求人员的其他证明材料。

俄罗斯联邦武装力量干部机关应在十日内向授权机关的所属部门提供军人服役信息、服役总时长和军人家庭成员的信息。[①]

第二条 失效。

第三条 授权机关根据《俄罗斯联邦住房法典》第五十一条和地方自治机关规定的住房面积计算标准[②]认定军人的住房需求，并且执行住房人均面积不能超过每人十八平方米的标准。[③]

第四条 军人如果故意拉低住房保障水平致使本人及家庭成员的人均住房面积低于标准（以下简称"故意拉低住房保障水平的行为"），那么五年内禁止其恢复住房需求人员的身份。故意拉低住房保障水平的行为包括改变住房使用办法、交换住房、未履行社会租赁住房合同条款、离婚、住房产权份额分割、转让或部分转让住房。

下列情况不属于故意拉低住房保障水平的行为：

（一）配偶与子女迁入军人住房，父母、受养人及其他人员依据司法程序迁入军人住房，或他们按军人服役部队的地址登记住房需求。同时，他们在迁入军人住房或按军人服役部队地址登记住房需求之前应满足以下条件之一：

名下无正在使用的住房或拥有产权的住房；

有住房使用权或产权，但经规定程序确认住房不宜居住；

因与军人结婚迁至军人服役地而丧失住房使用权；

---

① 2012年5月28日第一千三百五十号俄罗斯联邦国防部长令批准修订第一条。
② 符合《俄罗斯联邦住房法典》第五十条第五项。
③ 符合1998年5月27日第七十六号《军人地位法》第十五·一条第一项。

未婚/已婚未成年子女、年满十八岁但在十八岁前致残的残疾子女、年龄不满二十三岁在教育机构全日制学习的子女，因随迁至父母（军人）服役地而丧失住房使用权。

（二）房东提出解除与军人和（或）其家庭成员的租房协议并收回住房。

（三）因住房交易依据司法程序被认定无效，军人和（或）家庭成员失去住房使用权或产权。

在审议本条相关问题时，军人应向授权机关提交关于上述事实及事实发生时间的证明文件。

第五条 在授权机关的所属部门收到军人的《申请书》（附件一）和文件后，授权机关应在三十个工作日内批准或拒绝登记军人为住房需求人员。

如果军人未提供本指南第一条所列所有文件，授权机关应暂停审议其申请书并向军人发送关于建议其补齐文件的通知书，同时抄送军人在俄罗斯联邦武装力量服役部队（组织）的指挥员（首长）。

军人在俄罗斯联邦武装力量服役部队（组织）的指挥员（首长）应于三个工作日内在上述通知书上签字并将通知书交给军人本人。

如果该军人正在参加本指南第八条所指活动，相关指挥员（首长）应在三个工作日内将此情况通知授权机关并注明活动结束日期。本指南第八条所指活动结束后，军人在俄罗斯联邦武装力量服役部队（组织）的指挥员（首长）应于三个工作日内在上述通知书上签字并将通知书交给军人，同时抄送授权机关。

如果军人在收到上述通知书之日起三十日内无法补全文件，授权机关应拒绝登记其为住房需求人员。

第六条 授权机关应在决定批准或拒绝登记军人为住房需求人员后的三个工作日内，向军人下发或向指定地址邮寄该决定文本（附件三），并随附本指南第一条所列文件的签收收据（收据应注明文件清单和接收日期）。[①]

[①] 2011年4月15日第五百零九号俄罗斯联邦国防部长令批准修订第六条。

第七条 授权机关根据附件四编制统一的《获准列入住房需求人员的军人登记表》（以下简称"登记表"），并按规定程序在俄罗斯联邦国防部官方网站上发布登记表中的信息。①

依照 2006 年 7 月 27 日第一百五十二号《俄罗斯联邦个人数据法》②与关于规范个人数据处理情况和特点的其他规范性法律文件，处理登记表中军人及其家庭成员的个人数据。

第八条 根据军人向授权机关的所属部门递交（邮寄）本指南第一条所列申请书和文件的日期，确定军人登记为住房需求人员的日期。

有理由成为住房需求人员的军人，如果由于下列情况不能及时向授权机关的所属部门提交本指南第一条所列申请书和文件，在其出具经俄罗斯联邦武装力量部队（组织）指挥员（首长）签字的《证明》（附件五）后，应依据其成为住房需求人员理由的产生日期，确定其登记为住房需求人员的日期，但该日期不应早于《证明》（附件五）中所列下列情况开始之日：

正在公务出差、休假或治病；

担负作战值班任务；

在紧急状态、战时状态和武装冲突中执行任务；

参加作战行动、演习、舰艇航行，参加预防和消除自然灾害、事故和灾难后果的行动，或在部队常驻地之外履行军事义务；

被俘（自愿投降为俘虏的除外）、成为人质或被拘禁。③

第九条 获准登记为住房需求人员的军人，如果其之前提交的证明文件中的信息发生了变化，应在三十日之内上报授权机关的所属部门并同时提供相关文件。

---

① 2011 年 4 月 15 日第五百零九号俄罗斯联邦国防部长令批准修订第七条。

② 《俄罗斯联邦法律汇编》，2006 年，第三十一号（第一部），第三千四百五十一条；2009 年，第四十八号，第五千七百一十六条；第五十二号（第一部），第六千四百三十九条。

③ 2011 年 4 月 15 日第五百零九号俄罗斯联邦国防部长令批准修订第八条。

第十条 获准登记为住房需求人员的军人,如有下列情形,应予以撤销登记:

(一)军人递交撤销登记的申请;

(二)军人丧失有权根据社会租赁合同获得住房的理由;

(三)军人已按规定程序从国家权力机关或地方自治机关获得住房购买或建设预算资金;

(四)军人(不含有三个及以上子女的军人)已按规定程序从国家权力机关或地方自治机关获得用于建设住房的地块;①

(五)军人提交给授权机关的文件中含有不实信息且无法成为其登记为住房需求人员的依据,或授权机关主管人员在办理将其登记为住房需求人员时有不法行为。②

2005年3月1日前获准登记为住房需求人员的军人在依据社会租赁合同获得住房前,一直拥有登记在册的权利。但这些军人如果出现本条第一项、第三至五项规定的情况,或者丧失在《俄罗斯联邦住房法典》③生效前其有权根据社会租赁合同获得住房的理由,应予以撤销登记。这些军人的住房保障按本指南规定的程序实施。

2005年3月1日后获准登记为住房需求人员的军人在依据社会租赁合同获得住房前,一直拥有登记在册的权利。但这些军人如果出现本条规定的情况,应予以撤销登记。

按军人获准登记为住房需求人员日期的顺序,为其办理列入住房需求人员登记表的事宜。

授权机关在做出撤销登记决定三个工作日内,应将决定的摘录下发(发送给)军人。

应从住房需求人员登记表中删除被撤销登记的军人。

第十一条 通过社会租赁合同提供的住房(以下简称"住房")由授权机关分配给获准登记为住房需求人员的军人。分配顺序根据其

---

① 2013年3月21日第二百一十九号俄罗斯联邦国防部长令批准修订第四条。

② 符合《俄罗斯联邦住房法典》第五十六条。

③ 译者注:《俄罗斯联邦住房法典》于2005年3月1日生效。

登记为住房需求人员的日期确定。如果该日期相同，分配顺序则根据军人服役总时长（计算截至批准登记之日）确定。

第十二条 授权机关在收到可分配住房资料后十个工作日内，应向住房需求人员发送《住房分配通知书》（附件六）。应采用有回执的发送方式或其他能证明对方已接收并显示接收日期的发送方式。

《住房分配通知书》副本由授权机关发送给军人服役部队（组织）的指挥员（首长）。

向获准登记为住房需求人员的军人发送《住房分配通知书》时，如果其正在参加本指南第八条所指活动，相关指挥员（首长）应在三个工作日内将此情况通知授权机关并注明活动结束日期。

如果上述活动的时长不超过九十日，则暂停落实《住房分配通知书》；如果上述活动的时长超过九十日，住房应分配给获准登记为住房需求人员的其他军人。①

第十三条 获准登记为住房需求人员的军人，在收到本指南第十二条所指《住房分配通知书》（附件六）后，如果同意所分配住房，五日内应在《住房分配通知书》存根一上填写"同意"并提交授权机关；三十日内应提交本指南第一条第九项所列文件资料（更新至《住房分配通知书》签发之日），以及军人与共同居住家庭成员的身份证明（有居住地登记信息人员的护照、无护照人员的出生证）复印件。如果军人与家庭成员在通知书签发前五年内曾变更居住地，还应向授权机关提交户口本摘录和原居住地的个人房产情况表复印件。

当所分配的住房符合俄罗斯联邦住房法律要求但无俄罗斯联邦产权时，军人如果同意所分配的住房并入住，应向授权机关和（或）授权机关的所属部门递交《住房入住申请书》（附件七）。授权机关和（或）授权机关的所属部门应拟制《关于住房入住的决定》（附件八）并根据该决定与军人签署（住房）使用合同。

如果军人不同意所分配住房，应于收到《住房分配通知书》后五日内在《住房分配通知书》（附件六）存根二上填写"拒绝"，并提

---

① 2011年4月15日第五百零九号俄罗斯联邦国防部长令批准修订第十二条。

交给授权机关的所属部门。

授权机关在收到《住房分配通知书》成功送达回执后五日内，如果未收到军人发回的同意书，应将该住房提供给住房需求人员登记表上的其他军人。

授权机关在收到《住房分配通知书》成功送达回执后三十日内，如果收到军人发回的同意书，但未收到其应提交的本条第一款所指文件资料和证明复印件，则应从这些文件资料和证明复印件提交截止日起十日内，将该住房分配给获准登记为住房需求人员的其他军人。

本条第二、第四和第五款所指军人的住房保障，按本指南规定的办法实施。①

第十四条 依据1998年5月27日第七十六号《军人地位法》第十五条第一项规定的标准提供住房保障。

提供的住房面积标准应减去军人和（或）家庭成员已拥有产权的住房面积。

第十五条 提供住房时应考虑到军人和家庭成员有权享有的补充住房面积。

第十六条 如果没有理由撤销军人的住房需求人员身份，那么授权机关或其所属部门在从"国家不动产产权及交易统一登记簿"获取关于军人及家庭成员在俄罗斯联邦境内住房产权情况后的十个工作日内，应做出是否根据社会租赁合同为其提供住房的决定并在两个月内落实决定。

如果从《国家不动产产权及交易统一登记簿》中获得的资料表明，军人或其家庭成员拥有产权住房，则授权机关或其所属部门不得向其分配住房，并应在获得资料后十个工作日内将该住房分配给获准登记为住房需求人员的其他军人。

授权机关应采用有回执或其他能证明对方已接收并显示接收日期的方式，向军人发送关于拒绝向其分配住房的决定并应写明拒绝的理由。

---

① 2012年9月27日第二千九百九十九号俄罗斯联邦国防部长令批准修订第十三条。

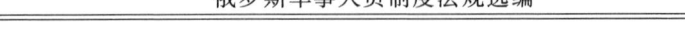

授权机关应在做出提供住房决定后的三个工作日内，将决定的摘录（附件九）以有回执的方式发送给获准登记为住房需求人员的军人，以及拟与军人签署社会租赁住房合同的机关/机构。①

第十七条 如果军人和共同居住的家庭成员交还所分配住房（军人拥有产权的住房除外），军人应向该住房所在地授权机关的所属部门提交证明其已交还住房的资料。授权机关的所属部门则应向军人发放（发送）《住房交还证明》（附件十）。②

第十八条 在下列情况下，不得与军人签署社会租赁住房合同：本指南第十七条所指住房未交还；关于向军人提供住房的决定过期；军人在签署社会租赁住房合同前已丧失获得住房的权利。授权机关应采用有回执或其他能证明对方已接收并显示接收日期的方式，向军人发送拒绝与其签署服役合同的原因说明。

未被签署社会租赁合同的住房，由授权机关重新分配给获准登记为住房需求人员的其他军人。

---

① 2011年4月15日第五百零九号俄罗斯联邦国防部长令批准修订第十六条。
② 2011年4月15日第五百零九号俄罗斯联邦国防部长令批准修订第十七条。

附件一

致_____
（俄罗斯联邦国防部授权机关名称）

　　　　　　　　　　_____
　　　　　　　　　　（申请人的军衔，姓、名和父称）

居住（登记）地址_____

_____
（邮政编码与地址、联系电话、电子邮箱）

申请书

根据《俄罗斯联邦住房法典》第五十二条，请准予将本人_____
_____登记为根据社会租赁合同分配住房的需求
（军衔，姓、名和父称）
人员。

护照：_____；
　　　（护照的组号和序号、发证机关和发证日期）

身份证：_____；
　　　（身份证的组号、序号、发证机关和发证日期）

个人编号：_____；

首份服役合同的签署日期（军官从军事职业教育机构毕业后获得军官军衔的日期）为____年____月____日。

服役单位：_____。
　　　　（军事指挥机关、部队、单位的名称）

家庭成员：

妻子（丈夫）：_____；
　　　　　　（姓、名和父称，出生日期）

子女：_____；
　　　（姓、名和父称，出生日期）

家庭其他成员：_____。
　　　　　　　（亲属关系，姓、名和父称，出生日期）
本人及家庭成员在俄罗斯联邦境内有（无）拥有（部分）产权的住房。（不需要的划掉）

_____
　　　　　　　　　　（拥有产权的住房信息）

本人及家庭成员同意俄罗斯联邦国防部授权机关处理和使用所提交的个人数据，以供其做出关于准予登记为社会租赁住房需求人员、分配住房和交房的决定。

　　申请人签名_____
　　成年家庭成员签名_____
　　补充资料_____
_____。
（关于享有额外住房保障权利的资料、计划退役日期及退役理由、其他资料）
　　申请书随附下列文件：

序号	文件名称	文件信息（文件编号、发文机关和发文日期）	页数	备注
1				
2				
3				
4				
5				
6				

　　　　　　　　申请人签名_____
　　　　　　　　　　（名和父称的大写首字母、姓）
　　　　　　　　　　20____年____月____日

附件二[1]

军人与家庭成员有（无）根据社会租赁合同获得住房和（或）有（无）私有产权住房的报告

本人，_____，
　　　（姓、名和父称，出生日期，军人个人编号）
护照_____，_____，
　　　　　　　　（主要工作或服役地点、职务）
居住地址：_____。
　　　　　　　（居住地址和住房类型）

兹报告本人家庭成员情况如下：

（一）_____
　[姓、名和父称，护照信息（无护照人员提供出生证信息），出生日期，亲属关系]

（二）_____
　[姓、名和父称，护照信息（无护照人员提供出生证信息），出生日期，亲属关系]

（三）_____
　[姓、名和父称，护照信息（无护照人员提供出生证信息），出生日期，亲属关系]

（四）_____
　[姓、名和父称，护照信息（无护照人员提供出生证信息），出生日期，亲属关系]

一、军人与家庭成员根据社会租赁合同获得住房和（或）拥有私有产权住房的信息

---

[1] 2011年4月15日第五百零九号俄罗斯联邦国防部长令批准增加附件二。

序号	姓、名、父称	护照（出生证）的组号、序号、发证机关和发证日期	邮寄地址	住房类型与面积（平方米）	住房使用依据（社会租赁合同或私有产权），合同日期和合同信息
1					
2					

二、本人及家庭成员未获得（已获得）住房购买或建设资金、无偿财政补助金或国家住房证

_____

_____。

（注明"未获得"或"已获得"；如果已获得资金或无偿财政补助金，应注明提供资金或无偿财政补助金的机构名称、日期和金额；如果获得国家住房证，应注明发放国家住房证的机构、批次和编号）

三、本人及家庭成员参加住房私有化的信息

序号	姓、名、父称	护照（出生证）组号、序号、发证机关和发证日期	邮寄地址	住房类型与面积（平方米）	房屋产权转让合同的日期和信息
1					
2					

四、曾根据社会租赁合同分配住房和（或）拥有私有产权住房的情况

序号	姓、名、父称	护照（出生证）、组号、序号、发证机关和发证日期	邮寄地址	住房类型与面积（平方米）	住房使用依据（社会租赁合同或私有产权）、合同日期和合同信息	曾分配住房的情况及相关证明文件的信息
1						
2						

本人和家庭成员①证明以上资料真实完整。我们同意俄罗斯联邦国防部授权机关在俄罗斯联邦税务总局，俄罗斯联邦移民总局，俄罗斯联邦国家登记、大地测量和制图总局等俄罗斯联邦权力执行机关核查提交的资料并处理个人数据。

如果提交的资料有变化，我们保证在五日内按规定的样式向授权机关和（或）授权机关的所属部门发送变更的信息。

20＿＿＿年＿＿＿月＿＿＿日＿＿＿＿＿＿＿＿＿＿＿＿＿＿＿＿＿＿＿
（军人签名，姓、名和父称）

20＿＿＿年＿＿＿月＿＿＿日＿＿＿＿＿＿＿＿＿＿＿＿＿＿＿＿＿＿＿
（成年家庭成员签名，姓、名和父称）

20＿＿＿年＿＿＿月＿＿＿日＿＿＿＿＿＿＿＿＿＿＿＿＿＿＿＿＿＿＿
（成年家庭成员签名，姓、名和父称）

本人，＿＿＿＿＿＿＿＿＿＿＿＿＿＿＿＿，已预先获悉 2010 年 9 月 30 日
（军衔，姓、名和父称）

第一千二百八十号俄罗斯联邦国防部长令批准的《俄罗斯联邦武装力量根据社会租赁合同为服合同兵役的俄罗斯联邦公民提供住房的指南》第十条第五项的要求，预先获悉当军人提交给授权机关的文件中含有不属实信息且无法作为登记为住房需求人员的依据时，应予以撤销登记，并且应依据俄罗斯联邦法律，根据违法行为的性质和严重程度追究纪律责任、行政责任、物质责任、民事责任和刑事责任。

20＿＿＿年＿＿＿月＿＿＿日＿＿＿＿＿＿＿＿＿＿＿＿＿＿＿＿＿＿＿
（军人签名，姓、名和父称）

本人核实该军人及其家庭成员签字无误。

20＿＿＿年＿＿＿月＿＿＿日＿＿＿＿＿＿＿＿＿＿＿＿＿＿＿＿＿＿＿
（核查人的职务，签名，姓、名和父称）

盖章

---

① 未成年和（或）无行为能力的家庭成员由法定代理人代签名。

附件三[①]

_____
（俄罗斯联邦国防部授权机关的名称）

关于批准登记为住房需求人员的决定

（第_____号）

20____年____月____日　　　　　　　　　　_____市

根据《俄罗斯联邦住房法典》第五十二条、1998年5月27日第七十六号《军人地位法》第十五条，基于军人提交的申请书和文件，批准下列人员登记为社会租赁住房需求人员：

_____
（军衔，姓、名和父称）

家庭成员：

妻子（丈夫）：_____
（姓、名和父称，出生日期）

子女：_____
（姓、名和父称，出生日期）

其他家庭成员：_____
（亲属关系，姓、名和父称，出生日期）

批准登记的日期：_____年____月____日；

登记类别：_____；

列入第_____号登记表。

补充资料：_____。

_____
（俄罗斯联邦国防部授权机关负责人的职务）
盖章

_____
（签名，名和父称的首字母、姓）
20____年____月____日

———————————
① 2011年4月15日第五百零九号俄罗斯联邦国防部长令批准修订本附件标题编号。

附件四[1]

获准列入住房需求人员的军人登记表

序号	军衔	军人的姓、名和父称，个人编号	护照的组号和序号，号和序号发放机关和发放日期	出生日期	军事指挥机关、部队或机构的名称	家庭成员的姓、名和父称，亲属关系	家庭成员的出生日期	护照的组号和序号，号和序号发放机关和发放日期	获得补充住房面积的理由	军人（公民）或家庭成员根据社会租赁合同获得住房或拥有私有产权的住房信息	获准登记的日期，登记类别	住房提供地点	撤销登记的日期和原因

---

[1] 2011 年 4 月 15 日第五百零九号俄罗斯联邦国防部长令批准修订本附件标题编号。

附件五[①]

部队角章

证　明

兹证明，根据_____，
　　　　　　　　（主管人员的命令编号和日期）

_____
　　　　　（军衔，姓、名和父称，个人编号）

从 20 __年__月__日至 20 __年__月__日参加_____
　　　　　　　　　　　　　　　　　　　　（本指南第八条指出的活动）
_____活动。

本证明送交给俄罗斯联邦国防部授权机关，用于其确定该军人登记为社会租赁住房需求人员的日期。

指挥员（首长）_____
　　　　　　　　　（签名，名字大写首字母、姓）
　　　　　　　　　　　盖章

[①] 2011 年 4 月 15 日第五百零九号俄罗斯联邦国防部长令批准修订本附件标题编号。

附件六[①]

住房分配通知书

（20＿＿年＿＿月＿＿日第＿＿号）

尊敬的 ＿＿＿＿＿＿＿＿＿＿＿＿＿＿：
　　　　（姓、名和父称）

　　为您的家庭，共＿＿人，分配以下住房：单独的＿＿居室住房或其他类型住房，总面积（不含阳台、敞廊、外廊和凉台面积）＿＿平方米，住房位于第＿＿层，地址为＿＿＿＿＿＿＿＿＿＿＿＿＿＿＿＿，
＿＿＿＿＿＿＿＿＿＿＿＿＿＿＿＿＿＿＿＿＿＿＿＿＿＿＿＿＿＿＿＿，
　　　　（该住房是否拥有俄罗斯联邦产权）

　　如果您和您的家庭成员同意（或拒绝）分配的住房，请在五日内填写本通知书副本和存根（存根一和存根二），并提交给授权机关。

　　如果您和您的家庭成员同意分配的住房，应在三十日内向授权机关提交2010年9月30日第一千二百八十号俄罗斯联邦国防部长令批准的《俄罗斯联邦武装力量根据社会租赁合同为服合同兵役的俄罗斯联邦公民提供住房的指南》第十三条所列文件。

＿＿＿＿＿＿＿＿＿＿＿＿＿＿＿＿＿＿＿＿＿＿＿＿＿＿＿＿＿
（授权机关负责人的职务，签名，名字大写首字母、姓）
　　　　　　　　　　　　　　　　盖章

签收：20＿＿年＿＿月＿＿日

＿＿＿＿＿＿＿＿＿　　＿＿＿＿＿＿＿＿＿＿
　　（签名）　　　　　（军人的姓、名和父称）

[①] 2011年4月15日第五百零九号俄罗斯联邦国防部长令批准修订本附件标题编号。

20 ____年____月____日第____号《住房分配通知书》存根一

本人同意接收《住房分配通知书》中所分配的住房。

_____
（军人/公民的签名，姓、名和父称）

_____
（家庭成员的姓、名和父称）

_____
（家庭成员的姓、名和父称）

_____
（家庭成员的姓、名和父称）

_____
（家庭成员的姓、名和父称）

20 ____年____月____日

本人同意（不同意）（不需要的划掉）在无俄罗斯联邦产权的情况下入住所分配住房。后附《住房入住申请书》和本指南第一条第九项所列文件（信息更新至《住房入住申请书》递交之日）。

_____
（军人/公民的签名，姓、名和父称）

_____
（家庭成员的姓、名和父称）

_____
（家庭成员的姓、名和父称）

_____
（家庭成员的姓、名和父称）

20 ____年____月____日

20____年____月____日第____号《住房分配通知书》存根二

本人拒绝《住房分配通知书》中所分配住房，原因如下：_____。

_____

（军人/公民的签名，姓、名和父称）

20____年____月____日

附件七①

_____
（俄罗斯联邦国防部授权机关或其所属部门的名称与邮寄地址）

住房入住申请书

　　本人，_____，恳请允许本人和家庭成员
　　　　（军衔，姓、名和父称）

入住由_____分配的住房_____

　　（俄罗斯联邦国防部授权机关）　　（单独的_____居室住房

_____，

或其他类型住房，总面积____平方米，地址）

_____。

　　（通知书发出日期、通知书编号、签发日期）

　　　　　　　　　　_____

　　　　　　　　　　　（军人/公民的签名，姓、名和父称）

---

① 2011年4月15日第五百零九号俄罗斯联邦国防部长令批准修订本附件标题编号。

附件八[①]

俄罗斯联邦国防部关于住房入住的决定

20____年____月____日　　　　　　　_____市

根据《俄罗斯联邦住房法典》第十条的规定，俄罗斯联邦国防部决定允许_____
　　　　　（军衔，姓、名和父称，出生日期）
及与其共同居住的家庭成员_____
　　　　　　　　　（所有家庭成员的姓、名和父称）
_____

入住由_____分配的住房_____
　（俄罗斯联邦国防部授权机关）　（单独的____居室住房或其他
_____，地址为_____
类型住房，总面积____平方米）　（《住房分配通知书》中的地址，
_____。俄罗斯联邦国防
《住房分配通知书》发出日期、编号及同意的日期）
部应在____期限内对所分配的住房进行俄罗斯联邦产权登记。

在登记俄罗斯联邦产权和运营管理权后，将做出关于根据社会租赁合同提供住房的决定并签署社会租赁合同。

负责人（首长）_____
　　　　　　　（职务，签名，名字大写首字母、姓）
　　　　　　　　　　　　　　　盖章

决定内容已知悉，同意。

　　　　　　　　　　_____
　　　　　　　　　　（签名，姓、名和父称）
　　　　　　　　　　20____年____月____日

本决定一式三份：

第一份由做出决定的机关留存；第二份交给军人或退役军人；第三份送交运营机构。

---

① 2011年4月15日第五百零九号俄罗斯联邦国防部长令批准修订本附件标题编号。

附件九[1]

_____
（俄罗斯联邦国防部授权机关的名称）

根据社会租赁合同提供住房的决定摘录（第____号）

20____年____月____日　　　　　　　　　　_____市

依据《俄罗斯联邦武装力量根据社会租赁合同为服合同兵役的俄罗斯联邦公民提供住房的指南》，向_____
　　　　　　　　　　　　　　　　（军衔、姓、名和父称，出生日期）
和以下与其共同居住的家庭成员提供住房_____
　　　　　　　　　　　　　　　　[单独的____居室住房或其他

_____
类型住房，总面积（不含阳台、敞廊、外廊和凉台面积）____平方米，在
_____，地址为_____。
　第____层]　　　　　　　　（邮政地址）

妻子（丈夫）：_____
　　　　　　　　（姓、名和父称，出生日期）

子女：_____
　　　　（姓、名和父称，出生日期）

其他家庭成员：_____
　　　　　　　（亲属关系，姓、名和父称，出生日期）
_____应在
（签署住房社会租赁合同机关/机构的名称和地址）
20____年____月____日前，与承租人签署社会租赁合同。

　　　　　　　　　　_____
　　　　　　　　　（俄罗斯联邦国防部授权机关负责人的职务）
　　　　　　　　　　　　　　盖章

　　　　　　　　　　_____
　　　　　　　　　（签名，名字大写首字母、姓）

　　　　　　　　　　20____年____月____日

——————
[1] 2011年4月15日第五百零九号俄罗斯联邦国防部长令批准修订本附件标题编号。

附件十①

住房交还证明存根

（组号____序号____）

兹证明，_____已将其位于
　　　　　　（军衔，姓、名和父称）
_____市_____大街第_____号第_____号楼第
____室永久性住房/公寓房（不需要的划掉）_____

[单元房、房间数量、面积

_____
（总面积/居住面积）__平方米；或公共住宅、面积（居住面积）__平方米]
交给_____。
　　（接受房屋交付的机构名称或房屋私有化后交予的亲属姓名，年月日）

_____的《住房交还证明》（组号__ 序号__ ）已由
（永久性住房/公寓房）
位于___的该军人最后服役地点的_____
　　　　　　　　　　　　　　　（俄罗斯联邦国防部授权机关的所属部门名称）
发出（未发出）。

　　　　　　　　　　_____负责人
　　　　　　　　　　（俄罗斯联邦国防部授权机关的所属部门名称）

　　　　　　　　　　_____
　　　　　　　　　　　（签名，名字大写首字母、姓）
　　　　　　　　　　　20____年____月____日
　　　　　　　　　　　　　　盖章

证明已收到。

　　　　　　　　　　　（军人签名，名字大写首字母、姓）
　　　　　　　　　　　20____年____月____日

---

① 2011年4月15日第五百零九号俄罗斯联邦国防部长令批准修订本附件标题编号。

住房交还证明副联

（发往俄罗斯联邦国防部授权机关）

（组号____序号____）

兹证明，_____已将其位于
　　　　　（军衔，姓、名和父称）
_____市_____大街第_____号第_____号楼第
____室永久性住房/公寓房（不需要的划掉）_____
　　　　　　　　　　　　　　　　　　　［单元房、房间数量、面积
_____
（总面积/居住面积）__平方米；或公共住宅、面积（居住面积）__平方米］
交给_____。
　　（接受房屋交付的机构名称或房屋私有化后交予的亲属姓名，年月日）
　　_____的《住房交还证明》（组号__序号__）已由位
　（永久性住房/公寓房）
于_____的该军人最后服役地点的_____
　　　　　　　　　　　　　　　（俄罗斯联邦国防部授权机关的所属部门
名称）
发出（未发出）。

_____负责人
（俄罗斯联邦国防部授权机关的所属部门名称）

　　　　　　　　_____
　　　　　　　　　　（签名，名字大写首字母、姓）
　　　　　　　　　　20____年____月____日
　　　　　　　　　　　　　　盖章

证明已收到。

　　　　　　　　_____
　　　　　　　　（军人签名，名字大写首字母、姓）
　　　　　　　　　　20____年____月____日

住房交还证明

（组号_____序号_____）

兹证明，_____已将其位于
　　　　　　　　　（军衔，姓、名和父称）
_____市_____大街第_____号第_____号楼第
_____室永久性住房/公寓房（不需要的划掉）_____
　　　　　　　　　　　　　　　　　　　　　[单元房、房间数量、面积
_____
（总面积/居住面积）__平方米；或公共住宅、面积（居住面积）__平方米]
交给_____。
（接受房屋交付的机构名称或房屋私有化后交予的亲属姓名，年月日）

_____的《住房交还证明》（组号___序号___）已由
（永久性住房/公寓房）

位于____的该军人最后服役地点的_____
　　　　　　　　　　　　　　　　　（俄罗斯联邦国防部授权机关的所属部门名称）
发出（未发出）。

_____负责人
（俄罗斯联邦国防部授权机关的所属部门名称）

　　　　　　　　　　　_____
　　　　　　　　　　　（签名，名字大写首字母、姓）
　　　　　　　　　　　20____年____月____日
　　　　　　　　　　　　　盖章

四、《俄罗斯联邦武装力量合同制军人公寓房分配指南》[①]

（2010年9月30日第一千二百八十号俄罗斯联邦国防部长令批准）

第一条 在俄罗斯联邦武装力量服合同兵役的俄罗斯联邦公民（以下简称"军人"）抵达新服役地后三个月内，应根据俄罗斯联邦法律和其他规范性法律文件规定的标准和程序，结合考虑军人享受补充住房面积的权利，向军人及其共同居住家庭成员（以下简称"家庭成员"）提供公寓房。应尽量在部队驻扎地的居民点提供公寓房，如果在这些居民点无法提供公寓房，则在邻近的居民点提供公寓房。

第二条 希望获得公寓房的军人，应向俄罗斯联邦国防部授权机关的所属部门（以下简称"授权机关的所属部门"）递交附件一的申请书，并随附下列文件：

证明军人及家庭成员身份的文件复印件，即有居住地登记信息人员的护照复印件、无护照人员的出生证复印件；

结婚证（离婚证）复印件；

《军人与家庭成员在服役地有（无）根据社会租赁合同获得住房和（或）有（无）私有产权住房的报告》（附件二）；

原服役地公寓房（含临时住房或宿舍）交还证明或未获得公寓房证明。

如果军人被任命职务或退出现役，俄罗斯联邦武装力量干部机关应在十日内将此情况告知授权机关的所属部门。

俄罗斯联邦武装力量干部机关应在军人提交申请书后十日内向授

[①] 本指南分别于下列时间修订：2011年4月15日、2012年5月28日、2017年11月30日。

权机关的所属部门提供有关该军人服役及其家庭成员的信息。[1]

第三条 在军人交还原服役地公寓房后,应向军人与家庭成员提供不低于1998年5月27日第七十六号《军人地位法》第十五条第一项规定的社会租赁住房面积标准的公寓房。

第四条 如果不能按本指南第三条规定的标准为军人及其家庭成员提供公寓房,经军人同意后,可为其提供适合临时居住的小面积公寓房、临时住房或宿舍。

第五条 已向授权机关的所属部门提交本指南第二条规定的申请书和文件的军人,应列入公寓房拟分配人员名单,并按申请书和文件递交(邮寄)日期的顺序享受公寓房分配。递交日期相同的军人,按服役总时长排序享受公寓房分配。

授权机关的所属部门在收到本指南第二条规定的申请书和文件后应在十个工作日内做出是否将军人列入公寓房拟分配人员名单的决定,并向军人发送通知书(附件三)。

在收到可分配公寓房的信息后,授权机关的所属部门应做出为公寓房拟分配人员名单上的军人提供公寓房的决定,并应在三日内向军人发送《住房分配通知书》(附件四)。

如果军人同意接受提供的公寓房,应在收到《住房分配通知书》后五日内在《住房分配通知书》存根一上填写"同意",并提交给授权机关的所属部门。

如果军人不同意提供的公寓房,应在收到《住房分配通知书》后五日内在《住房分配通知书》存根二上填写"拒绝",并提交给授权机关的所属部门。

授权机关的所属部门在收到《住房分配通知书》成功送达回执后十日内,如果未收到军人发回的同意书,应将该住房提供给公寓房拟分配人员名单上的其他军人。

本条第五款和第六款所指军人的公寓房保障,按本指南规定的办

---

[1] 2017年11月30日第七百三十九号俄罗斯联邦国防部长令批准自2018年1月6日起修订第二条。

法实施。①

第六条 获得公寓房保障的军人应与授权机关的所属部门签署公寓房租住合同。

第七条 如果军人家庭成员增加致使军人及其家庭成员的人均公寓房面积低于住房面积标准，则应根据军人本人向授权机关的所属部门递交的申请书和关于上述情况的证明文件，依照本指南规定向军人提供其他公寓房。该住房面积标准由公寓房所在地的地方自治机关确定，决定了为有社会租赁住房需求的俄罗斯联邦公民提供保障住房的总面积。

第八条 依照本指南的规定，应尽可能为已在服役地点的邻近居民点分配公寓房的军人重新分配位于服役地点的公寓房。

---

① 2012年5月28日第一千三百五十号俄罗斯联邦国防部长令批准修订第五条。

附件一[①]

　　致＿＿＿＿＿＿＿＿＿＿＿＿＿＿＿＿＿＿＿＿＿＿＿＿
　　　　　（俄罗斯联邦国防部授权机关名称）
　　＿＿＿＿＿＿＿＿＿＿＿＿＿＿＿＿＿＿＿＿＿＿＿，
　　　　（申请人的军衔，姓、名和父称）
　　居住（登记）地址＿＿＿＿＿＿＿＿＿＿＿＿＿＿＿＿＿＿＿。
　　　　　　　　　（邮政编码与地址、联系电话、电子邮箱）

申请书

　　本人，＿＿＿＿＿＿＿＿＿＿＿＿＿＿＿＿，申请服役地的公寓房。
　　　　　（军衔，姓、名和父称）
　　护照：＿＿＿＿＿＿＿＿＿＿＿＿＿＿＿＿＿＿＿＿；
　　　　　（护照的组号和序号、发证机关和发证日期）
　　身份证：＿＿＿＿＿＿＿＿＿＿＿＿＿＿＿＿＿＿＿；
　　　　　（身份证的组号、序号、发证机关和发证日期）
　　个人编号：＿＿＿＿＿＿＿＿＿＿＿＿＿＿＿＿＿；
　　首份服役合同的签署日期（军官从军事职业教育机构毕业后获得军官军衔的日期）为＿＿＿年＿＿＿月＿＿＿日。
　　服役单位：＿＿＿＿＿＿＿＿＿＿＿＿＿＿＿＿＿＿＿＿＿。
　　　　　　　（军事指挥机关、部队、单位的名称）
　　家庭成员：
　　妻子（丈夫）：＿＿＿＿＿＿＿＿＿＿＿＿＿＿＿＿＿＿；
　　　　　　　　（姓、名和父称，出生日期）
　　子女：＿＿＿＿＿＿＿＿＿＿＿＿＿＿＿＿＿＿＿＿＿；
　　　　　（姓、名和父称，出生日期）

---

① 2011年4月15日第五百零九号俄罗斯联邦国防部长令批准增加附件一。

家庭其他成员：_____。
　　　　　　　（亲属关系，姓、名和父称，出生日期）

本人及家庭成员在本人服役地有（无）私有产权住房和（或）有（无）通过社会租赁合同获得的住房。（不需要的划掉）

_____
（军人及家庭成员在原服役地/居住地拥有私有产权住房或通过社会租赁合同获得住房的信息）

本人及家庭成员同意俄罗斯联邦国防部授权机关处理和使用所提交的个人数据，以供其做出关于提供公寓房的决定。

　　　　　　　　　　　　　　　　　申请人签名_____
　　　　　　　　　　　　　　　　成年家庭成员签名_____

申请书随附下列文件：

序号	文件名称	文件信息（文件编号、文件发放机关和发放日期）	页数	备注
1				
2				
3				
4				
5				
6				

　　　　　　　　　　　申请人签名_____
　　　　　　　　　　　　　（名字大写首字母、姓）
　　　　　　　　　　　　　20____年____月____日

附件二[①]

军人与家庭成员在服役地有（无）根据社会租赁合同获得住房和（或）有（无）私有产权住房的报告

本人，_____，
　　　（姓、名和父称，出生日期，军人个人编号）
护照_____，_____，
　　　　　　　（主要工作或服役地点、职务）
居住地址：_____。
　　　　　（居住地址和住房类型）

兹报告本人家庭成员情况如下：

（一）_____
［姓、名和父称，护照信息（无护照人员提供出生证信息），出
　　生日期，亲属关系］

（二）_____
［姓、名和父称，护照信息（无护照人员提供出生证信息），出
　　生日期，亲属关系］

（三）_____
［姓、名和父称，护照信息（无护照人员提供出生证信息），出
　　生日期，亲属关系］

（四）_____。
［姓、名和父称，护照信息（无护照人员提供出生证信息），出
　　生日期，亲属关系］

---

① 2011年4月15日第五百零九号俄罗斯联邦国防部长令批准增加附件二。

一、军人与家庭成员在_____根据社会租赁合同获得
（俄罗斯联邦主体名称）

住房和（或）拥有私有产权住房的信息

序号	姓、名、父称	护照（出生证）组号、序号、发证机关和发证日期	邮寄地址	住房类型与面积（平方米）	住房使用依据（社会租赁合同或私有产权）、合同日期和合同信息
1					
2					
3					

二、本人和家庭成员未获得（已获得）住房购买或建设资金、无偿财政补助金或国家住房证

_____

_____。

（注明"未获得"或"已获得"；如果已获得资金或无偿财政补助金，应注明提供资金或无偿财政补助金的机构名称、日期和金额；如果已获得国家住房证，应注明发放国家住房证的机构、批次和编号。）

三、本人及家庭成员在_____参加住房私有化的信息
（俄罗斯联邦主体名称）

序号	姓、名、父称	护照（出生证）组号、序号、发证机关和发证日期	邮寄地址	住房类型与面积（平方米）	房屋产权转让合同的日期和信息
1					
2					
3					

本人和家庭成员①证明以上资料真实完整。我们同意俄罗斯联邦国防部授权机关在俄罗斯联邦税务总局，俄罗斯联邦移民总局，俄罗斯联邦国家登记、大地测量和制图总局等俄罗斯联邦权力执行机关核查提交的资料并处理个人数据。

如果提交的资料有变化，我们保证在五日内按规定样式向授权机关和（或）授权机关的所属部门发送变更的信息。

20＿＿年＿＿月＿＿日＿＿＿＿＿＿＿＿＿＿＿＿＿＿＿＿＿＿＿
（军人签名，姓、名和父称）

20＿＿年＿＿月＿＿日＿＿＿＿＿＿＿＿＿＿＿＿＿＿＿＿＿＿＿
（成年家庭成员签名，姓、名和父称）

20＿＿年＿＿月＿＿日＿＿＿＿＿＿＿＿＿＿＿＿＿＿＿＿＿＿＿
（成年家庭成员签名，姓、名和父称）

本人，＿＿＿＿＿＿＿＿＿＿＿＿＿＿＿＿＿＿，已预先获悉，如果违法，
（军人的军衔，姓、名和父称）

应依据俄罗斯联邦法律，根据违法行为的性质和严重程度被追究纪律责任、行政责任、物质责任、民事责任和刑事责任。

20＿＿年＿＿月＿＿日＿＿＿＿＿＿＿＿＿＿＿＿＿＿＿＿＿＿＿
（军人签名，姓、名和父称）

本人核实该军人及其家庭成员签字无误。

20＿＿年＿＿月＿＿日＿＿＿＿＿＿＿＿＿＿＿＿＿＿＿＿＿＿＿
（核查人的职务，签名，姓、名和父称）
盖章

---

① 未成年和（或）无行为能力的家庭成员由法定代理人代签名。

附件三①

关于军人列入公寓房拟分配人员名单的通知书

_____
（俄罗斯联邦国防部授权机关名称）

_____市

依照 1998 年 5 月 27 日第七十六号《军人地位法》第十五条、2010 年 9 月 30 日第一千二百八十号俄罗斯联邦国防部长令批准的《俄罗斯联邦武装力量合同制军人公寓房分配指南》，根据申请书和提交的文件，将_____
　　　　　　　　　　（军衔，姓、名和父称）
列入_____服役地公寓房拟分配人员名单。
　（居民点名称）

家庭成员：
妻子（丈夫）：_____，
　　　　　　　（姓、名和父称，出生日期）
子女：_____，
　　　　　　　（姓、名和父称，出生日期）
其他家庭成员：_____。
　　　　　（亲属关系，姓、名和父称，出生日期）
列入名单的日期：20____年____月____日。
登记类别：_____；
补充资料：_____。

_____
（俄罗斯联邦国防部机关授权人员的职务）

_____
（签名，名字大写首字母、姓）
盖章
20____年____月____日

---

① 2012 年 5 月 28 日第一千三百五十号俄罗斯联邦国防部长令批准增加附件三。

附件四①

住房分配通知书

（住房类别：公寓房、临时住房、宿舍）

（第____号）

20____年____月____日

尊敬的_____：

（姓、名和父称）

  为您的家庭，共____人，分配以下住房：单独的____居室住房或其他类型住房，总面积（不含阳台、敞廊、外廊和凉台的面积）____平方米，住房位于第____层，地址为_____。

  如果您和您的家庭成员同意（或拒绝）分配的住房，请在五日内填写本通知书副本和存根（存根1和存根2），并发给授权机关。

  如果您和您的家庭成员同意分配的住房，必须在五日内向授权机关（其所属部门）发送2010年9月30日第一千二百八十号俄罗斯联邦国防部长令批准的《俄罗斯联邦武装力量合同制军人公寓房分配指南》第二条所列文件。

_____　　_____　　_____

（职务）　　（签名）　　（名字大写首字母、姓）

　　　　　　　　　　　　　　　盖章

签收：20____年____月____日

_____　　_____

（签名）　　（军人的姓、名和父称）

----

① 2012年5月28日第一千三百五十号俄罗斯联邦国防部长令批准增加附件四。

20＿＿＿年＿＿＿月＿＿＿日《住房分配通知书》第＿＿＿号存根一

本人同意接受《住房分配通知书》中所分配的住房。

　　＿＿＿＿＿＿＿＿＿　　＿＿＿＿＿＿＿＿＿＿＿＿＿＿＿＿＿＿＿＿＿

　　　　（签名）　　　　　　　（军人的姓、名和父称）

＿＿＿＿＿＿＿＿＿＿＿＿＿＿＿＿＿＿＿＿＿＿＿＿＿＿＿＿＿＿＿＿＿＿＿

（家庭成员的姓、名和父称）

20＿＿＿年＿＿＿月＿＿＿日

20 ____ 年____月____日《住房分配通知书》第____号存根二

本人拒绝《住房分配通知书》中所分配的住房。

_____　_____

　　（签名）　　　　　　　（军人的姓、名和父称）

　　　　　　　　　　　　20 ____年____月____日

第三编　俄罗斯联邦军人奖励法规

一、《俄罗斯联邦武装力量落实关于为武装力量军人和文职人员颁发国家奖励的规范性法律文件要求的实施细则》

(2011年3月25日第三百五十号俄罗斯联邦国防部长令批准)

第一章 总则

第一条 本《细则》规定为俄罗斯联邦武装力量军人和文职人员授予俄罗斯联邦国家奖励①的呈报和实施程序，以及国家奖励的登记和保管办法。

第二条 国家奖励是对在国家建设、经济、科学、文化、艺术和教育领域为加强法制、保护公民生命健康、捍卫公民权利和自由、启发育人、推动体育发展建立功勋的俄罗斯联邦公民，为保卫祖国与保障国家安全作出巨大贡献的俄罗斯联邦公民，以及积极投身慈善事业和为国建立其他功勋的俄罗斯联邦公民的最高褒奖形式。②

第三条 国家奖励的种类：

（一）俄罗斯联邦英雄称号；

（二）俄罗斯联邦勋章；

（三）俄罗斯联邦功绩奖章；

（四）俄罗斯联邦纪念奖章；

---

① 本细则正文中使用以下简称：俄罗斯联邦国家奖励——国家奖励；俄罗斯联邦武装力量——武装力量；俄罗斯联邦国防部——国防部；俄罗斯联邦国防部干部总局——干部总局；俄罗斯联邦武装力量的军事指挥机关、军团、兵团、部队、组织、兵役局——部队；俄罗斯联邦武装力量文职人员——文职人员。

② 符合《俄罗斯联邦国家奖励条例》第一条。

（五）俄罗斯联邦荣誉称号。①

第四条 俄罗斯联邦勋章和纪念奖章划分不同等级。不同等级的俄罗斯联邦勋章或俄罗斯联邦纪念奖章同属一种国家奖励。②

第五条 俄罗斯联邦勋章、俄罗斯联邦功绩奖章、俄罗斯联邦纪念奖章及配套证书均有编号。

俄罗斯联邦荣誉称号的胸章没有编号。③

第六条 在提名授予国家奖励时，奖励的类别取决于获奖者立功的性质和大小，且获奖者应符合俄罗斯联邦各类勋章章程及俄罗斯联邦功绩奖章、俄罗斯联邦纪念奖章和俄罗斯联邦荣誉称号条例的相应条件要求。

按照从低到高的顺序依次授予同一种国家奖励的不同等级。④

第七条 因新的立功和成就再次获得国家奖励的时间距离上次获国家奖励的时间应满五年，但因表现出英勇、果敢和大无畏精神而获国家奖励的情况除外。⑤

第八条 通常不重复为同一人授予同一种国家奖励，但可为同一人授予同一种国家奖励中的更高等级，也可因表现英勇为同一人重复授予"英勇勋章"和"勇敢奖章"。

根据俄罗斯联邦总统的决定，可在间隔五年后再次授予同一人国家奖励。⑥

第九条 因表现出英勇、果敢和大无畏精神而立功的人员，可追授俄罗斯联邦英雄称号、俄罗斯联邦勋章、"乔治十字"功绩奖章或俄罗斯联邦纪念奖章。

其他国家奖励不予追授。⑦

---

① 符合《俄罗斯联邦国家奖励条例》第二条。
② 符合《俄罗斯联邦国家奖励条例》第三条。
③ 符合《俄罗斯联邦国家奖励条例》第四条。
④ 符合《俄罗斯联邦国家奖励条例》第五条。
⑤ 符合《俄罗斯联邦国家奖励条例》第六条。
⑥ 符合《俄罗斯联邦国家奖励条例》第七条。
⑦ 符合《俄罗斯联邦国家奖励条例》第八条。

第十条 因严重或特别严重犯罪被审判的获奖者，其所获国家奖励应在法院判决生效后予以撤销。①

第十一条 如果关于呈请授予某人国家奖励的文件（以下简称"奖励文件"）含有不实信息，应由俄罗斯联邦总统签发关于取消（修改）其国家奖励的命令，并且其应将所获国家奖励及证书归还俄罗斯联邦总统办公厅。②

第十二条 依照俄罗斯联邦法律，应采取措施向获得国家奖励的人员提供社会支持。③

第十三条 非法获取、出售、伪造与佩戴俄罗斯联邦国家奖章和苏联国家奖章者，以及设立/制造与国家奖章名称/外形相似奖章者，应承担相应法律责任。④

第十四条 俄罗斯联邦护法机关和海关没收的俄罗斯联邦国家奖章和苏联国家奖章，以及未确定得主的俄罗斯联邦国家奖章和苏联国家奖章，应依照俄罗斯联邦法律规定的程序归还俄罗斯联邦总统办公厅。⑤

第十五条 俄罗斯联邦相关法律规定也适用于获得苏联国家奖励的俄罗斯联邦公民。

被授予苏联国家奖励但未及时领取相应奖章证书的俄罗斯联邦公民，应为其补发国家奖励及证书。

依据俄罗斯联邦法律恢复名誉的俄罗斯联邦公民，或法院改变对其判决的俄罗斯联邦公民，可由俄罗斯联邦总统恢复其在国家奖励方面的权利。⑥

第十六条 未经俄罗斯联邦总统批准，军人无权接受外国、国际

---

① 符合《俄罗斯联邦国家奖励条例》第九条。
② 符合《俄罗斯联邦国家奖励条例》第十条。
③ 符合《俄罗斯联邦国家奖励条例》第十一条。
④ 符合《俄罗斯联邦国家奖励条例》第十二条。
⑤ 符合《俄罗斯联邦国家奖励条例》第十三条。
⑥ 符合《俄罗斯联邦国家奖励条例》第十四条。

组织和外国组织授予的奖励。①

第二章　国家奖励申报程序

第十七条　俄罗斯联邦总统根据关于国家奖励申请的审议结果报告与总统下属国家奖励委员会（以下简称"委员会"）的建议，做出授予国家奖励的决定。②

第十八条　独立营营长（二级军舰和三级军舰舰长）及享有与营长相同奖惩权的独立部队指挥员、团长（一级军舰舰长）及平级或更高级别的指挥员（首长）负责起草关于授予所属军人和文职人员国家奖励的申请报告（以下简称"奖励申请报告"）。

第十九条　如俄罗斯联邦关于国家奖励的相关法律性规范文件未另行规定，部队应参照第二号格式③拟制一式三份的奖励表，用于呈请授予本部队军人和文职人员国家奖励。

第二十条　奖励表中应注明与获奖者功绩相符的国家奖励种类、获奖者功绩的详细说明，以及奖励表各部分的其他信息。

奖励表不得涂改。

第二十一条　奖励表随附的将官个人信息应符合《俄罗斯联邦武装力量人员统计指南》④附件五第8/ЛД号格式，还应随附服役合同的信息、作战行动登记簿的摘要及其他资料。

第二十二条　第一份和第二份奖励表应提交上级领导审核。

第三份奖励表由部队留存。

部队负责登记已形成并送审的奖励表及相关决定。

如果违反奖励呈报程序，应退回奖励表并说明退还原因和（或）

---

① 符合1998年5月27日第七十六号《军人地位法》第十条第七项。
② 符合《俄罗斯联邦国家奖励条例》第十五条。
③ 2010年9月7日第一千零九十九号俄罗斯联邦总统令批准。
④ 《俄罗斯联邦武装力量人员统计指南》由2005年12月19日第八十五号俄罗斯联邦国防部长令批准。

指出违反规定要求的不足之处。

第二十三条 上级领导应在七日内决定同意（或驳回）奖励申请，并将决定内容填写在两份奖励表的相应位置。

第二十四条 由俄罗斯联邦国防部副部长、武装力量军种总司令、军区司令、武装力量兵种司令、国防部中央军事指挥机关负责人拟制或确认的奖励申请报告、补充材料及磁性或数字电子信息载体（用于"国家奖励申报人员和授予人员自动化统计系统"）应发往国防部干部总局。

第二十五条 国防部干部总局负责检查奖励表填写是否正确，起草国家奖励授予报告草案并按规定程序提交给俄罗斯联邦总统。

俄罗斯联邦国防部长可更改授予的国家奖励种类。

第二十六条 因表现出英勇、果敢和大无畏精神而立功者，其奖励申请报告应在立功后一个月内提交。如一个月内难以提交此奖励申请报告，则应在奖励表的随附材料中说明原因和情况。

第二十七条 如果申请获奖者的姓、名、父称、职务、服役（工作）地点、家庭地址发生变化，或申请奖励过程中出现困难，部队应立即向国防部干部总局汇报有关情况。

第三章 组织颁授国家奖励

第二十八条 国家奖励由俄罗斯联邦总统授予。[①]

第二十九条 下列人员可受俄罗斯联邦总统委托以俄罗斯联邦总统的名义颁授国家奖励：

（一）俄罗斯联邦政府总理；

（二）俄罗斯联邦政府成员、俄罗斯联邦国家权力机关和俄罗斯联邦其他国家机关负责人；

（三）俄罗斯联邦总统办公厅负责人；

[①] 符合《俄罗斯联邦国家奖励条例》第四十三条。

（四）俄罗斯联邦各主体首脑；

（五）俄罗斯联邦外交代表机构和领事机构负责人；

（六）国家科学院院长；

（七）部队首长、兵团司令、军团司令。①

第三十条 俄罗斯联邦总统可委托其他人颁授国家奖励。②

第三十一条 应在俄罗斯联邦总统授奖命令生效之日起三个月内，举行为获奖者颁授国家奖励及证书的隆重仪式。③

第三十二条 追授的国家奖励及证书应转交（授予）获奖者的妻子（丈夫）、父亲、母亲、儿子或女儿（以下简称"继承者"）保存。④

第三十三条 国防部干部总局依照俄罗斯联邦总统的授奖命令将国家奖章及证书发往部队。

第三十四条 在举行隆重仪式颁授国家奖励前，应宣读俄罗斯联邦总统的授奖命令。

如果获奖者因病或因残不能出席领奖，可在其家或其接受治疗的医疗机构为其颁授国家奖励。

第三十五条 颁授国家奖励后，应拟制一式两份的国家奖励及证书颁授备忘录（以下简称"授奖备忘录"），并办理获奖者受领国家奖励及证书的凭据（以下简称"受领凭据"）。

应对照俄罗斯联邦总统的授奖命令核对授奖备忘录的信息，由授奖人员签字并加盖部队印章确认。

授奖备忘录不应有任何涂改。

第三十六条 应按规定程序在获奖者的个人档案、履历卡和工作证上记录获奖情况。

第三十七条 为死亡人员追授国家奖励或颁授其生前荣获但未领取的国家奖励时，应将国家奖励及证书转交其继承者，并办理一式两

---

① 符合《俄罗斯联邦国家奖励条例》第四十四条。
② 符合《俄罗斯联邦国家奖励条例》第四十五条。
③ 符合《俄罗斯联邦国家奖励条例》第四十六条。
④ 符合《俄罗斯联邦国家奖励条例》第四十七条。

份的国家奖励及证书转交备忘录（以下简称"转交备忘录"），以及其继承者受领国家奖励及证书的凭据。

第三十八条 应在颁授国家奖励后五日内，按规定程序将授奖备忘录或转交备忘录（各两份）及受领凭据发往国防部干部总局。

第三十九条 如果获奖者居住地或服役（工作）地点发生变化，部队应及时确认获奖者的具体地点。

因获奖者居住地或服役（工作）地点发生变化，无法向其颁授国家奖励时，负责组织颁授国家奖励及证书的部队应拟制无法受领国家奖励的获奖者名单（以下简称"无法受领者名单"）和国家奖励授予情况汇总表（以下简称"授奖情况汇总表"）。

无法受领者名单、授奖情况汇总表及未颁授的国家奖励及证书，应由组织授奖的部队按规定程序寄回发出国家奖励及证书的部队。

第四十条 部队在收到下属部队有关本《细则》第三十九条所述国家奖励及其证书后，如无法在军事指挥机关范围内向受奖者颁授国家奖励，应以军事指挥机关的名义拟制无法受领者名单和授奖情况汇总表。无法受领者名单、授奖情况汇总表和未颁授的国家奖励及证书，应按规定程序寄往国防部干部总局。

第四十一条 国防部干部总局负责按每月一次的频率在当月10日前将授奖情况汇总表、授奖备忘录和转交备忘录发往俄罗斯联邦总统国家奖励局。

第二份授奖备忘录和转交备忘录，与受领凭据一起永久保存在国防部。

第四十二条 国防部干部总局负责将国防部系统无法受领者名单按规定程序发往俄罗斯联邦总统国家奖励局。

第四章　组织保管国家奖励

第四十三条 依照《俄罗斯联邦勋章、功绩奖章、纪念奖章、荣誉称号胸章和奖励表登记保管实施细则》，各部队负责组织登记和保管俄罗斯联邦国家奖励、俄罗斯苏维埃联邦社会主义共和国国家奖励、苏联国家奖励和奖励表（证书）（以下简称"证书"）。

第四十四条 各部队负责：

登记已收到、已注销和剩余的国家奖励及证书，并且定期拟制相关报告；

在规定期限内清点国家奖励及证书；

每季度至少检查一次国家奖励及证书保存情况，并对照登记资料进行核对；

为国家奖励及证书专门存放点安装设备以确保存放安全可靠。

第四十五条 以部队命令的形式，指定一名部队主管人员负责国家奖励及证书的保管工作。与该主管人员签署关于承担全部物质责任的合同。

第四十六条 由部队分管国家奖励及证书保存的主管人员和其他主管人员组成委员会，负责接收通过机要通信包裹送达的国家奖励及证书。

第四十七条 打开包裹前应检查包装和铅封是否完好，并对照包裹内的发货单核对包裹内的国家奖励及证书。

应保存好包裹的铅封、包装及包装上的信息直至检查结束。

第四十八条 收到国家奖励及证书时，应办理由委员会所有成员签字的接收记录。

第四十九条 负责保管国家奖励及证书的主管人员应在登记簿（登记卡）的"收到"一栏填写收到的国家奖励及证书，并向发出国家奖励及证书的部队发送已接收的确认函。

第五十条 如果打开包裹后发现短缺，或包裹内国家奖励与发货单上填写的名称不一致，那么应办理一式两份的国家奖励及证书短缺或名称不符证明（以下简称"证明"）。一份证明应与包裹的铅封、包装及包装上信息一起，在收到包裹后三日内，寄回包裹发出单位；另一份证明应由部队存档。如果缺少包裹的铅封、包装及包装上信息，无法办理上述证明。

第五十一条 负责保管国家奖励及其证书的主管人员通过目视检

查收到的国家奖励及证书。如果国家奖励及证书有瑕疵或被损坏，应按清单退还发出方并注明退还原因。

第五十二条 武装力量各军种、各军区、武装力量各兵种及国防部中央军事指挥机关之间转寄国家奖励及证书事宜，由干部总局负责。

第五十三条 干部总局根据授奖备忘录和转交备忘录，拟制关于授予勋章、功绩奖章、纪念奖章、胸章及证书的总结报告，并在每月10日前按规定程序送交俄罗斯联邦总统国家奖励局。

第五十四条 应确保国家奖励及证书保管得完好无损，免于盗窃、火灾或损坏。

第五十五条 国家奖励及证书应保存在金属柜（保险箱）中。存放国家奖励及证书的金属柜（保险箱）及房间应封印（铅封）并按规定程序接受保卫。禁止外部人员进入存放国家奖励及证书的场所。

第五十六条 部队指挥员负责在部队建设确保国家奖励及证书保存完好无损的必要条件。

第五十七条 获奖者应妥善保管国家奖励及证书。

如果在俄罗斯联邦主体负责文化遗产保护的权力执行机关支持下由博物馆提出请求，或由管理博物馆的俄罗斯联邦权力执行机关提出请求，获奖者可根据委员会的决定将国家奖励转交给国家博物馆和市（区）博物馆长期保存和展出。[1]

第五十八条 将国家奖励转交给国家博物馆或市（区）博物馆长期保存和展出的事宜通常按赠予协议办理。

转交给博物馆长期保存和展出的国家奖励不予退还。

不得将国家奖励转交给非国家博物馆或非市（区）博物馆长期保存和展出；不得将国家奖励转交给不具备保管国家奖励必要条件的国家博物馆或市（区）博物馆长期保存和展出。[2]

第五十九条 已去世的获奖者，其国家奖励及证书应由继承者保

---

[1] 符合《俄罗斯联邦国家奖励条例》第四十八条。
[2] 符合《俄罗斯联邦国家奖励条例》第四十九条。

存。如无继承者，其国家奖励及证书应收归俄罗斯联邦总统办公厅。

如果在俄罗斯联邦主体负责文化遗产保护的权力执行机关支持下由博物馆提出请求，或由管理博物馆的俄罗斯联邦权力执行机关提出请求，根据委员会的决定并征得继承者同意后，向去世者补发或追授的国家奖励及证书可转交国家博物馆或市（区）博物馆长期保存和展出。

博物馆应向俄罗斯联邦总统办公厅提供接收国家奖励并长期保存和展出的证明。①

第六十条 如果在作战行动、自然灾害或其他紧急情况下丢失俄罗斯联邦勋章、俄罗斯联邦功绩奖章、俄罗斯联邦纪念奖章或联邦荣誉称号的胸章，根据委员会的决定，获奖者可获得国家奖励的复制品或模型。

应获奖者申请，俄罗斯联邦各主体首脑在核实国家奖励丢失情况后，负责呈交关于向获奖者发放俄罗斯联邦勋章、俄罗斯联邦功绩奖章、俄罗斯联邦纪念奖章和俄罗斯联邦荣誉称号胸章复制品或模型的申请。

如果出现本款第一自然段指出的情形，根据获奖者的申请和获奖者居住地地方自治机关的申请，可向获奖者发放国家奖励证书复制品以代替丢失的证书。

如果出现其他丢失国家奖励及证书的情况，可向获奖者发放关于获得国家奖励的证明。

如果丢失国家奖励及证书的获奖者去世，不再向其继承者发放相应国家奖励的复制品或模型。②

第六十一条 为俄罗斯联邦国家机关服役人员和工作人员发放俄罗斯联邦勋章、俄罗斯联邦功绩奖章、俄罗斯联邦纪念奖章、俄罗斯联邦荣誉称号胸章及证书复制品的申请，应由相应俄罗斯联邦国家机

---

① 符合《俄罗斯联邦国家奖励条例》第五十条。
② 符合《俄罗斯联邦国家奖励条例》第五十一条。

关呈报。①

第六十二条 依照《为获奖者发放俄罗斯联邦勋章、俄罗斯联邦功绩奖章、俄罗斯联邦纪念奖章、俄罗斯联邦荣誉称号胸章及证书复制品（以代替丢失的国家奖励及证书）实施细则》②（以下简称"《发放复制品细则》"），为获奖者发放国家奖励及证书复制品。

第六十三条 军人和文职人员按规定程序向部队指挥员报告国家奖励丢失情况。

如果国家奖励被盗，获奖者应将情况通知相关俄罗斯联邦内务机关。

第六十四条 当在作战行动、自然灾害或其他不可抗力因素情况下丢失国家奖励时，军人和文职人员可向委员会提出申请，请求颁发国家奖励复制品以代替丢失的国家奖励。委员会应将收到的申请按规定程序呈报部队指挥员。

申请应随附申请人获奖证明、国家奖励丢失证明、获奖者身份证明、相关俄罗斯联邦内务机关出具的关于获奖者报告国家奖励被盗的证明文件及调查结果说明文件。

获奖者在通知俄罗斯联邦内务机关其国家奖励被盗后满一年，才可递交关于领取被盗国家奖励复制品的申请。

第六十五条 部队如果做出呈报个人关于国家奖励复制品申请的决定，就应按层级将申请提交给干部总局，并随附本细则第六十四条指出的文件。

部队如果做出拒绝呈报个人关于国家奖励复制品申请的决定，应将这一决定告知申请人。

第六十六条 收到关于发放国家奖励复制品的申请后，干部总局应审查被递交的文件。如果干部总局做出同意发放国家奖励复制品的决定，则应按规定程序将决定发往部队委员会并随附相应文件。

---

① 符合《俄罗斯联邦国家奖励条例》第五十二条。

② 俄罗斯联邦总统1996年2月22日第八十三－PΠ号令批准《为获奖者发放俄罗斯联邦勋章、俄罗斯联邦功绩奖章、俄罗斯联邦纪念奖章、俄罗斯联邦荣誉称号胸章及证书复制品（以代替丢失的国家奖励及证书）实施细则》。

如申请文件中的信息与登记数据或其他数据不符，或申请文件中的不足之处必须改正，干部总局应将文件退还提交文件的部队。

第六十七条 干部总局通过部队开展向获奖者发放国家奖励复制品的工作。

第六十八条 为获得国家奖励证书复制品，军人和文职人员应按规定程序通过向部队指挥员递交关于国家奖励证书复制品的申请（以下简称"申请"），以向俄罗斯联邦总统国家奖励局提出请求。部队应将申请及随附的国家奖励证书丢失原因说明和获得国家奖励的证明文件按规定程序递交干部总局。

第六十九条 收到申请后，干部总局应检查申请中的信息与登记数据是否相符，拟制关于发放国家奖励证书复制品的申请，并将该申请提交给俄罗斯联邦总统国家奖励局。

第七十条 干部总局将从俄罗斯联邦总统国家奖励局收到的国家奖励及证书复制品，通过部队转交给获奖者。

第七十一条 如果国家奖励证书丢失不属于本《细则》第六十四条所指情况，那么应由俄罗斯联邦总统国家奖励局出具关于国家奖励的证明文件。

第七十二条 如果由国防部授予的、因俄罗斯重大历史事件和纪念日而设置的奖章证书遗失，应由干部总局向获奖者出具经国防部长签字并盖章确认的关于奖励的证明文件。

第七十三条 获得国家奖励的俄罗斯联邦公民、外国公民和无国籍人员，如果有关于奖励的证明资料，在离开俄罗斯联邦时有权随身带出这些国家奖励。

已去世获奖者的继承者离开俄罗斯联邦前往永久居住地时，在出示关于其国家奖励所有权的证明资料后可随身带出国家奖励。[1]

第七十四条 根据俄罗斯联邦法律办理随身带出由贵重金属制作的国家奖励事宜。[2]

---

[1] 符合《俄罗斯联邦国家奖励条例》第五十三条。
[2] 符合《俄罗斯联邦国家奖励条例》第五十四条。

二、《俄罗斯联邦国防部奖章授予办法》及《俄罗斯联邦国防部奖章条例》

（2017年12月14日第七百七十七号俄罗斯联邦国防部长令批准）

依照1995年1月12日第五号《老战士法》第七条［《俄罗斯联邦法律汇编》，1995年，第三号，第一百六十八条；第五十二号（第五部），第七千五百一十条］、2004年8月16日第一千零八十二号俄罗斯联邦总统令批准的《俄罗斯联邦国防部条例》第十条第二十七项（《俄罗斯联邦法律汇编》，2004年，第三十四号，第三千五百三十八条；2017年，第三十四号，第五千二百六十四条）的规定，我命令：

第一条 设立下列俄罗斯联邦国防部奖章：

"战功"奖章；

"军人英勇"奖章；

"扫雷"奖章；

"巩固战斗友谊"奖章；

"优秀服役"奖章；

"忘我劳动"奖章；

"米哈伊尔·卡拉什尼科夫"奖章；

"叙利亚军事行动参与者"奖章。

第二条 批准：

《俄罗斯联邦国防部奖章授予办法》（附件一）；

《俄罗斯联邦国防部奖章条例》（附件二至附件九）。

第三条 授予下列俄罗斯联邦国防部奖章的同时授予"服役老战士"称号[1]：

---

[1] 译者注：根据《老战士法》的规定，"服役老战士"称号是指曾获得苏联或俄罗斯联邦勋章或奖章、荣誉称号、部门优秀奖章并有权享受退休金的军人，是"老战士"称号的一种。

一级"优秀服役"奖章；

二级"优秀服役"奖章；

"忘我劳动"奖章；

"米哈伊尔·卡拉什尼科夫"奖章。

第四条 下列俄罗斯联邦国防部长令失效：

2008 年 1 月 22 日第三十号俄罗斯联邦国防部长令"关于俄罗斯联邦国防部奖章"（2008 年 3 月 31 日在司法部登记备案，备案号第一万一千四百二十九号）；

2009 年 7 月 9 日第七百零四号国防部长令"修改关于服役问题的俄罗斯联邦国防部长令"（2009 年 11 月 20 日在俄罗斯联邦司法部登记备案，备案号第一万五千二百七十四号）。

俄罗斯联邦国防部长　谢·绍伊古大将

第七百七十七号国防部长令附件一

《俄罗斯联邦国防部奖章授予办法》

第一章 总 则

第一条 俄罗斯联邦国防部奖章，是对在服役中作出特殊贡献和功绩的俄罗斯联邦武装力量军人，有效履行国家公职、忠实履行劳动职责的俄罗斯联邦武装力量文职人员，以及协助俄罗斯联邦武装力量①完成任务的其他俄罗斯联邦公民和外国公民的一种表彰形式。

第二条 由俄罗斯联邦国防部长发布授予国防部奖章的命令。

第三条 同一名称的奖章可区分等级。

第四条 同一名称、不同等级的奖章由低等级到高等级依次授予。

第五条 除因表现出英勇、果敢和大无畏精神而获得奖章和获得"优秀服役"奖章的情况外，已获国防部奖章者只有在上次获奖满三年后，才能因建立新功勋、作出新贡献而再次获得国防部奖章；

上次获奖满三年者，可根据俄罗斯联邦国防部长的决定获授奖章。

第六条 除同一名称中的更高等级奖章，以及"战功"奖章和"扫雷"奖章外，不为同一人重复授予同一奖章。

第七条 不追授奖章。

第八条 依照《俄罗斯联邦武装力量人员着军服、佩戴标识、国防部奖章和其他徽章标志的规定》和《俄罗斯联邦国防部奖章条例》

---

① 本《办法》正文使用以下简称：俄罗斯联邦武装力量——武装力量；俄罗斯联邦国防部——国防部；俄罗斯联邦国防部干部总局——干部总局；俄罗斯联邦国防部国际军事合作总局——国际军事合作总局；俄罗斯联邦武装力量的军事指挥机关、军团、兵团、部队、组织——部队；俄罗斯联邦武装力量军人和文职人员——军人和文职人员；俄罗斯联邦国防部奖章——奖章。

（附件二至附件九）的规定，奖章应佩戴在军服上。

第二章　奖章申报程序

第九条　下列人员负责提出授予奖章的申请（以下简称"奖章申请"）：

独立营营长（二级军舰和三级军舰舰长）及享有与其相同奖惩权的独立部队指挥员、团长（一级军舰舰长）与平级及更高级别指挥员（首长）负责呈报关于授予所属军人和文职人员国防部奖章的申请报告；

俄罗斯联邦国防部副部长、武装力量各军种总司令、各军区司令、北方舰队司令、武装力量各兵种司令、各中央军事指挥机关负责人负责呈报关于授予所属军人和文职人员、协助武装力量完成任务的其他俄罗斯联邦公民和外国公民国防部奖章的申请报告，或者应国家权力机关、地方自治机关、有关组织和社会团体负责人的请求呈报关于授予国防部奖章的申请报告。

在呈报申请时，上述指挥员（首长）应考虑部队鉴定委员会（军官会议、劳动集体会议、工会会议）的决定。

第十条　在呈报为军人、文职人员及俄罗斯联邦其他人员授予国防部奖章的申请时，应为每名人员拟制一份《申请授予俄罗斯联邦国防部奖章的报告》（以下简称"《报告》"）（本《办法》附件一）；在呈报为外国公民授予国防部奖章申请时，应拟制《申请授予俄罗斯联邦国防部奖章的外国公民名单》（以下简称"《外国公民名单》"）（本《办法》附件二）。

第十一条　《报告》和《外国公民名单》一式两份，使用办公设备拟制。

《报告》和《外国公民名单》不得涂改。

第十二条　第一份《报告》，应通过部队干部机关（参谋机关）[以下简称"干部机关（参谋机关）"]或兵役局呈送上级领导。

第二份《报告》由部队保存。

干部机关（参谋机关）与兵役局负责登记收到待审查的《报告》及关于其的决定。

第十三条 相关主管人员应在《报告》送达之日起十五日内，批准（或不批准）《报告》并就《报告》的相应条款做出决定。

其中，上级领导未批准的《报告》，应退还呈请报告的干部机关（参谋机关）或兵役局，并说明退还的原因。

第十四条 当有下列情形之一时，报告应退还呈报报告的主管人员，不予审议：

（一）如果查明《报告》中关于贡献（功绩）内容含有不实信息；

（二）授奖对象亡故；

（三）授奖对象被起诉。

如果导致《报告》被退还的因素失效，指挥员（首长）应做出重新呈报《报告》的决定。

第十五条 由俄罗斯联邦国防部副部长、武装力量各军种总司令、各军区司令、北方舰队司令、武装力量各兵种司令、中央军事指挥机关负责人批准或拟制的《报告》，应由相关干部机关（参谋机关）呈送国防部干部总局。

在呈送纸质《报告》的同时，应随附《报告》的电子版作为副本，便于日后录入国防部奖章申报人员自动化统计系统，以避免重复授奖（不含本《办法》第六条规定的情形）。

向国防部干部总局递交申请授予"优秀服役"奖章报告时，应随附申请军人的人数说明（本《办法》附件三）与申请军人名单（本《办法》附件四）及电子版（作为副本）。

第十六条 授予国防部奖章的外国公民名单应与国际军事合作总局协商确定。

第十七条 当拟申请授奖人员的姓、名、父称（如有）、职务、服役（工作）地点、家庭地址发生变化，或出现本《办法》第十四条规定情形时，相关干部机关（参谋机关）应在得知情况后七日内向干部总局汇报。

第十八条　干部总局负责拟制俄罗斯联邦国防部长关于授奖命令的草案并提交国防部长签字。

第三章　奖章授予与奖章授予报告

第十九条　俄罗斯联邦国防部长或国防部长委托的主管人员应在俄罗斯联邦国防部长签署奖励命令之日起二个月内，举办隆重仪式向获奖者颁授奖章。

在颁授奖章的同时应颁授奖章的证书（本《办法》附件五）。

第二十条　在俄罗斯联邦国防部长签署授奖命令后，国防部干部总局应向相关干部机关（参谋机关）发送俄罗斯联邦国防部长令摘要、奖章和证书。

第二十一条　如果获奖者因病或因残不能出席授奖仪式，俄罗斯联邦国防部长或其委托的其他主管人员应在获奖者住所或其住院治疗的医疗机构为获奖者颁授奖章和证书。

第二十二条　为居住在境外的俄罗斯联邦公民和外国公民授予国防部奖章事宜，由国防部干部总局通过国际军事合作总局办理。

第二十三条　授奖结束后，应拟制俄罗斯联邦国防部奖章授奖备忘录（以下简称"授奖备忘录"）（本《办法》附件六）。

授奖备忘录应对照俄罗斯联邦国防部长的授奖命令（命令摘要）进行核对，由授奖人员签字并加盖部队公章予以确认。如果由俄罗斯联邦国防部长授予奖章，则授奖备忘录由国防部干部总局负责拟制。

授奖备忘录中，应按字母顺序列出获奖者名单；如果是授予"战功"奖章，在授奖备忘录中还应注明奖章编号。

授奖备忘录不得涂改。

第二十四条　应在授奖之日起五日内，通过干部机关（参谋机关）或兵役局，将授奖备忘录发送给国防部干部总局。

第二十五条　获奖军人和文职人员的个人档案、履历卡与工作证均应记录获得国防部奖章的情况。

第二十六条 如果发现俄罗斯联邦国防部长的授奖命令（命令摘要）与颁奖者正确书写的获奖者的姓、名和父称（如有）不符，应拟制关于确认获奖者姓、名和父称（如有）的文件（本《办法》附件七），并通过干部机关（参谋机关）或兵役局发往干部总局。如果由俄罗斯联邦国防部长颁授奖章，则该文件由干部总局负责拟制。

在该文件的"刊印"和"应为"一栏，必须完整注明获奖者的姓、名和父称（如有）。书写错误及修订之处应使用粗体字标明并在下面打上着重线。

第二十七条 如果获奖人员的居住地或服役（工作）地发生变化，干部机关（参谋机关）或兵役局应查清获奖者目前所在地址。

由于服役（工作）地或居住地发生变化，无法在部队范围内为其授奖时，负责组织授予奖章及证书的干部机关（参谋机关）或兵役局应为每名获奖者拟制一份关于未颁发奖章的报告（以下简称"报告"）；报告中应注明未颁发奖章的原因，并将报告、未颁发的奖章及证书，发回发出奖章及证书的干部总局、相应干部机关或兵役局。

第二十八条 武装力量各军种、各军区、北方舰队、武装力量各兵种、各中央军事指挥机关之间转寄奖章及证书事宜，通过干部总局办理。

第二十九条 如果获奖者在奖章授予前亡故，奖章及证书应转交获奖者的妻子（丈夫）、父亲、母亲、儿子、女儿、兄弟、姐妹、祖父、祖母或孙辈子女（以下简称"近亲属"）以留作纪念。已故获奖者最后服役（工作）地的部队指挥员（首长）或获奖者近亲属居住地的兵役局局长，负责转交奖章及证书。如果获奖者近亲属居住在俄罗斯联邦境外，则由干部总局通过国际军事合作总局转交奖章及证书。

第三十条 向获奖者近亲属转交奖章及证书时，应拟制向获奖者近亲属转交俄罗斯联邦国防部奖章及证书的备忘录（本《办法》附件八）。

第三十一条 如不能确定获奖者近亲属的居住地，奖章及证书应通过发出奖章及证书的干部机关（参谋机关）或兵役局，发回干部总局。

第三十二条　干部总局、相关干部机关（参谋机关）及兵役局应负责：

登记已收到、已注销和剩余的奖章及证书并定期拟制相关报告；

清点奖章及证书；

每季度至少检查一次奖章及证书的保存情况，并对照登记资料予以核对。

第四章　奖章的保管

第三十三条　相关指挥员（首长）应发布命令，指定干部机关（参谋机关）或兵役局的一名主管人员负责奖章及证书的保管事宜；如无干部机关（参谋机关），则指定其他主管人员负责此事。

第三十四条　部队指挥员（首长）负责在配备金属柜（保险柜）的房间内保管奖章及证书的工作；房间应封印（铅封）并受到保卫。如果没有上述房间，应对保管奖章及证书的场所进行改装，以确保奖章及证书保存得完好无损。禁止外部人员进入存放奖章及证书的场所。

第三十五条　由保管奖章及证书的主管人员和干部机关（参谋机关）及兵役局其他主管人员组成委员会，接收通过机要通信包裹送达的奖章及证书。

第三十六条　打开装有奖章及证书的包裹前应检查包装和铅封是否完好，并对照包裹内的发货单核对包裹内的奖章及证书。

应保存好包裹的铅封、包装及包装上信息直至检查结束。

第三十七条　收到奖章及证书时，应办理由委员会所有成员签字的接收记录。

第三十八条　负责保管奖章及奖章证书的主管人员应在登记簿（登记卡）上填写收到的奖章及奖章证书，并向发出国家奖励及证书的干部总局、相关干部机关（参谋机关）或兵役局发送已接收确认函。

第三十九条 如果打开包裹后发现短缺，或包裹内奖章与发货单上填写的名称不一致，那么应办理一式两份的奖章及奖章证书短缺或名称不符证明（以下简称"证明"）。一份证明应与包裹的铅封、包装及包装上信息一起，在收到包裹后三日内寄回发出包裹的国防部干部总局、相关干部机关（参谋机关）或兵役局；另一份证明应由部队存档。如果缺少包裹的铅封、包装及包装上信息，无法办理上述证明。

第四十条 负责保管奖章及奖章证书的主管人员通过目视检查收到的国防部奖章及证书。如果奖章或证书有瑕疵或被损坏，应按清单经发出包裹的相关干部机关或兵役局退还给干部总局，并注明退还原因。

第四十一条 干部总局每季度应分析收到的授奖备忘录和转交备忘录，并采取措施保证及时授予奖章及证书。

第四十二条 如果受奖者亡故，奖章及证书应由其近亲属保管。如无近亲属，奖章及证书应退还干部总局。

第五章　发放奖章复制品

第四十三条 军人和文职人员应向部队指挥员（首长）报告奖章（证书）丢失情况。

第四十四条 当在作战行动、自然灾害或在其他不可抗力因素情况下丢失奖章（证书）时，干部总局应向获奖者发放奖章（证书）复制品。

第四十五条 获奖者应向相关干部机关（参谋机关）或兵役局递交关于请求发放奖章（证书）复制品的申请，以代替本《办法》第四十四条所述情况中丢失的奖章（证书）。

申请中应注明获奖者的职务，授予奖章时的军衔（如有），姓、名和父称（如有）、出生年份，奖章名称和丢失情况。

申请应随附获奖证明、奖章（证书）丢失证明及由服役（工作）单位出具的获奖者身份证明。

第四十六条 如果部队做出呈报个人关于国防部奖章（证书）复制品申请的决定，那么相应干部机关（参谋机关）应向干部总局提交关于发放奖章（证书）复制品的申请，并随附本《办法》第四十五条所列文件。

部队如果做出拒绝呈报个人关于国防部奖章（证书）复制品申请的决定，应将这一决定告知申请人。

第四十七条 收到关于发放奖章（证书）复制品的申请后，干部总局应组织审查递交的文件。

第四十八条 如申请文件中的信息与登记数据或其他数据不符，或申请文件中的不足（错误、修改和涂抹）之处必须改正，干部总局应将文件退还提交文件的相关干部机关（参谋机关）。

第四十九条 干部总局通过相关干部机关（参谋机关）或兵役局，开展向获奖者发放奖章（证书）复制品事宜。

第五十条 除本《办法》第四十四条规定的情形外，如果奖章（证书）丢失，根据干部机关（参谋机关）或兵役局的申请，干部总局应向获奖者发放授予奖章的证明。

附件一

申请授予俄罗斯联邦国防部奖章的报告

_____

（武装力量军种、军区、北方舰队、武装力量兵种、中央军事指挥机关）
_____

（奖章名称）

一、姓、名和父称_____；

二、军人的军衔（国家公务员的官衔）_____；

军人的个人编号_____；

三、职务、服役地点_____

_____；

（按部队、单位真实公开名称填写）

四、性别_____；

五、出生日期_____；

（年、月、日）

六、出生地_____；

（共和国、边疆区、州、城市、区、镇、村）

七、被授予何种国家奖励和国防部奖章，被授予奖章的年份

_____

_____；

八、居住地址_____；

九、服役年限（工龄）_____，其中在武装力量的服役年限为

（年、月）

_____；

十、服役（任职）合同起止时间_____；

十一、申报奖励人员的贡献（功绩）简介

_____
_____
_____
_____
_____○

　　（背面）
　　_____的候选人资格经部队鉴定委员会（军官会议、劳动集体会议、工会会议）审查通过。（20__年__月__日第__号备忘录）。

_____
　　　　　　　　　　（职务）

_____
［军衔（如有），签名，名字大写首字母、姓］
　　　　　　盖章
　　　　　　20____年____月____日

上级首长的结论
_____○

_____
　　　　　　　　　　（职务）

_____
［军衔（如有），签名，名字大写首字母、姓］
　　　　　　盖章
　　　　　　20____年____月____日

_____
　　　　　　　　　　（职务）

_____
［军衔（如有），签名，名字大写首字母、姓］
　　　　　　盖章
　　　　　　20____年____月____日

第一至十条的资料与人员统计资料相符，俄罗斯联邦国防部长20＿＿年＿＿月＿＿日第＿＿号命令授予＿＿＿＿＿＿＿＿＿＿＿＿＿＿。

（奖章名称）

＿＿＿＿＿＿＿＿＿＿＿＿＿＿＿＿

［职务，军衔（如有）］

＿＿＿＿＿＿＿＿＿＿＿＿＿＿＿＿

（签名，名字大写首字母、姓）

盖章

附件二

申请授予俄罗斯联邦国防部奖章的外国公民名单

_____

（奖章名称）

序号	职务与军衔	姓、名和父称	出生日期	贡献/功绩简述
1				
2				

（职务）

［军衔（如有），签名，名字大写首字母、姓］

盖章

20＿＿年＿＿月＿＿日

附件三

关于呈请授予"优秀服役"奖章军人人数的说明

现申请授予_____
_____(武装力量军种、军区、北方舰队、武装力量兵种、中央
_____名军人"优秀服役"奖章。
军事指挥机关)(人数)

其中:

一级"优秀服役"奖章_____人;

二级"优秀服役"奖章_____人;

三级"优秀服役"奖章_____人。

在呈请授予奖章人员中:

军官_____人;

将官_____人;

准尉/海军准尉_____人;

士兵/水兵_____人;

军士/海军军士_____人;

女军人_____人。

_____
(职务)

_____
[军衔(如有),签名,名字大写首字母、姓]

盖章
20____年____月____日

附件四

呈请授予"优秀服役"奖章军人名单

呈请将_____

（武装力量军种、军区、北方舰队、武装力量兵种、军事指挥机关）的下列军人列入俄罗斯联邦国防部长关于授予"优秀服役"奖章的命令草案中。

一级"优秀服役"奖章

_____，_____，_____
［姓、名和父称（如有）］　（军衔）　　（个人编号）

二级"优秀服役"奖章

_____，_____，_____
［姓、名和父称（如有）］　（军衔）　　（个人编号）

三级"优秀服役"奖章

_____，_____，_____
［姓、名和父称（如有）］　（军衔）　　（个人编号）

_____
　　　（职务）

_____
［军衔（如有），签名，名字大写首字母、姓］

附件五

国防部奖章的证书推荐样式

证书封面

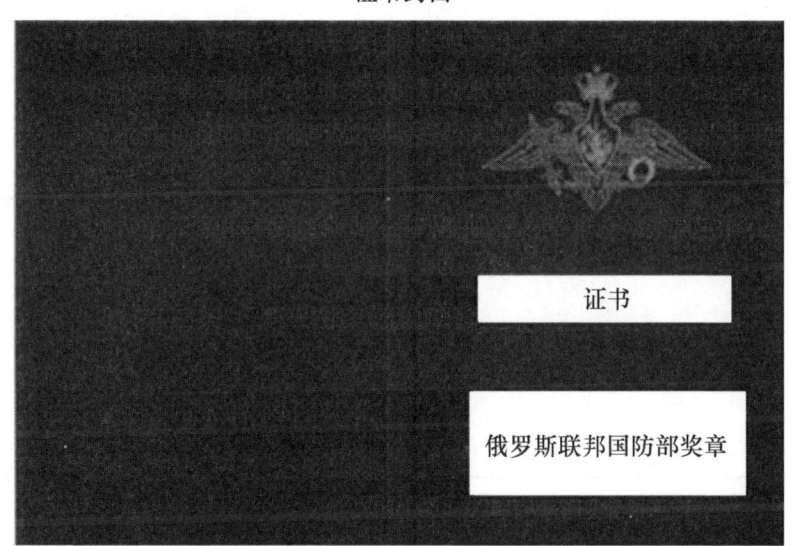

证书

俄罗斯联邦国防部奖章

封面内侧

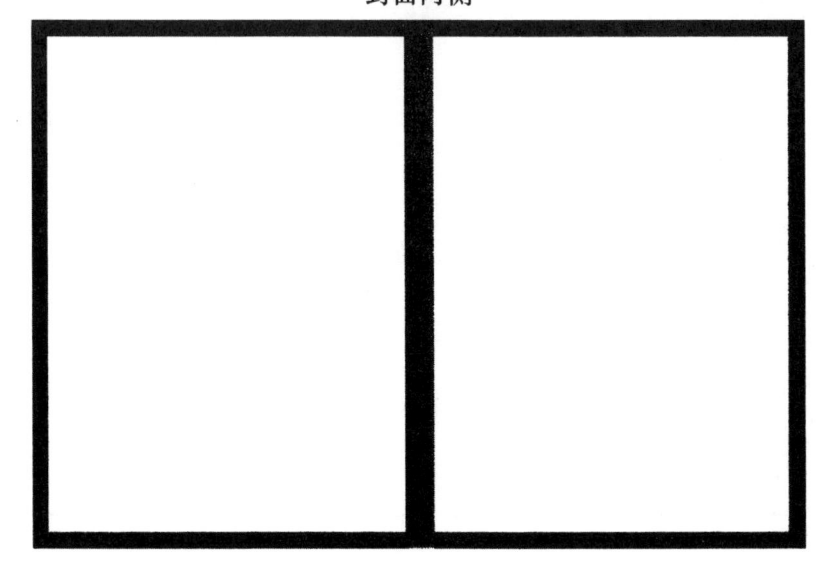

插页外侧

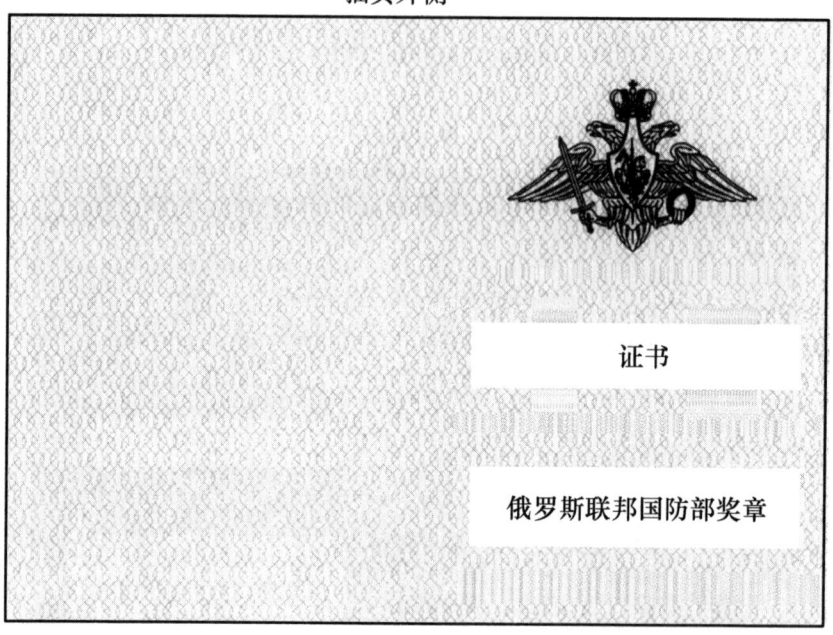

证书

俄罗斯联邦国防部奖章

插页内侧

姓

名

父称

授予

_____
_____
_____ № _____

俄罗斯联邦国防部长第__号命令

20__年__月__日发布

颁奖者：_____
（职务，军衔，
_____
名字大写首字母、姓，签名）
盖章

附件六

俄罗斯联邦国防部奖章授奖备忘录

_____　　_____
　　（授奖地点）　　　　　　（授奖日期）
　　根据20____年____月____日俄罗斯联邦国防部长第_____号命令，
_____
　　　　［颁奖者的职务，军衔（如有），名字首字母、姓］
授予下列人员奖章：
_____　　_____
［姓、名和父称（如有）］　［职务、军衔（如有）、军人个人编号］
_____；
　　　　（奖章名称）

_____　　_____
［姓、名和父称（如有）］　［职务、军衔（如有）、军人个人编号］
_____。
　　　　（奖章名称）

　　根据该授奖备忘录，共授予：
_____和证书_____份；
　（奖章名称）　　　　　　　　（数量）
_____和证书_____份。
　（奖章名称）　　　　　　　　（数量）
　　　　　　　　　　　　职务：_____
　　　　　　　　_____
　　　　　　　　［军衔（如有），签名，名字大写首字母、姓］

　　　　　　　　　　　　　　　盖章
　　　　　　　　　　　20____年____月____日

附件七

关于确认获奖者姓、名和父称的文件

在准备授予俄罗斯联邦国防部奖章时,发现颁奖者正确书写的获奖者的姓、名和父称(如有)与国防部长授奖命令不符:

20 ___年___月___日第____号关于授予_____
　　　　　　　　　　　　　　　　　　　　　　　(奖章名称)

的俄罗斯联邦国防部长令中:

　　刊印:　　　　　　　　　　　应为:

　　一、_____　　一、_____;
　　[姓、名和父称(如有)]　　　[姓、名和父称(如有)]

20 ___年___月___日第____号关于授予_____
　　　　　　　　　　　　　　　　　　　　　　　(奖章名称)

的俄罗斯联邦国防部长令中:

　　刊印:　　　　　　　　　　　应为:

　　一、_____　　一、_____;
　　[姓、名和父称(如有)]　　　[姓、名和父称(如有)]

　　　　　　　　　　　　　　　　　_____
　　　　　　　　　　　　　　　　　　　　　(职务)

　　　　　　　　　　　　　　　　　_____
　　　　　　　　　　　[军衔(如有),签名,名字大写首字母、姓]

　　　　　　　　　　　　　　　　　　　盖章
　　　　　　　　　　　　　　　　　20 ___年___月___日

附件八

向获奖者近亲属转交俄罗斯联邦
国防部奖章及证书的备忘录

　　20＿＿＿年＿＿＿月＿＿＿日第＿＿号，本人＿＿＿＿＿＿＿＿＿＿＿＿＿＿＿

＿＿＿＿＿＿＿＿＿＿＿＿＿＿＿＿＿＿＿＿＿＿＿＿＿＿＿＿＿＿＿＿，

　　［负责转交人员的职务，军衔（如有），姓、名和父称首字母］

转交20＿＿年＿＿月＿＿日第＿＿＿＿＿号俄罗斯联邦国防部长令授予已故人员

＿＿＿＿＿＿＿＿＿＿＿＿＿＿＿＿＿＿＿的第＿＿＿号＿＿＿＿＿＿＿＿＿＿＿＿＿

　　（获奖者的姓、名和父称）　　　　　　　（奖章名称）

及证书给＿＿＿＿＿＿＿＿＿＿＿＿＿＿＿＿＿＿＿＿＿＿＿＿＿＿。

　　（接收者与其亲属关系，姓、名和父称，居住地）

　　　　　　　　　　　　　　　　　　＿＿＿＿＿＿＿＿＿＿＿＿

　　　　　　　　　　　　　　　　　　　　　（职务）

　　　　　　　　　　　＿＿＿＿＿＿＿＿＿＿＿＿＿＿＿＿＿＿＿

　　　　　　　　　　　［军衔（如有），签名，名字大写首字母、姓］

　　　　　　　　　　　　　　　　　　　　盖章
　　　　　　　　　　　　　　　　20＿＿＿年＿＿＿月＿＿＿日

第七百七十七号国防部长令附件二

《"战功"奖章条例》

第一条 "战功"奖章（以下简称"奖章"）用于奖励下列俄罗斯联邦武装力量军人：

在作战及有生命危险条件下执行特种行动时，因表现出英勇、大无畏及忘我精神而立功的军人；

因灵活、创新和果敢而顺利完成作战任务的军人；

作战时出色指挥下属人员的军人。

该奖章可授予俄罗斯联邦法律规定有兵役任务的其他军队、军事编队和机关的军人，以及协助俄罗斯联邦武装力量完成任务的外国武装力量军人。

第二条 奖章佩戴在左胸前。如果有俄罗斯联邦国家奖章和苏联国家奖章，该奖章佩戴时应排在这些国家奖章之后。

第三条 奖章图案和说明详见本《条例》附件。

附件（第三条）

"战功"奖章图案和说明

正面　　　　　　　　　　背面

奖章由银白色金属制成，为直径三十二毫米的圆形，两面有突起的边缘。

奖章的正面：奖章中心有两行浮凸字样——"战功"；奖章上半部分为飞机和直升机的浮凸图案；奖章下半部分为坦克和步兵战车浮凸图案。

奖章的背面：奖章上部分为俄罗斯联邦国防部徽标的单色浮凸图案（戴着王冠、双翅展开的双头鹰）。鹰的右爪持剑，左爪持橡树花环。鹰的胸前有向下伸延的三角形盾牌，盾牌杆向上伸向王冠，盾牌表面有一手持长矛击中龙的骑士。徽标下方有一行浮凸题字——"第＿＿号"。奖章外缘有一圈浮凸题字，上半部分——"国防部"，下半部分——"俄罗斯联邦"。

用奖章上的吊环和小环将奖章和五边形绶带连接；绶带用宽二十四毫米的丝制波纹带包裹。绶带右半部分有宽八毫米的橘黄色条，橘黄色条两边为宽两毫米的黑色条，绶带左半部分有宽八毫米的橘黄色条，橘黄色条的右边为宽两毫米的白色条，左边为宽两毫米的黑色条。

第七百七十七号国防部长令附件三

《"军人英勇"奖章条例》

第一条 "军人英勇"奖章（以下简称"奖章"）用于奖励下列俄罗斯联邦武装力量军人：

在履职过程中表现出英勇、大无畏和忘我精神的军人；

在战斗训练和野外训练（飞行训练、海上训练）中表现突出的军人；

在执行战斗勤务和战斗值班、演习中表现特别优秀的军人。

该奖章可授予俄罗斯联邦法律规定有兵役任务的其他军队、军事编队和机关的军人，以及协助俄罗斯联邦武装力量完成任务的外国武装力量的军人。

第二条 奖章设两个等级：一级奖章和二级奖章。一级奖章是最高等级。

第三条 奖章佩戴在左胸前。该奖章佩戴时应排在"战功"奖章之后。

第四条 奖章图案和说明详见本《条例》附件。

附件（第四条）

"军人英勇"奖章图案和说明
一级奖章

正面　　　　　　　背面

二级奖章

正面　　　　　背面

　　奖章由珐琅及金色金属（一级奖章）和银白色金属（二级奖章）制成，为直径三十二毫米的圆形，两面有突起的边缘。

　　奖章正面中心位置是一幅浮凸图案，即橡树花环围绕着飘扬的俄罗斯联邦国防部长旗，花环的下方是盾牌。

　　奖章背面的上半部分为俄罗斯联邦国防部徽标的单色浮凸图案，国防部徽标下方有两行浮凸题字——"军人英勇"，奖章外缘有一圈浮凸题字，上部分——"国防部"，下部分——"俄罗斯联邦"。

　　用奖章上的吊环和小环将奖章和五边形绶带连接；绶带用宽二十四毫米的丝制波纹带包裹。绶带右半部分有宽八毫米的橘黄色条，橘黄色条两边为宽两毫米的黑色条，绶带左半部分为宽十二毫米的红色条。一级奖章的红色条中间，是一条宽两毫米的白色条，二级奖章的红色条中间是两条宽一毫米的白色条。

第七百七十七号国防部长令附件四

《"扫雷"奖章条例》

第一条 "扫雷"奖章（以下简称"奖章"），用于奖励在执行下列任务中表现出忘我、英勇、大无畏精神及高超专业能力的俄罗斯联邦武装力量军人：

在野外（设施内）执行发现和排除（销毁）爆炸危险物品的任务；

参与国际人道主义排雷计划、项目和行动；

组织和领导排雷行动。

第二条 奖章佩戴在左胸前。该奖章佩戴时应排在"军人英勇"奖章之后。

第三条 奖章图案和说明详见本《条例》附件。

附件（第三条）

"扫雷"奖章图案和说明

正面　　　　　　　　　　背面

奖章由金色金属制成，为直径三十二毫米的圆形，两面有突起的边缘。

奖章的正面为浮凸图案，即手持扫雷器的军人、在作业地点的装甲扫雷车及下方的桂枝。

奖章背面的上半部分为俄罗斯联邦国防部徽标的单色浮凸图案，国防部徽标下方有两行浮凸题字——"扫雷"。奖章外缘有一圈浮凸题字，上半部分——"国防部"，下半部分——"俄罗斯联邦"。

用奖章上的吊环和小环将奖章和五边形绶带连接；绶带用宽二十四毫米的丝制波纹带包裹。绶带右半部分有宽八毫米的橘黄色条，橘黄色条两边为宽两毫米的黑色条；绶带左半部分为宽十二毫米的绿色条，绿色条的中间是一条宽两毫米的红色条。

第七百七十七号国防部长令附件五

《"巩固战斗友谊"奖章条例》

第一条 "巩固战斗友谊"奖章（以下简称"奖章"）用于奖励为制订和落实关于与外国和国际组织开展国际军事合作和军事技术合作的国家政策作出重要贡献的俄罗斯联邦武装力量军人和文职人员，以及协助俄罗斯联邦武装力量完成任务的其他俄罗斯联邦公民和外国公民。

第二条 奖章佩戴在左胸前。该奖章佩戴时应排在"扫雷"奖章之后。

第三条 奖章图案和说明详见本《条例》附件。

附件（第三条）

"巩固战斗友谊"奖章图案和说明

正面　　　　　　　　　　背面

奖章由金色金属制成，为直径三十二毫米的圆形，两面有突起的边缘。

奖章正面中心位置为卷边盾牌浮凸图案，盾牌上有四行浮凸题字——"巩固战斗友谊"；盾牌在两把斜向交叉的剑上，盾牌的下方有橡树枝围绕。

奖章背面的中心位置为俄罗斯联邦国防部徽标的单色浮凸图案，奖章外缘有一圈浮凸题字，上部分——"国防部"，下部分——"俄罗斯联邦"。

用奖章上的吊环和小环将奖章和五边形绶带连接；绶带用宽二十四毫米的丝制波纹带包裹。绶带右半部分有宽八毫米的橘黄色条，橘黄色条两边分别为宽两毫米的黑色条；绶带左半部分有宽四毫米的红色条，红色条两边依次为宽两毫米的绿色和蓝色条。

第七百七十七号国防部长令附件六

《"优秀服役"奖章条例》

第一条 "优秀服役"奖章（以下简称"奖章"）用于奖励下列俄罗斯联邦武装力量军人：

为保持俄罗斯联邦武装力量战备能力而立功的军人；

忠诚服役且表现突出的军人。

奖章设三个等级：

一级奖章，奖励服役总时长超过二十年的俄罗斯联邦武装力量军人；

二级奖章，奖励服役总时长超过十五年的俄罗斯联邦武装力量军人；

三级奖章，奖励服役总时长超过十年的俄罗斯联邦武装力量军人。

一级是最高等级。

第二条 奖章佩戴在左胸前。该奖章佩戴时应排在"巩固战斗友谊"奖章之后。

第三条 奖章图案和说明详见本《条例》附件。

附件（第三条）

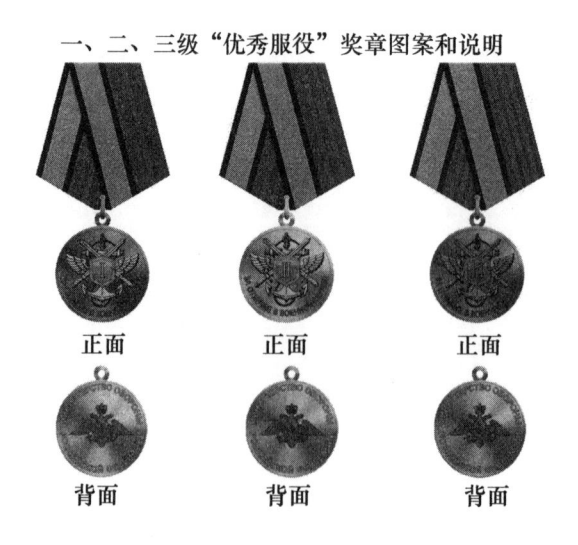

一、二、三级"优秀服役"奖章图案和说明

一级奖章由银白色金属制成；二级奖章由金色金属制成；三级奖章由古铜色金属制成。奖章均为直径三十二毫米的圆形，两面有突起的边缘。

奖章的正面中心位置为盾牌的浮凸图案，盾牌中心有标明奖章等级（一、二或三级）的罗马数字，盾牌位于斜向交叉的剑和被钢索缠绕的锚之上，奖章下半部分外缘有浮凸题字——"优秀服役"。

奖章背面的中心位置为俄罗斯联邦国防部徽标的单色浮凸图案，奖章外缘有一圈浮凸题字，上部分——"国防部"，下部分——"俄罗斯联邦"。

用奖章上的吊环和小环将奖章和五边形绶带连接；绶带用宽二十四毫米的丝制波纹带包裹。绶带右半部分有宽八毫米的橘黄色条，橘黄色条两边分别为宽两毫米的黑色条；绶带左半部分为宽十二毫米的红色条。一级奖章的红色带中间有一条宽两毫米的绿色条，二级奖章的红色带中间有两条宽两毫米的绿色条，三级奖章的红色带中间有三条宽两毫米的绿色条。

第七百七十七号国防部长令附件七

《"忘我劳动"奖章条例》

第一条 "忘我劳动"奖章(以下简称"奖章")用于奖励俄罗斯联邦武装力量下列文职人员:

出色并有效履行国家公职的文职人员;

忠诚履行工作职责、持之以恒且业绩出色的文职人员。

获得该奖章的文职人员在俄罗斯联邦国防部(俄罗斯联邦武装力量)履行国家公职(工作)的时长应满十五年。

该奖章还可授予协助俄罗斯联邦国防部开展国防订货且在国防工业系统机构工作满十五年的其他俄罗斯联邦公民。

第二条 奖章佩戴在左胸前。该奖章佩戴时应排在"优秀服役"奖章之后。

第三条 奖章图案和说明详见本《条例》附件。

附件(第三条)

"忘我劳动"奖章图案和说明

正面　　　　　　　　　　背面

奖章由珐琅及古铜色金属制成，为直径三十二毫米的圆形，两面有突起的边缘。

奖章正面中心位置是浮凸图案，即橡树花环围绕着飘扬的俄罗斯联邦国防部长旗，花环的下方是盾牌。

奖章背面的上部分为俄罗斯联邦国防部徽标的单色浮凸图案，国防部徽标下方有两行浮凸题字——"忘我劳动"，奖章外缘有一圈浮凸题字，上部分——"国防部"，下部分——"俄罗斯联邦"。

用奖章上的吊环和小环将奖章和五边形绶带连接；绶带用宽二十四毫米的丝制波纹带包裹。绶带右半部分有宽八毫米的橘黄色条，橘黄色条两边分别为各宽两毫米的黑色条；绶带左半部分为宽十二毫米的红色条，红色条中间有一条宽两毫米的蓝色条。

第七百七十七号国防部长令附件八

《"米哈伊尔·卡拉什尼科夫"奖章条例》

第一条 "米哈伊尔·卡拉什尼科夫"奖章（以下简称"奖章"）用于奖励在现代化武器装备研发、生产和交付工作中因创新表现突出的俄罗斯联邦武装力量军人和文职人员，以及俄罗斯联邦国防工业综合体、科研机构、生产机构和研产两用机构的工作人员。

获得该奖章的人员在俄罗斯联邦国防部（武装力量）、国防工业综合体机构、科研机构、生产机构和研产两用机构服役/工作时长应满十五年。

第二条 奖章佩戴在左胸前。该奖章佩戴时应排在"忘我劳动"奖章之后。

第三条 奖章图案和说明详见本《条例》附件。

附件（第三条）

"米哈伊尔·卡拉什尼科夫"奖章图案和说明

正面　　　　　　　　　　背面

奖章由银白色金属制成，为直径三十二毫米的圆形，两面有突起的边缘。

奖章正面的左半部分为米哈伊尔·卡拉什尼科夫中将肖像的浮凸图案；肖像右边为两行浮凸题字——"米哈伊尔·卡拉什尼科夫"，肖像下方为 AK-47 冲锋枪浮凸图案。

奖章背面的中心位置为俄罗斯联邦国防部徽标的单色浮凸图案，奖章外缘有一圈浮凸题字，上部分——"国防部"，下部分——"俄罗斯联邦"。

用奖章上的吊环和小环将奖章和五边形绶带连接；绶带用宽二十四毫米的丝制波纹带包裹。绶带右半部分有宽八毫米的橘黄色条，橘黄色条两边分别为宽两毫米的黑色条；绶带左半部分为宽十二毫米的红色条，红色条中间有一条宽四毫米的黑色条。

第七百七十七号国防部长令附件九

《"叙利亚军事行动参与者"奖章条例》

第一条 "叙利亚军事行动参与者"奖章（以下简称"奖章"）用于奖励下列俄罗斯联邦武装力量军人和文职人员：

在叙利亚军事行动中表现出色、勇敢和无私奉献的军人和文职人员；

在叙利亚军事行动中出色指挥下属人员的军人和文职人员；

在叙利亚军事行动中忘我工作并作出重要贡献的军人和文职人员。

该奖章可授予在叙利亚军事行动中协助俄罗斯联邦武装力量完成任务的其他俄罗斯联邦公民和外国公民。

第二条 奖章佩戴在左胸前。该奖章佩戴时应排在"米哈伊尔·卡拉什尼科夫"奖章之后。

第三条 奖章图案和说明详见本《条例》附件。

附件（第三条）

"叙利亚军事行动参与者"奖章图案和说明

正面　　　　　　　　　　背面

奖章由金色金属制成，为直径三十二毫米的圆形，两面有突起的边缘。

奖章的正面为浮凸图案，即武器装备（上为三架歼击机、下为一艘导弹舰）位于叙利亚边界轮廓线上。

奖章背面的上部分为俄罗斯联邦国防部徽标的单色浮凸图案，国防部徽标下方有四行浮凸题字——"叙利亚军事行动参与者"。奖章外缘有一圈浮凸题字，上部分——"国防部"，下部分——"俄罗斯联邦"。

用奖章上的吊环和小环将奖章和五边形绶带连接；绶带用宽二十四毫米的丝制波纹带包裹。绶带右半部分有宽八毫米的橘黄色条，橘黄色条两边分别为宽两毫米的黑色条；绶带左半部分为宽度相等的红、白、黑色条。

后　记

　　笔者在查阅俄罗斯军事人员资料时，发现该领域俄文资料的译介十分有限，尤其是很多相关的法律法规没有被翻译引进国内。我国已翻译的俄罗斯军事法规大都较为宏观，如《国防法》、《军人地位法》等。关于俄罗斯军人工资发放、住房分配、军官轮换方法、军官鉴定方法等更为详细的法律法规鲜有中文翻译版本。而且，我国关于俄罗斯军事人员制度法规的现有翻译作品大部分截至 2003 年，对此后俄罗斯新发布的军事人员制度法规鲜有译介。这一情况限制了我国人民对俄罗斯军事人员制度的全面认识和深入了解。为此，笔者萌生了编著本书，将俄罗斯现行军事人员制度法规翻译结集成册的想法。为更好地反映每部法律法规的变迁演变历史，本书中特意加上每部法律法规的修订时间和修订所依据的命令。

　　俄罗斯军事人员制度的法规建设中有很多值得我们学习的地方。译介俄罗斯军事人员制度法规有助于加深我们对其的了解，帮助我们开展相关研究并提出对我国军事人员制度建设有益的建议。

　　本书的翻译对象为法律文件，俄文原文晦涩难懂、句式长、内容绕，给翻译工作带来不小挑战。笔者荟聚该领域专业人才，迎难而上，与大家共同完成本书的翻译校对工作。在此十分感谢高云、陈来福、柳林、陈戈等俄语军事翻译界优秀人才的鼎力相助。为保证本书的质量，笔者还邀请该领域若干顶尖专家——对本书进行把关，在此诚挚感谢陈学惠、陈建民、马永葆、李抒音、于淑杰、张桂纷、方明等专家所提出的宝贵意见。

　　由于翻译难度高、翻译校对人员水平有限，书中难免有不足之处，欢迎广大读者提出宝贵意见。

桂　晓
2022 年 6 月 24 日